ÉTUDES

SUR

LES HAUTS FOURNEAUX

ET

LA MÉTALLURGIE DE LA FONTE

ÉTUDES

LES HAUTS FOURNEAUX

ET

LA MÉTALLURGIE DE LA FONTE

PAR

A. DE VATHAIRE

INGÉNIEUR DES HAUTS FOURNEAUX DE BESSÈGES, ANCIEN ÉLÈVE DE L'ÉCOLE CENTRALE
DES ARTS ET MANUFACTURES.

PARIS

LIBRAIRIE POLYTECHNIQUE DE J. BAUDRY, ÉDITEUR

ANCIENNE MAISON NOBLET ET BAUDRY

15, rue des Saints-Pères

MÊME MAISON A LIÉGE

1866

PRÉFACE

Au premier abord, l'art du fondeur semble enveloppé de mystères ; une croyance générale déclare inconnus les phénomènes qui se passent dans le haut fourneau. Le lecteur qui voudra bien me suivre dans cette étude reconnaîtra que, si plusieurs faits sont encore couverts d'un voile, un grand nombre s'expliquent, et si beaucoup sont peu connus, c'est que l'art des hauts fourneaux est de date récente et que la science n'a pas encore acquis dans toutes les usines le droit de cité. Déjà les secrets des praticiens et les errements locaux se groupent en méthodes générales ; déjà, à l'aide de la chimie, la conduite des hauts fourneaux s'est très-simplifiée ; elle est devenue presque facile ; encore quelques années et ce ne sera plus qu'un travail de laboratoire.

Depuis Karsten, dont l'ouvrage a vieilli, il n'existe pas de traité complet de la métallurgie de la fonte. La série d'études que contient ce volume ne comblera pas la lacune ; ce ne sont que les notes d'un observateur. Le lecteur me saura gré des

fréquents emprunts faits aux ouvrages de Karsten, Berthier,
Rivot, Grüner et Lan, Jordan, Percy, Petitgand et Ronna. Ma
seule ambition est d'ajouter un rayon à la lumière dont ils
ont éclairé l'intérieur du haut fourneau.

Bességes, mai 1868.

A. DE VATHAIRE.

TABLE DES CHAPITRES

PLACEMENT DES PLANCHES

ÉTUDES

SUR

LES HAUTS FOURNEAUX

ET

LA MÉTALLURGIE DU FER

INTRODUCTION

MÉTHODE DIRECTE.

La métallurgie du fer a pour objet sa séparation industrielle des corps auxquels on le trouve mélangé ou combiné dans les minerais.

Dans l'état actuel de la métallurgie, les méthodes employées se réduisent à deux :

1° *Méthode directe* ou *catalane*, fabrication du fer dans les bas-foyers ;

2° *Méthode indirecte*, fabrication de la fonte dans les hauts fourneaux.

C'est cette dernière méthode dont l'étude nous occupera dans cet ouvrage.

Théorie du procédé catalan. — La méthode directe n'est plus employée que dans quelques localités où le prix des fers ne s'est pas encore abaissé au point de rendre impossibles les fabrications exiguës et les procédés imparfaits et coûteux, et où se trouvent à la fois des minerais très-riches et très-purs et du charbon de bois à bas prix. Malgré les qualités recherchées

1

de leurs produits, les foyers catalans sont destinés à disparaître dans un avenir plus ou moins prochain.

Nous allons décrire en quelques mots ce procédé, en usage depuis les temps les plus reculés et qui semble avoir peu varié en tant de siècles. Nous en donnerons la théorie sans trop nous arrêter aux détails de fabrication, aux dimensions des appareils et aux tours de main usités.

Le foyer où s'opère tout le travail est un trou creusé en terre et muraillé de pierres réfractaires ou de masses de fer. Ses dimensions sont, d'après Karsten :

	Longueur.	Largeur.	Profondeur.	Distance de la tuyère à la sole.
Foyer catalan. . . .	0^m,55	0^m,47	0^m,43	0^m,24
— navarrais. . .	0 ,64	0 ,53	»	0 ,32
— biscayen. . .	0 ,90	0, 82	0 ,70	0 ,38

Le fond du creuset est formé d'une pierre de grès réfractaire, sur laquelle on dame une sole en brasque ou charbon de bois pilé. La paroi dans laquelle est placée la tuyère se nomme la *varme* ou les *porges*. Celle qui lui fait face, et qui est courbée en arc de cercle ou cylindre à génératrice horizontale, se nomme *ore* ou *contrevent*. Une des faces latérales porte un trou de coulée pour l'écoulement des scories et se nomme *chio* ou *laiterol* : c'est sur cette face, recouverte d'une plaque de fer, que l'ouvrier appuie son ringard pour travailler les matières et former le *massé* ou la *loupe*, éponge de fer résultat de l'opération. La face opposée au chio se nomme *cave* ou *rustine*.

La tuyère est faite d'une feuille de cuivre roulée sans soudure, et inclinée de 30° à 40°, de manière que le vent vienne frapper la sole à 10 centimètres du contrevent.

Les souffleries employées dans les forges catalanes sont habituellement des trompes, quelquefois des caisses rectangulaires en bois, à piston de même matière. Le vent fourni par ces divers appareils n'atteint jamais une pression de 4 centimètres de mercure.

Le travail des feux catalans s'exécute de la manière suivante :
on commence par brasquer la sole dégradée dans l'opération
précédente ; puis on entasse le minerai sur le contrevent en lui
donnant la forme d'un mur courbe suivant la surface cylindrique du contrevent, et plus haut du côté de la rustine que
du laiterol. Ce mur occupe le tiers et quelquefois la moitié du
foyer ; l'espace qui reste entre le minerai et la varme est rempli par du charbon sur lequel on place les *massoques* ou *massoquettes* obtenues dans l'opération précédente, pour les réchauffer dans la flamme perdue du foyer et les étirer en
barres. On recouvre complétement le tout de fraisil humecté
d'eau et mêlé de *greillade*, poussière de minerai grillé.

Le foyer ainsi préparé, on donne le vent, doucement d'abord.
Dès que la flamme paraît, on bouche les fissures avec de la
greillade pour empêcher que le vent ne se fraye des voies trop
directes et que le tas ne s'affaisse avant la réduction dont le travail s'opère pendant ce temps à feu couvert et à faible chaleur.

Quand les gaz carburés ont suffisamment réduit le minerai,
environ deux heures après la mise du vent, on souffle de toute
la force des appareils et on perce le chio pour faire écouler les
scories provenant principalement de la greillade. L'affineur
introduit alors son ringard entre le contrevent et le mur de
minerai qu'il repousse plus près de la tuyère. La partie inférieure du tas de minerai est la première réduite ; l'affineur
choisit les morceaux qui présentent l'aspect le plus spongieux,
et les avance sous la tuyère en ayant soin de ne pas faire
ébouler le mur. Il arrive ainsi à faire passer tout le minerai sous
le vent.

L'ouvrier est guidé dans son travail par l'aspect des scories ;
plus elles sont liquides ou chargées d'oxyde de fer, et moins il
se hâte de faire avancer le tas de minerai qui n'est pas assez
réduit ; quand elles sont trop épaisses ou trop pauvres en fer, il
les additionne d'un peu de greillade qui s'y dissout en les rendant plus liquides.

Le bain de scories dans lequel plonge la partie inférieure du tas de minerai est indispensable à l'affinage ; il a un double but : 1° dissoudre les gangues, silice, alumine, chaux, magnésie, toutes solubles dans le silicate de fer ou scorie, et d'en débarrasser ainsi le minerai ; 2° dissoudre l'oxyde de fer non réduit et soluble également dans les silicates.

Le bain de scories doit être conservé assez liquide pour que la dissolution de ces divers éléments soit facile et que la scorie soit aisément expulsée de l'éponge de fer sous le marteau.

Quand tous les morceaux devenus spongieux par le départ de l'oxygène ont passé devant la tuyère et reçu le coup de feu qui doit les ramollir et faciliter la dissolution des gangues et de l'oxyde de fer, l'ouvrier arrête le vent, et agglomère les morceaux en les collant un à un à son ringard dans le bain de scories. Il en forme une seule *loupe* ou *massé* qu'il soulève et porte au martinet. Là la loupe est cinglée et divisée en *lopins* ou *massoques* à réchauffer pendant la fusion suivante pour être forgées et coupées en *massoquettes* qu'on étire en barres.

La production d'un feu varie, suivant la richesse des minerais, entre 100 et 150 kilogrammes de fer marchand par opération, dont la durée est de six heures. On traite 150 à 200 kilogrammes de minerai par opération dans les foyers catalans, 250 à 300 dans les foyers navarrais, 350 à 400 dans les foyers biscayens.

Le travail du bas foyer peut donc se diviser en deux périodes. La première, qui dure de une heure et demie à deux heures, est la période de réduction ; la seconde est la période de fusion des gangues et dissolution de l'oxyde de fer non réduit.

Si la gangue est exclusivement siliceuse, l'oxyde de fer suffit pour la fondre ; la scorie qui en résulte est analogue à celle des fours à puddler.

Si la gangue est formée de bases terreuses sans silice, celle contenue dans les cendres du combustible pourra suffire s'il y a très-peu de gangues ; autrement il faudra pour la fusion ajouter du sable quartzeux en quantité suffisante pour former le silicate. En tout cas, l'oxyde de fer intervient comme base et rend le silicate fusible et fluide ; le fer qu'on retire est celui qui reste après la formation de la scorie. Ainsi, avec un minerai contenant 30 pour 100 de silice et 45 pour 100 de fer, on n'obtiendrait pas de fer métallique, tout l'oxyde de fer étant nécessaire à la formation du silicate, et si le minerai contenait 45 pour 100 de silice et 40 pour 100 de fer, il y aurait besoin d'ajouter de l'oxyde de fer pur pour que le travail fût possible et la scorie suffisamment fusible.

Il en résulte que la méthode catalane ne peut être employée qu'avec des minerais très-riches, et que même avec des minerais presque sans gangue il faut des combustibles ayant peu de cendres.

Si le minerai contient à la fois silice, alumine et chaux ou magnésie, il entrera moins d'oxyde de fer en combinaison avec la silice, dont la capacité de saturation est diminuée par sa combinaison avec les bases terreuses : on obtient alors un silicate intermédiaire entre les scories (silicates métalliques) et les laitiers (silicates à bases terreuses). Tel est le cas de la scorie suivante, analysée par M. Combes :

Scorie de forges catalanes.

Silice	26,4
Protoxyde de manganèse	11,6
Chaux	16,2
Magnésie	1,8
Protoxyde de fer	42,4
Alumine	traces.
Alcalis	non dosé.
	98,4

La multiplicité des bases augmente la fusibilité de la scorie et diminue la dose d'oxyde de fer nécessaire à sa formation. L'oxyde de manganèse intervient aussi fort utilement dans le même but.

Citons encore les analyses suivantes, qui montrent que quand les bases terreuses diminuent, les oxydes métalliques les remplacent dans le silicate.

Silice	31,1	24,8
Protoxyde de manganèse	27,4	3,2
— de fer	34,4	64,0
Chaux	3,2	3,0
Magnésie	2,4	1,6
Alumine	3,6	7,4
	99,4	101,0

Le procédé catalan fournit généralement un fer aciéreux ; mais, d'après la manière de conduire le feu, on peut obtenir à volonté du fer doux, de l'acier ou de la fonte. L'explication du tour de main est facile. Quand on charge la plus forte proportion possible de minerais relativement à celle du combustible, la réduction s'opère à une température peu élevée ; sauf la réduction, les autres réactions n'ont lieu que près de la tuyère où le fer ne séjourne pas assez longtemps pour prendre une très-haute température et dissoudre beaucoup de carbone ; la chaleur n'est pas généralement assez intense pour la réduction de la silice, ce sera donc du fer pur ou du fer aciéreux, et non de la fonte, qu'on obtiendra.

Si, par une plus forte proportion de combustible et une plus longue durée de l'opération, avec une tuyère moins plongeante, le fer s'échauffe assez dans la région non oxydante du foyer pour se combiner au carbone, il y aura production d'acier. Enfin, si on laisse séjourner le fer carburé dans le voisinage de la tuyère, si la tuyère est peu plongeante et la proportion de combustible considérable, il pourra se produire du silicium par le contact de la silice et du carbure de fer à une température élevée, et le métal passera à l'état de fonte.

C'est donc l'inclinaison de la tuyère, la pression du vent, la proportion de combustible, la nature de la scorie, et le tour de main de l'ouvrier, quand il soumet le minerai réduit à l'action plus ou moins vive et oxydante de la tuyère, qui déterminent la nature du produit obtenu. Le fer aciéreux est le métal le plus habituellement produit.

La fonte obtenue dans les foyers catalans par un accident de fabrication se produit dans les hauts fourneaux d'une manière régulière et économique. Les mêmes réactions s'y produisent, l'appareil seul est différent.

CHAPITRE I

Le traitement des minerais par la méthode indirecte consiste à réduire les oxydes métalliques dans un courant de gaz carburés, à transformer le fer en fonte en le combinant à du carbone et du silicium ; puis à tout fondre, fonte et gangues transformées en silicates fusibles ou laitiers qui se séparent alors du métal par différence de densité.

On doit arriver à la fusion complète de tous les éléments, sans quoi, s'il restait des matières solides, le haut fourneau, capacité fermée, ne tarderait pas à s'en remplir et à s'obstruer.

Un minerai de fer peut contenir les éléments suivants :

1° Oxydes de fer et d'autres métaux ;

2° Silice libre ou combinée aux terres ou aux oxydes métalliques ;

3° Chaux, magnésie, baryte, alumine et autres bases terreuses à l'état de carbonates, sulfates, silicates, phosphates ;

4° Des éléments utiles ou nuisibles, soufre, phosphore, arsenic, etc., qui ont une grande influence sur la qualité des produits, mais sont toujours à faible dose dans les minerais ;

5° Eau, acide carbonique et matières volatiles dont le départ se fait par le seul échauffement du minerai.

Examinons maintenant comment le travail de réduction et de fusion s'opère dans le haut fourneau, et pour cela décrivons l'appareil.

Description du haut fourneau. — Le haut fourneau est une tour circulaire, intérieurement garnie de briques réfractaires, plus ou moins rétrécie aux deux extrémités et renflée en son milieu (fig. 1). L'orifice supérieur par où se chargent le com-

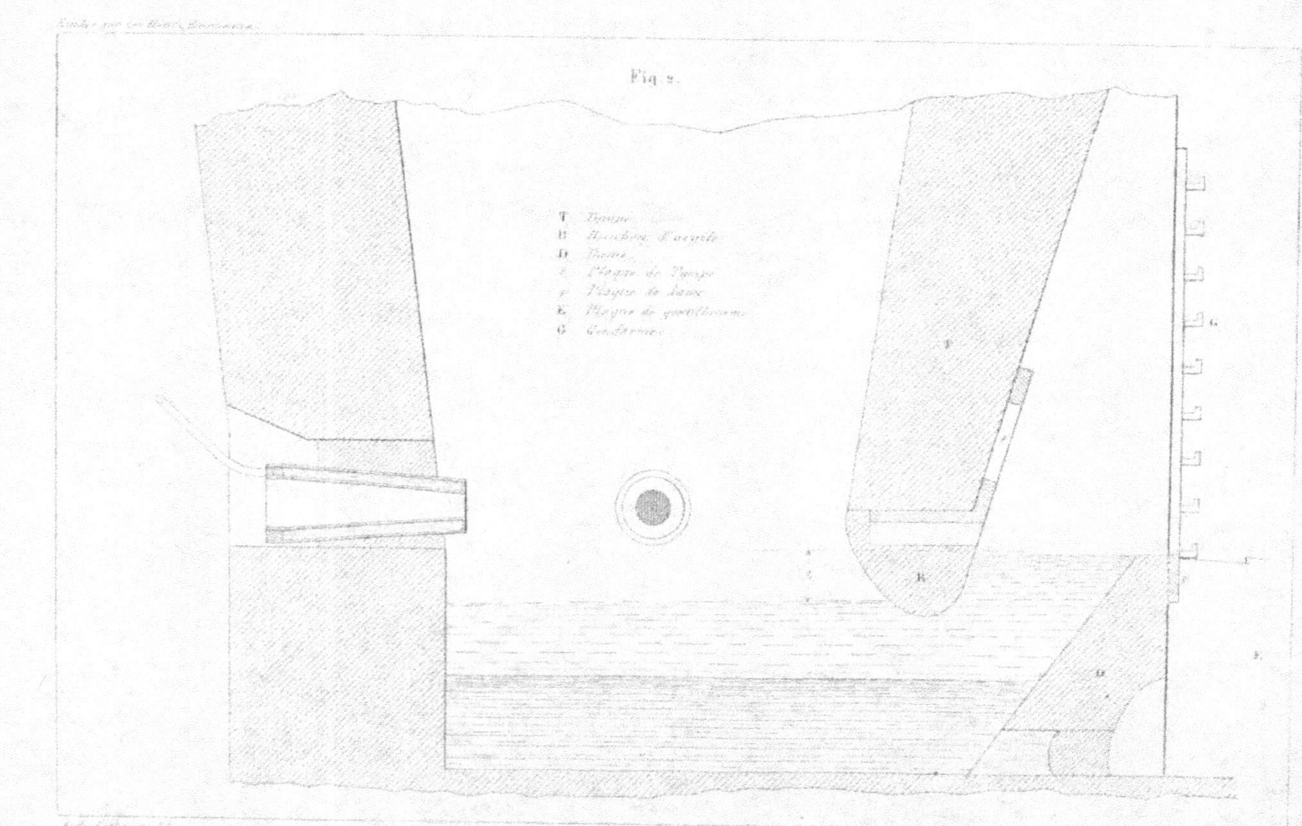

Fig. 2.
T Tenon
B Bouchon d'argile
D Dôme
E Plaque de l'axe
F Plaque de base
K Plaque de ventilation
G Gendarmes

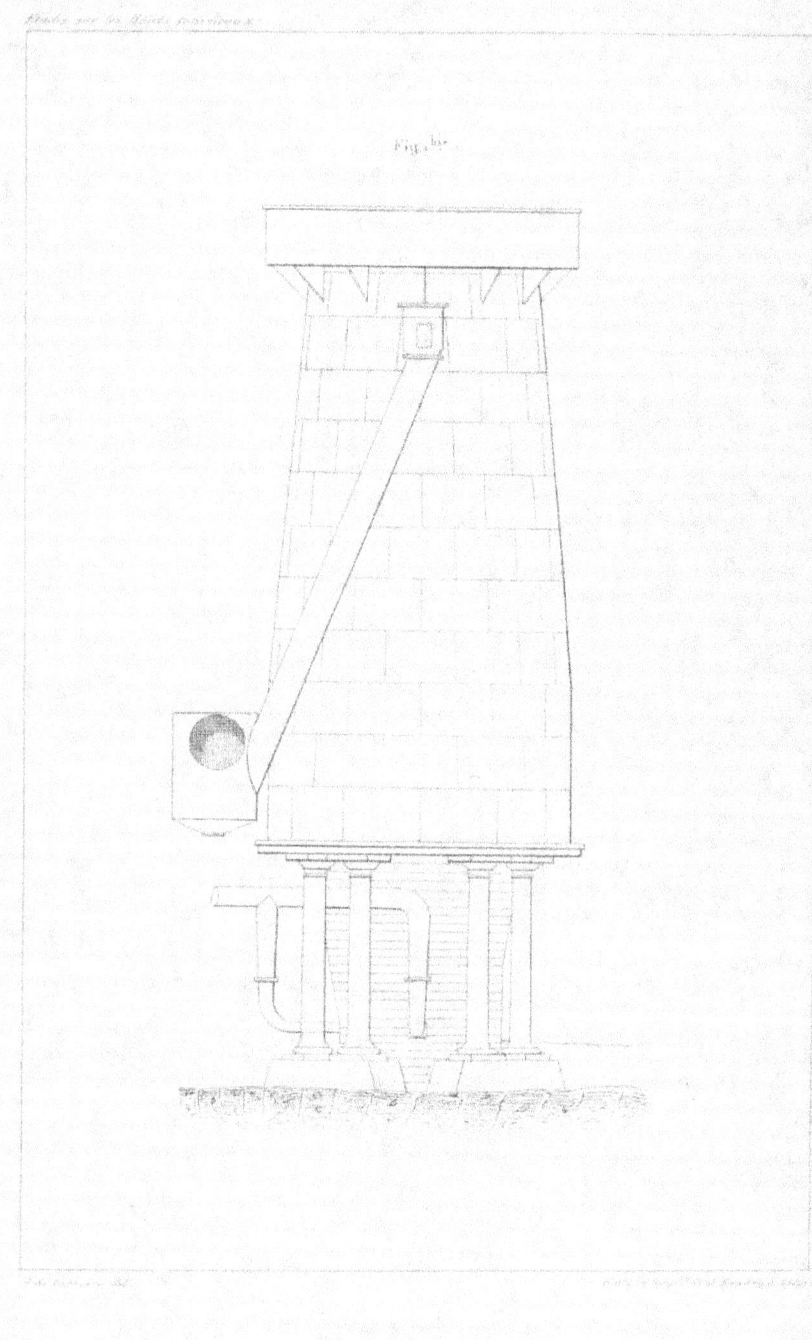

Fig. 1

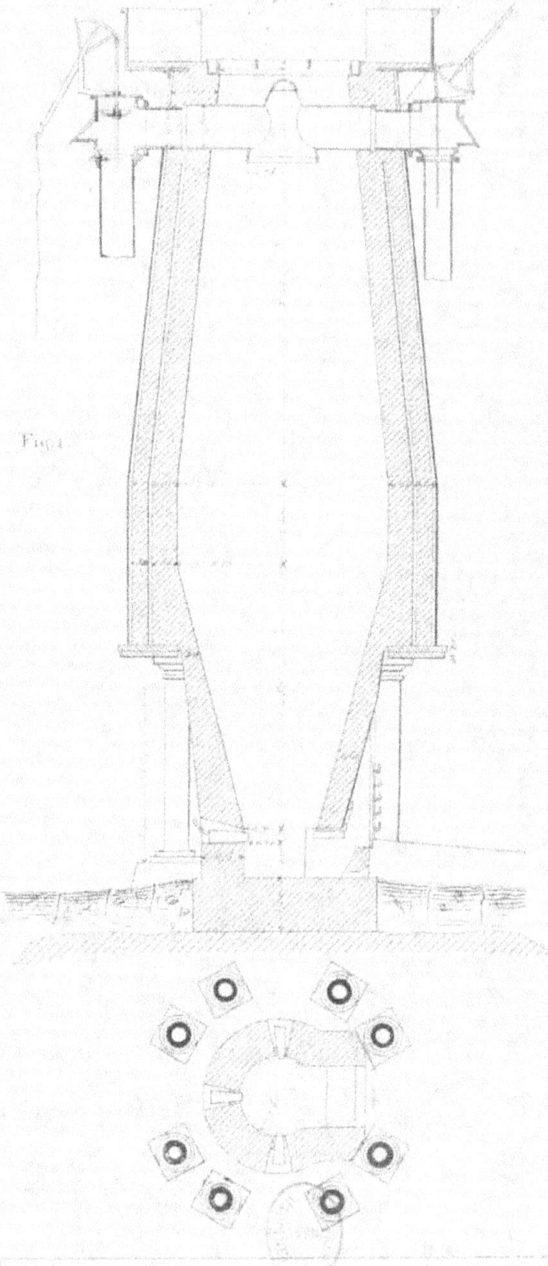

bustible et le minerai se nomme *gueulard*. Le tronc de cône qui du gueulard va, en s'élargissant, jusqu'au *ventre*, se nomme la *cuve*. Au ventre, le fourneau est généralement cylindrique durant 1 ou 2 mètres; puis vient un nouveau tronc de cône renversé, nommé *les étalages*, suivi souvent d'un autre tronc de cône à sommet plus aigu, nommé l'*ouvrage*, au bas duquel sont les embrasures des tuyères, par où le vent est soufflé dans le fourneau. Le *creuset* s'étend des tuyères à la sole et recueille les matières fondues. Au niveau de la sole est le trou de coulée percé dans une des parois du fourneau nommée la *dame*.

Ces diverses régions peuvent fort bien n'être pas aussi distinctes que l'indique la figure, et qu'on les faisait jadis dans les hauts fourneaux. Une section ovoïde remplit tout aussi bien, et peut-être mieux, les diverses fonctions du haut fourneau; c'est de cette forme que se rapprochent les fourneaux modernes. Nous conserverons néanmoins les dénominations consacrées de *cuve*, *ventre*, *étalages*, *ouvrage* et *creuset*, pour indiquer les diverses zones de l'appareil.

Un haut fourneau de petite dimension cube 60 à 100 mètres cubes. Ceux de moyenne dimension sont de 100 à 150 mètres cubes. De 200 à 250 mètres cubes, ce sont les plus vastes que l'on construise actuellement. Leur hauteur varie de 9 à 20 mètres, et leur diamètre au ventre de 3 à 8 mètres. Les fourneaux au bois sont habituellement de petite dimension et de faible hauteur.

La section horizontale d'un haut fourneau est toujours circulaire intérieurement, sauf à la hauteur du creuset où la paroi d'une des faces se trouve interrompue et reportée à distance, laissant ainsi un intervalle nommé *avant-creuset*. La figure 2 indique cette disposition. La dame D est un barrage fermant l'avant-creuset et retenant la fonte, mais permettant au laitier qui surnage de déborder, à mesure qu'il se forme. La tympe T n'est autre chose que la paroi du fourneau interrompue par l'avant-creuset. Elle doit descendre moins bas que les tuyères, et est munie d'une plaque en fonte dite *plaque de tympe* qui porte des queues d'aronde destinées à soutenir un appendice en argile qui prolonge la tympe dans l'avant-creuset et se détache facilement quand il est besoin d'enfoncer des ringards dans le fourneau et d'aider à l'expulsion des laitiers ou des matières non fondues. On comprend, à l'inspection de la figure, que cette disposition permet au laitier de déborder sans permettre au vent et aux matières solides de sortir du fourneau ; il suffit pour cela que la différence de niveau entre le *nez de la tympe* et la surface de la dame soit telle, que la pression de la colonne liquide de laitier h soit supérieure à celle du vent. La crête de la dame doit être inférieure au niveau des tuyères, pour qu'au moment où l'on cesse de souffler, le bain de laitier ou de fonte ne puisse les noyer. Quand la fonte a rempli le creuset et l'avant-creuset, elle déborderait par-dessus la dame avec le laitier ; c'est alors qu'on perce le trou de coulée pour l'évacuer dans les moules en sable préparés sous la halle de coulée.

La droite et la gauche du fourneau sont les côtés situés à droite et à gauche du spectateur qui, placé sous la halle de coulée, regarde la tympe. La paroi ou *costière* opposée à la tympe est la *rustine*.

Un haut fourneau est généralement porté sur quatre piliers ou massifs de maçonnerie reliés par des voûtes ou des poutres en fonte recouvrant les quatre *embrasures* et nommées *marâtres*. On préfère aujourd'hui les monter sur colonnes ou piliers en fonte qui laissent libres les abords du fourneau. L'embrasure d'avant se nomme embrasure de *travail* ; les autres sont les embrasures de *droite*, de *gauche* et de *rustine*. Le vent est lancé dans le fourneau par des buses débouchant dans les tuyères. Quand le fourneau n'a que deux tuyères, elles sont placées dans la costière de droite et celle de gauche ; quand il y en a trois, on place la troisième dans la rustine.

Enfin, devant la dame et presque perpendiculairement, on

pose une plaque de fonte, dite plaque de *gentilhomme*, qui retient un talus de sable ou de fraisil partant de la crête de la dame et allant mourir au niveau de la cour de l'usine. Sur ce talus coulent les laitiers que la plaque de gentilhomme empêche de tomber devant le trou de coulée.

Nous pouvons maintenant décrire les réactions principales qui se passent dans le haut fourneau et la marche de l'opération.

Un fourneau en marche est entretenu toujours plein jusqu'au gueulard du mélange convenable de coke ou de charbon, de minerai et de fondant. L'air est lancé par les tuyères sur le combustible incandescent ; il y a en ce point développement du maximum de température et fusion des matières environnantes qui gagnent le creuset où elles se liquatent par ordre de densité. Puis l'acide carbonique et l'azote, gaz de la combustion, rencontrent un excès de combustible ; l'acide carbonique est décomposé par le carbone dont il dissout un poids égal à celui qu'il contenait déjà ; cette dissolution du carbone absorbe une quantité considérable de chaleur, et, la température s'abaissant promptement, la fusion cesse à quelques décimètres des tuyères. Telles sont les réactions principales qui se passent dans l'*ouvrage*, ainsi nommé, parce que c'est là que s'opère l'œuvre de la fusion.

L'oxyde de carbone mélangé d'azote arrive alors dans les étalages ; là s'achève le travail de réduction que les minerais subissent depuis le gueulard. L'oxyde de fer, échauffé par la chaleur des gaz de la combustion, réagit sur l'oxyde de carbone qu'il retransforme en acide carbonique, et le fer, à l'état naissant, se trouve en contact avec le carbone du combustible et avec des gaz cyanurés ; il se carbure, arrive dans l'ouvrage et, sous l'influence de la haute température de cette région, le carbure de fer réagit sur la silice qu'il réduit partiellement, et le silicium libre se combine au fer carburé qu'il transforme en fonte.

Pendant ce temps, l'acide carbonique, produit par la réaction de l'oxyde de fer sur l'oxyde de carbone, rencontre de nouveau du combustible, au contact duquel il se change encore en oxyde de carbone susceptible de réduire de nouvelles molécules d'oxyde de fer si la température des régions qu'il traverse est suffisante, jusqu'à ce qu'il soit emporté hors du fourneau par le courant gazeux qui l'entraîne.

Telle est, rapidement esquissée, la marche de l'opération : échauffement progressif et méthodique de la colonne descendante des matières par la colonne ascendante des gaz, et transport incessant de l'oxygène des oxydes sur le carbone du combustible par l'intermédiaire de l'oxyde de carbone sans cesse brûlé et sans cesse revivifié ; absorption de chaleur dans le transport de l'oxygène du fer sur le carbone dont la puissance calorifique est moindre ; enfin refroidissement très-prompt à peu de distance des tuyères, refroidissement qui rend très-circonscrite la zone de fusion, mais laisse encore assez de calorique dans les gaz de la combustion pour qu'ils puissent échauffer et réduire la colonne descendante des minerais.

CHAPITRE II

Les minerais de fer sont tous des oxydes ou des sels dont ces oxydes sont la base.

Les trois oxydes de fer sont :

Fe^2O^3, sesquioxyde ou peroxyde anhydre ;

Fe^3O^4, oxyde magnétique ou oxydule ;

FeO, protoxyde, qui, très-avide d'oxygène quand il est isolé, ne se trouve jamais libre dans la nature, mais à l'état de sels ou uni au peroxyde, avec lequel il produit l'oxyde magnétique $Fe^3O^4 = FeO, Fe^2O^3$.

Les sulfures, sulfates, arséniures, arsénio-sulfures étant impropres à la fabrication du fer, nous ne les étudierons pas, non plus que les oxalates, chromite, tantalite et titanate, trop rares pour être traités comme minerais.

SESQUIOXYDE ANHYDRE : Fer, 0,70 ; oxygène, 0,30.

Il forme les minerais suivants, identiques comme composition, mais différents comme aspect et gisement. Ils ont en outre comme caractère commun d'être tous rouges lorsqu'on les a réduits en poussière fine (1).

Variétés cristallisées, { 1° Fer oligiste ou spéculaire.
{ 2° Fer micacé.

Variétés amorphes.. { 3° Minerais violets.
{ 4° Hématite rouge.
{ 5° Fer oxydé rouge (compacte, granulaire ou terreux.)

1° *Fer oligiste. — Fer spéculaire.* — Le nom de fer spécu-

(1) Nous adoptons cette classification d'après M. Rivot, auquel nous ferons de fréquents emprunts dans le cours de cet ouvrage.

laire se donne spécialement aux minerais à grandes lames ou *miroirs* provenant des terrains volcaniques.

La densité du fer oligiste varie de 5 à 5,22. Son gisement est dans les terrains anciens, et notamment dans les micaschistes où on le rencontre en amas ou en filons. Ses gangues les plus habituelles sont le quartz et le micaschiste. Il est souvent accompagné de fer titané, d'oxydes de manganèse et de silicates de fer, plus rarement de fer chromé, de pyrites de fer ou de cuivre, de dolomie et de chaux carbonatée. Son plus beau gisement connu est celui de l'île d'Elbe.

Il est difficilement attaqué par l'acide chlorhydrique, mais assez bien par l'eau régale bouillante.

2° *Fer micacé.* — Il se trouve en veines généralement très-minces dans les micaschistes ; il est en paillettes très-petites et friables ; tache les doigts et le papier en rouge violacé. Sa densité varie entre 4,8 et 5,0. C'est du fer oligiste à petits cristaux.

Ses gangues sont habituellement le quartz et le micaschiste ; il est souvent manganésifère.

3° *Minerais violets.* — Leur couleur violacée tire sur le gris métallique ; ils tachent les doigts et le papier en rouge, mais moins que le fer micacé. Leur gangue est habituellement le quartz et l'argile, auxquels ils sont intimement mélangés ; plus rarement elle est calcaire ou barytique. Ils sont souvent manganésifères, quelquefois unis au phosphate de fer.

4° *Hématite rouge.* — Elle se rencontre en filons dans les terrains très-anciens. Sa texture est concrétionnée ou fibreuse ; sa couleur rouge plus ou moins violacé. Elle est généralement manganésifère, presque toujours argileuse, quelquefois mêlée de quartz et de carbonate de chaux. Sa densité est de 4,75 à 5,10.

5° *Fer oxydé rouge.* — Il est très-variable comme aspect et gisement : tantôt il est en masses compactes et puissantes, comme à la Voulte et à Privas, dans les terrains secondaires, mélangé d'argile, de quartz et de chaux carbonatée ; tantôt en grains ronds très-petits, disséminés dans une argile rougeâtre et accompagnés de quartz et de calcaire.

Sa densité est très-variable. Rarement il est manganésifère ; souvent il est phosphoreux, et, dans ce cas, il est accompagné de fossiles. La sanguine est du fer oxydé rouge argileux.

Voici quelques analyses représentant la composition habituelle des cinq espèces de minerais peroxydés anhydres que nous venons de décrire :

Analyses de minerais peroxydés anhydres.

MINERAIS.	PEROXYDE de fer.	SILICE.	ALUMINE.	CARBONATE de chaux.	ACIDE phosphorique.	EAU.	ACIDE (titanique).	OXYDE de manganèse.	TOTAL.
N° 1 Minerai rouge de Nassau...	67,76	20,99	5,80	1,2	0,03	4,10	»	»	100,0
2 Minerai rouge de Thostes (Côte-d'Or)..............	78,60	12,50	5,50	»	traces	4,60	»	»	99,2
3 Minerai oligiste du cap Falcon (province d'Oran).	81,559	13,10	»	»	»	1,20	1,25	2,5	100,0
4 Privas, oxydé agatifère...	83,89	19,85	2,70	10,55	»	1,40	»	»	101,3
5 Privas, oxydé rouge......	59,79	17,70	4,83	15,40	traces	3,62	»	»	100,74
6 Oligiste, île d'Elbe......	92,88	9,49	1,19	»	»	0,78	»	»	100,00
7 La Voulte, hhoïde......	35,40	25,99	12,58	20,20	traces	5,47	»	»	98,57
8 Pierremorte, près Bességes, oxydé rouge feuilleté...	45,20	17,50	5,50	24,50	traces	6,15	traces	»	99,05
9 Hématite rouge du Cumberland.................	93,16	5,89	traces	0,13	traces	»	»	0,34	101,43
10 Oxyde rouge, Lindale-Moor, près Ulverstone.......	98,71	1,00	»	»	»	»	»	traces	99,71
11 Hématite de North-Pit, près Ulverstone.............	90,54	6,88	traces	1,78	traces	0,78	»	0,25	100,42

Nⁿˢ 1, 2 et 3, Rivot, *Traité de docimasie.* — Nⁿˢ 4, 5, 6 et 7, laboratoire de Bességes. — Nⁿˢ 9, 10 et 11, Dʳ Percy, t. II.

SESQUIOXYDE HYDRATÉ.

Son type générique est l'hématite brune.

Il comprend les variétés suivantes :

1° Hématite brune proprement dite ;

2° Minerais compactes ou en roches ;

3° Minerais terreux et cloisonnés ;

4° Minerais en grains ;

5° Minerais oolithiques ;

6° Ocres ;

7° Minerais des marais ou résineux.

Ces minerais ont une origine commune : ils proviennent tous de la décomposition des sulfures et carbonates par l'action de l'eau et des agents atmosphériques ; aussi n'est-il pas rare dans leurs gisements de retrouver, à une faible profondeur, la pyrite ou le carbonate intacts.

1° *Hématite brune*. — Elle existe en filons et amas dans les terrains anciens et dans les terrains secondaires. Elle se présente en masses concrétionnées mamelonnées et à cassure cireuse ou fibreuse. On la trouve aussi en rognons et en stalactites. Sa couleur est le brun foncé ; pure, elle se fend comme du bois et se détache en fibres aiguës contenant 60 pour 100 de fer.

Elle forme fréquemment des géodes avec des cristaux dérivés du prisme droit rhomboïdal. Leur densité est 4,30 à 4,40 ; ils sont très-brillants, faciles à rayer, et contiennent 8 à 9 pour 100 d'eau. L'hématite brune mamelonnée contient 14 à 15 pour 100 d'eau et pèse 3,0 à 3,92.

L'hématite brune est un excellent minerai. Habituellement manganésifère, souvent unie à la silice et à l'argile, elle est rarement calcaire ou magnésienne et presque toujours exempte de soufre, phosphore et arsenic.

Elle est très-attaquable par les acides, même par l'acide acétique et l'acide oxalique. Elle raye en jaune brun la porcelaine non vernissée.

2° *Minerais compactes*. — Ils sont d'un brun moins foncé que l'hématite ; leur texture est compacte ou fibreuse, souvent mamelonnée. Ils remplissent des cavités du calcaire jurassique et se rencontrent souvent au contact de deux terrains.

Les minerais compactes sont rarement pyriteux, phosphoreux ou arsénicaux ; mais, fréquemment unis au sulfate de baryte, qui nuit à leur qualité, ils sont souvent maganésifères, mais à faible dose. Leur gangue habituelle est la silice ou l'argile, soit intimement mélangées, soit emprisonnées dans les cavernes fréquentes dans ces minerais. Elles sont souvent aussi enduites de pyrolusite à aspect noir et velouté. Leur densité dépasse rarement 3,50.

3° *Minerais terreux et cloisonnés.* — Ils proviennent toujours de la décomposition des pyrites par les eaux de la surface ; aussi retrouve-t-on généralement la pyrite en pénétrant plus avant dans le gîte, et souvent même elle forme le noyau des morceaux. Ils se trouvent surtout dans le lias.

Ils conservent souvent la texture fibreuse et cristalline de la pyrite qui leur a donné naissance, et contiennent tous les corps nuisibles auxquels celle-ci peut être mélangée, zinc, plomb, cuivre, à l'état de carbonates, silicates ou sulfures. Leur gangue est tantôt siliceuse, tantôt calcaire, quelquefois barytique. Leur couleur est jaune à la surface ou dans les parties terreuses, brune dans les parties compactes. Leurs cloisons sont souvent remplies de terre. Leur richesse ne dépasse jamais 55 pour 100 et est habituellement très-inférieure. Ils forment le principal minerai du bassin d'Alais. Ceux de Ganges, près le Vigan, rendent 50 à 54 pour 100. Le fer qu'on en obtient est toujours de mauvaise qualité.

4° *Minerais en grains.* — Très-répandus dans le centre de la France, ils forment de vastes amas dans les terrains tertiaires et à la surface des terrains jurassique et crétacé.

Les grains sphériques ou elliptiques sont de toute dimension, mais le plus communément ils ressemblent à du plomb de chasse. On remarque, à leur cassure, qu'ils sont formés de zones concentriques déposées autour d'un grain de sable ou de calcaire. Presque toujours empâtés d'argile ou de marne, ils ne sont guère traités qu'après avoir subi le débourbage, que leur forme rend très-facile.

Le peroxyde de fer est toujours intimement mélangé dans les minerais en grains à de la silice, de l'argile ou de la marne ; ils sont rarement manganésifères, mais ne tiennent pas non plus de soufre, d'arsenic, ni de phosphore.

5° *Minerais oolithiques.* — Ils forment des couches puissantes et régulières dans les calcaires oolithiques. Ils se composent de petits grains rouges, bruns ou bleuâtres de peroxyde de fer empâtés dans un ciment calcaire ou marneux, coloré lui-même par de l'oxyde de fer.

Ils sont parfois aussi sous forme de grains terreux, noirs ou bleuâtres, cristallisés en octaèdres et contenant du protoxyde de fer qui les rend magnétiques, et du silicate d'alumine.

Les minerais oolithiques riches en fossiles sont très-phosphoreux ; c'est souvent un caractère qui les fait rechercher ou rejeter pour certaines qualités de fontes. Le phosphore y existe à l'état de phosphate de chaux dans la gangue et de phosphates de fer et d'alumine.

Les minerais du Doubs, très-employés dans la Loire, ceux de la Meuse et de la Moselle, sont des minerais oolithiques. Dans le Gard, les minerais de Courry et des Avelas sont de même nature, très-phosphoreux et titanifères.

6° *Minerais résineux* ou *des marais.* — Ils sont de formation moderne et proviennent de la décomposition des pyrites par les eaux, qui dissolvent ensuite l'oxyde de fer par l'acide carbonique qu'elles contiennent, et le déposent à distance lorsqu'elles perdent cet acide carbonique par évaporation.

Ces minerais, toujours très-impurs, contiennent l'oxyde de fer hydraté à l'état de mélange intime avec les matières terreuses, silice, alumine, chaux carbonatée et sulfatée. Ils sont toujours phosphoreux, le phosphore étant à l'état de phosphates de fer, d'alumine et de chaux. Ils sont rarement manganésifères.

Leur aspect est variable ; ils sont à la fois compactes et cloisonnés ; leur couleur est le brun foncé ; leur cassure n'est jamais fibreuse, mais souvent subcristalline, d'un éclat gras et résineux. Leurs cavités contiennent des terres déposées par les eaux.

7° *Ocres.* — Leur couleur est jaune, brune ou rouge. Ils se rencontrent dans les terrains secondaires et tertiaires, en couches peu puissantes. Ils sont rarement assez riches pour être employés comme minerais, mais ils sont utilisés comme matières colorantes. Ce sont des mélanges intimes de peroxydes de fer anhydre ou hydraté et d'argile ou de marne.

Analyses d'hématites brunes.

MINERAIS.	PEROXYDE de fer.	PEROXYDE de manganèse.	ALUMINE.	SILICE.	CHAUX.	MAGNÉSIE.	ACIDE carbonique.	SOUFRE.	ACIDE phosphorique.	EAU.	TOTAL.
N° 1 Hématite de Dax (Landes)	70,00	1,50	4,40	10,40	»	»	»	»	»	13,25	99,25
2 Hématite de Rancié (Ariège)	74,09	4,50	3,45	8,05	»	»	»	»	»	10,00	100,00
3 Hématite de Rancié (Ariège)	75,00	6,00	»	11,00	»	»	»	»	»	8,00	100,00
4 Hématite de Sommo Rostro (Bilbao)	75,65	1,45	3,74	5,70	»	»	»	»	»	14,00	100,00
5 Hématite de Froghall (Staffordshire)	52,83	0,90		tr.	14,64	5,70	18,44	0,44	0,32	4,75	97,45
6 Black Brush (forêt de Déan)	90,05	1,09	0,14	0,92	»	0,20	0,09	tr.	»	0,22	101,62
7 Brandy-Brush (forêt de Déan)	32,76	tr.	0,05	63,52	0,25	»	»	tr.	0,09	3,35	100,22
8 Smith (forêt de Déan)	89,69	0,06	0,98	2,14	0,34	0,40	»	tr.	0,13	7,05	101,07
9 Veine grise (forêt de Déan)	34,58	0,25	0,17	»	14,97	10,21	20,75	tr.	0,06	5,18	99,67
10 Hématite de Leantrisaul (Glamorganshire)	59,05	0,13	tr.	24,40	0,25	0,28	»	0,04	0,14	6,38	100,67
11 Hématite du Devonshire	89,39	0,45	0,52	1,42	0,33	0,20	»	tr.	0,13	8,83	101,27
12 Bordezac, près Bessèges (Gard)	39,91	0,40	7,40	43,00	tr.	»	»	»	»	10,00	100,41
13 Bordezac, près Bessèges (Gard)	59,50	0,50	4,30	25,70	6,00	»	0,50	»	»	10,50	101,60
14 Rochoste près Bessèges	47,20	tr.	7,40	25,70	2,22	»	1,73	$BaOSo^4$ 0,30	»	9,00	99,51
15 Travers à Bessèges	48,00	0,40	4,30	19,00	16,0	tr.	12,50	$BaOSo^3$ 0,50	»	9,20	101,40
16 Travers-pauvre, à Bessèges	21,30	0,20	4,50	6,20	32,70	»	25,80	»	»	9,30	100,80

Nos 1, 2, 3 et 4, M. Rivot, *Traité de Docimasie*; — Nos 5, 6, 7, 8, 9, 10, 11, Dr Percy, — Nos 12, 13, 14, 15 et 16, Laboratoire de Bessèges.

(1) Dans les analyses de plusieurs auteurs on trouve une colonne intitulée *argile*; d'autres fois le *sable* est distingué de la *silice*. Pour faire rentrer dans un cadre unique des analyses diversement présentées, j'ai réuni *sable et silice*, et comme dans les analyses pour lits de fusion il est important que la silice soit distincte de l'alumine, j'ai décomposé le chiffre donné pour l'argile en admettant la composition centésimale : silice, 70 ; alumine, 30. Le nom des auteurs étant toujours indiqué, le lecteur pourra se reporter à leurs ouvrages pour le détail des dosages et les propriétés physiques et minéralogiques des échantillons analysés.

Analyses de minerais compactes.

MINÉRAIS.	PEROXYDE DE FER.	PEROXYDE DE MANGANÈSE.	ALUMINE.	CHAUX.	MAGNÉSIE.	SILICE.	ACIDE carbonique.	SOUFRE.	EAU.	TOTAL.
Nᵒ 1. Minerai de la carrière Ratier (Aveyron)	77,00	3,40	2,40	»	t.	3,80	»	»	14,40	100,00
2. Minerai de Minas Geraës (Brésil)	78,40	2,60	1,59	»	»	3,71	»	»	13,70	100,00
3. Minerai de Mokeudja (Algérie)	57,25	3,50	2,80	10,00	2,00	2,80	3,45	»	11,55	99,35
4. Minerai des Baux, près Tarascon	40,20	»	34,10	»	»	11,00	»	»	14,00	99,30
5. Minerai des Baux, près Tarascon	35,50	»	44,09	1,00	»	5,50	»	»	13,50	99,50
6. Minerai des Baux, près Tarascon	20,00	»	48,40	1,25	»	8,70	»	»	21,10	99,45
7. Minerai de Soumah (Algérie)	84,00	0,80	0,70	0,30	»	5,40	0,20	0,05	9,00	100,15
8. Minerai de Philippeville	73,40	1,90	4,60	0,70	»	16,80	0,55	»	3,00	100,45
9. Minerai de la Gouraïa (Algérie)	66,10	1,00	3,40	4,20	»	14,80	3,30	»	7,10	99,90
10. Minerai de la Garrucha (Espagne)	66,20	5,40	»	5,20	»	8,70	4,15	»	10,00	99,65
11. Minerai de Terreros (Espagne)	65,40	2,10	2,60	3,20	tr.	14,60	2,50	CoO,SO³ 1,00	8,50	99,60
12. Minerai de Sahorro (Pyrénées-Orientales)	65,50	4,50	3,00	4,20	1,20	12,50	3,30	0,05	6,00	100,25
13. Minerai de Filhols (Pyrénées-Orientales)	59,50	5,50	6,50	12,10	»	6,80	0,45	»	5,50	89,35

Minerais cloisonnés et terreux.

MINÉRAIS.	PEROXYDE de fer.	PEROXYDE de manganèse.	ALUMINE.	CHAUX.	ACIDE phosphorique.	SILICE.	ACIDE carbonique.	SOUFRE et arsenic.	EAU.	TOTAL.
Nᵒ 14. Cloisonné de Régneville (Manche)	81,30	»	1,20	»	0,60	5,00	»	tr.	11,00	99,10
15. Cloisonné du Torrent (Pyrénées-Orientales)	86,00	6,15	1,45	»	0,73	1,15	»	tr.	10,00	99,50
16. Géodique de Vimband (Puy-de-Dôme)	67,00	»	0,60	»	0,25	12,60	»	tr.	13,30	99,85
17. Géodique d'Aligneville	69,50	»	3,60	3,50	0,20	8,40	2,75	tr.	11,35	99,30
18. Panissière (Gard). Cloisonné terreux	69,50	»	5,50	tr.	»	14,00	»	0,10	14,60	100,10
19. Saint-Florent (Gard). Cloisonné terreux	63,50	»	7,00	2,50	»	16,00	1,07	0,15	8,20	99,32
20. Ganges (Hérault). Compacte	79,20	»	0,50	4,10	»	2,20	3,22	0,15	10,50	99,97
21. Saint-Hippolyte (Gard). Cloisonné compacte	74,10	»	2,10	tr.	»	7,00	»	0,10	16,00	99,30
22. Trépaloux, près Alais. Géodique	48,50	»	5,60	21,30	»	4,90	16,80	0,10	8,00	100,20
23. Saint-Pol-Lacoste (Gard). Géodique	50,70	»	5,30	16,60	»	4,90	13,10	0,10	10,00	99,80
24.										
25.										
26.										

Nᵒˢ 1, 2, 3, 4, 5 et 6, M. Rivot. *Traité de docimasie.* — Nᵒˢ 14, 15, 16 et 17, même auteur. — Nᵒˢ 7, 8, 9, 10, 11, 12, 13; 18, 19, 20, 21, 22 et 23, M. Magnin, laboratoire de Bességes.

Minerais en grains.

MINERAIS.	PEROXYDE de fer.	OXYDE de manganèse.	ALUMINE.	CHAUX.	SILICE.	ACIDE carbonique.		SABLE et argile.	EAU.	TOTAL.
N° 1. Minerai en grains de Dun-le-Roi..................	55,80	»	3,25	»	1,50	»		23,60	16,50	93,85
2. Minerai en grains de Schwab-weiler.................	34,50	2,90	2,00	»	0,25	»		50,60	9,30	99,55
3. Minerai de Cosne (Nièvre)....	48,50	»	3,25	»	1,50	»		44,75	11,20	99,15
4. Minerai de Brioude (Haute-Loire).................	35,00	»	3,00	»	1,00	»		35,00	9,70	99,30
5. Minerai de Vougeot (Côte-d'Or)	54,00	»	3,25	4,40	1,40	3,14		51,60	(0,30)	99,45
6. Minerai de la Chapelle (Nièvre)	57,50	»	3,60	1,10	1,40	0,86		23,80	16,84	93,20

Minerais oolithiques.

MINERAIS.	PEROXYDE de fer.	PEROXYDE de manganèse.	ALUMINE.	CHAUX.	SILICE.	ACIDE phosphorique.	ACIDE carbonique.	MAGNÉSIE.	EAU.	TOTAL.
N° 10. Oolithique d'Ars-sur-Moselle.	63,40	»	5,00	3,60	12,31	0,55	2,83	»	11,82	99,60
11. Oolithique d'Hayanges (Moselle).................	65,00	»	3,30	5,30	8,50	tr.	4,16	»	12,19	98,45
12. Oolithique d'Eurville (Haute-Marne).................	60,00	»	5,80	5,10	14,90	0,30	4,00	»	12,40	99,50
13. Oolithique de Boulogne-sur-Mer.................	35,20	»	16,23	»	38,97	tr.	»	»	9,20	99,60
14. Oolithique de Boulogne-sur-Mer.................	54,00	»	9,39	»	23,31	0,40	»	»	12,50	99,80
15. Oolithique de Courry (Gard)..	30,90	»	18,50	20,50	0,50	1,00	16,10	»	12,70	100,30
16. Oolithique des Avelas (Gard).	33,00	»	12,60	24,60	3,20	0,90	19,30	»	4,00	99,60
17. Oolithique de Wellingborough	52,86	0,51	7,39	7,46	13,16	1,26	4,92	0,68	11,37	100,61
18. Id. id.	34,41	0,27	6,40	25,72	6,69	1,47	18,45	0,97	6,97	101,35
19. Id. de Hardingstone, près Northampton.............	74,42	0,57	1,91	0,76	6,03	3,17	0,57	0,18	11,89	100,20

N°s 1, 2, 3, 4, 5, 6; 10, 11, 12, 13 et 14, M. Rivot, Docimasie. — N°s 15 et 16, laboratoire de Bességes. — N°s 17, 18 et 19, Dr Percy.

Minerais des marais.

MINERAIS DE :	PEROXYDE de fer.	PÉROXYDE de manganèse.	ALUMINE.	SILICE.	ACIDE phosphorique.	ACIDE arsénique.	CHAUX.	ACIDE carbonique.	EAU.	TOTAL.
N° 1. Faverolle (Corrèze)	72,50	»	5,00	7,55	1,20	0,10	»	»	12,40	98,85
2. Bourg-Lastic (Puy-de-Dôme)........	51,20	5,10	10,90	19,75	0,50	0,30	»	»	11,40	99,35
3. Paffendal (Moselle).	68,35	»	6,30	13,62	1,15	0,55	1,65	1,31	7,59	99,35
4. Fontainieux, près Marseille........	77,40	3,25	3,80	4,30	0,50	0,05	2,00	2,58	6,42	99,30

Ocres.

	PEROXYDE de fer.	ALUMINE.	SILICE.	ARGILE et sable.	CHAUX.	ACIDE carbonique.	EAU.	TOTAL.
Nº 8. Ocre rouge d'Aix (Bouches-du-Rhône)	23,00	4,50	7,60	58,40	traces.	»	14,50	100,00
9. Ocre rouge de Vis-Artoit (Pas-de-Calais	5,30	17,60	14,20	62,50	traces.	»	0,60	99,60
10. Ocre rouge de Saint-Georges (Cher)	23,00	3,25	4,60	58,05	2,50	2,50	6,10	100,00
11. Ocre rouge de Boulogne-sur-Mer...	28,00	6,50	11,60	48,00	traces.	»	5,60	99,70

FER OXYDULÉ OU MAGNÉTIQUE.

Il se rencontre cristallisé ou amorphe. Cristallisé, il affecte la forme d'octaèdres très-nets, mais très-petits, disséminés dans des roches schisteuses, amphiboliques ou serpentineuses. Amorphe, il est compacte et souvent mélangé de peroxyde anhydre.

Son caractère principal est son action sur le barreau aimanté.

Il est fréquemment mêlé de quartz, de schistes, de silicates, de pyrites de fer et de cuivre et de fer titané.

La densité de l'oxydule cristallisé est 5.09. On le trouve en amas puissants : au lac Supérieur, à Gellivara, dans le golfe de Bothnie, en Norwége, à Dannemora, Taberg en Suède, dans le Canada, à New-Jersey, en Pensylvanie. Enfin il en existe en France, à Dielette près Cherbourg, et à Villefranche (Aveyron).

A équivalents égaux de protoxyde et de peroxyde, il contient 72,41 pour 100 de fer. Celui de Suède contient pour 100 :

$$\left.\begin{array}{l}\text{Protoxyde de fer.} \dots \dots \dots \dots \dots \quad 31 \\ \text{Peroxyde.} \dots \dots \dots \dots \dots \dots \dots \quad 69\end{array}\right\}100$$

La poussière du fer oxydulé est brune, mais tire d'autant plus sur le rouge qu'il contient plus de peroxyde. En roche, le minerai est fréquemment de couleur verte.

Analyses des minerais magnétiques.

MINERAI MAGNÉTIQUE de :	PEROXYDE de fer.	FER oxydulé Fe³O⁴	ALUMINE	OXYDE de manganèse.	ACIDE (titanique).	SILICE.	EAU.	GANGUE.	TOTAL.
N° 1. Marquette (lac Supérieur)...	49,00	19,60	»	1,30	1,20	»	»	28,50	99,60
2. Iglésias...................	58,00	26,00	»	1,25	2,00	»	»	12,50	99,75
3. Iglésias (Sardaigne)......	62,50	24,90	»	»	»	»	»	12,60	100,00
4. Balaigt (Pyrénées-Orientales)	80,55	17,45	»	»	»	»	»	2,00	100,00
5. Mockta-el-Hadid (Algérie)...	90,50	2,50	1,00	0,05	tr.	2,20	3,80	»	100,05

N°ˢ 1, 2, 3, 4, M. Rivot, *Docimasie*. — N° 5, laboratoire de Bességes.

CARBONATE DE FER.

Pur, il contient 48,275 de fer.

On le distingue, suivant son aspect et sa provenance, en trois espèces :

1° Fer carbonaté spathique ;

2° Fer carbonaté cristallin des houillères ;

3° Fer carbonaté lithoïde des houillères.

1° *Fer carbonaté spathique.* — Il est cristallisé en grandes lames ; ses cristaux dérivent du rhomboèdre de 107°, présentant trois clivages faciles parallèlement à la base et aux faces du prisme. Blanc ou blond quand il n'a pas été altéré, il passe par l'altération au brun ou au brun rouge.

Pur, il a pour densité 3,85.

Son gisement le plus renommé est celui des Erzberg en Styrie ; il existe aussi en filons ou en couches puissantes au Stahlberg, en Prusse ; au Siégen, où il produit une qualité de fonte caractéristique ; dans le Zollverein ; en Angleterre, à Brendon et à Exmoor dans le Somersetshire ; et en France aux mines du Boulet, de Roccas-Negras et de la Pinouse dans les Pyrénées ; à la Valmy près Anduze, dans le Gard, etc.

Il est très-souvent mêlé de galène, de cuivre et de blende,

très-souvent siliceux, rarement barytique et jamais phosphoreux. Il est presque toujours accompagné de manganèse à l'état de carbonate. Fréquemment il contient de l'arsenic et du cuivre qui nuisent à son emploi.

2° *Fer carbonaté cristallin des houillères*. — C'est le minerai le plus employé en Angleterre, où on le désigne sous le nom de black-band. Il est stratifié dans les schistes houillers en nodules ou en couches continues exploitées en même temps que le charbon dans un grand nombre de mines de houille.

Il est toujours cristallin, tantôt brun noir, tantôt ressemblant à du grès houiller.

Il est généralement pyriteux, ce qui oblige presque toujours à le griller; le grillage facilite en outre son triage en le rendant plus distinct des schistes auxquels il adhère et diminue les frais de transport aux usines par le départ de l'eau et de l'acide carbonique qui y entrent en moyenne pour la moitié de son poids.

Le minerai houiller est généralement manganésifère, mais moins que le minerai spathique. Il est toujours siliceux et alumineux, souvent phosphoreux.

3° *Minerai carbonaté lithoïde*. — Il a le même gisement que le précédent, dont il ne se distingue que par l'absence de cristallisation. Sa couleur varie du gris au noir, suivant les quantités de matières bitumineuses dont il est imprégné.

Le fer carbonaté des houillères, cristallin ou lithoïde, a une densité variable suivant sa pureté de 3,00 à 3,35.

Analyse de minerais carbonatés spathiques.

MINÉRAIS DE	PEROXYDE de fer	PROTOXYDE de fer	PROTOXYDE de manganèse	ALUMINE	CHAUX	MAGNÉSIE	SILICE	ACIDE phosphorique	ACIDE carbonique	SOUFRE	EAU	TOTAL
N° 1 Eisenerz (Styrie)	»	56,30	3,30	»	»	1,50	»	»	35,90	»	»	100,00
2 Allevard (Isère)	»	52,00	2,50	»	»	3,50	»	»	40,00	»	»	100,00
3 Stahlberg (Prusse)	»	44,00	10,30	»	1,00	1,60	4,29	»	38,00	»	»	100,00
4 Pierre-Rousse (Isère)	»	52,68	1,70	»	1,64	3,09	3,29	»	37,29	»	»	99,30
5 West Level (Durham)	49,57	10,77	3,60	0,84	5,63	4,21	6,04	0,01	14,19	0,31	8,44	101,27
6 Yaine-Rispey-Rookope	0,90	19,47	2,12	0,06	3,17	3,13	4,93	tr.	57,71	0,04	»	101,25
7 Veardale (Durham)	0,81	49,77	1,93	»	3,96	2,83	3,12	tr.	37,20	0,04	0,30	99,96
8 Brendon-Hills (Somersetshire)	0,81	43,84	12,65	0,01	0,28	3,63	0,07	»	38,86	»	0,18	100,32
9 Exmoor (Devonshire)	0,07	17,91	7,64	»	21,80	6,17	0,48	tr.	44,75	0,05	0,38	99,17

Minerais carbonatés spathiques, n°s 1, 2, 3, 4, M. Rivot, *Docimasie*; — N°s 5, 6, 7, 8, 9, Percy.

Analyse de minerais carbonatés des houillères.

MINÉRAIS DE	PEROXYDE de fer	PROTOXYDE de fer	PROTOXYDE de manganèse	ALUMINE	CHAUX	MAGNÉSIE	SILICE	ACIDE phosphorique	ACIDE carbonique	SOUFRE et arsenic	EAU et matières organiques	TOTAL
N° 1 Palmesalade (Gard)	»	54,00	1,10	1,80	0,69	tr.	6,39	»	34,60	»	1,60	100,00
2 Berenet (Allier)	»	52,00	1,00	2,15	2,15	0,75	4,10	1,30	34,60	0,15 Arsenic.	2,10	100,09
3 Anzin (Nord)	»	45,00	tr.	3,46	1,36	»	31,99	0,05	23,00	0,05	2,45	100,00
4 Moutilon, près Rive-de-Giers	»	25,00	2,40	3,80	3,50	5,60	29,10	0,15	24,70	0,15	3,50	100,00
5 White-Bed-Mine (Yorkshire)	1,77	35,38	0,94	7,63	2,89	2,27	19,13	0,18	25,11	0,60 Soufre.	2,08	98,00
6 Black-Bed-Mine (Yorkshire)	1,55	36,11	1,38	6,74	3,70	2,17	17,37	0,34	26,57	0,05	1,17	99,08
7 Black-Bed-Mine (Yorkshire)	»	47,13	2,20	3,39	2,58	1,12	7,91	0,06	32,55	tr.	2,30	100,14
8 Dog Tooth Rake (Derbyshire)	1,42	28,27	1,62	2,31	13,95	0,27	8,55	0,74	37,64	0,62	1,83	99,38
9 Grains Dudley (Staffordshire)	»	54,12	2,95	0,78	2,21	0,62	2,11	0,69	35,25	0,18	2,43	100,34
10 Gubbin Dudley (Staffordshire)	0,19	46,30	1,44	4,80	0,76	0,94	10,29	0,74	30,44	0,03	2,52	98,39
11 Whiteston Bind Dudley (Staffordshire)	1,15	30,96	0,73	0,58	1,84	3,11	20,40	0,26	22,13	0,05	2,49	98,70
12 Cakes ou Bluestone Dudley (Staffordshire)	0,38	50,60	3,30	1,87	1,20	2,04	3,58	0,23	35,47	0,60	9,47	99,74
13 Cakes ou Bluestone Dudley (Staffordshire)	0,84	43,55	1,65	3,70	1,72	4,74	7,51	0,15	34,00	0,39	0,64	99,00

Minerais des houillères, n°s 1, 2, 3, 4, M. Rivot; — N°s 5, 6, 7, 8, etc., Percy.

SILICATES DE FER. — SCORIES DE FORGE.

Les scories de forge sont les seuls silicates de fer employés comme minerais. Quoique d'un traitement difficile et d'une impureté reconnue, elles tendent à entrer de plus en plus dans la consommation des hauts fourneaux voisins des forges dont elles sont un résidu sans valeur vénale.

Leur emploi comme minerai, très-combattu à l'origine, à cause des mauvaises qualités qu'elles communiquent à la fonte et au fer, quand on en fait un usage abusif ou inintelligent dans les lits de fusion, est aujourd'hui généralisé, sauf pour les fontes et fers de premier choix.

Les plus riches en fer sont les scories de puddlage, contenant environ 60 pour 100 de fer. Ce sont aussi les plus phosphoreuses quand elles proviennent de fontes contenant du phosphore (1); mais il est des usines où les minerais phosphoreux sont rares et recherchés; ce n'est donc pas toujours un défaut pour les scories du puddlage de contenir du phosphore. Elles sont aussi les plus sulfureuses, après toutefois les scories de mazerie, qui outre le soufre de la fonte retiennent aussi celui des cendres de coke; mais la présence du soufre n'est pas un obstacle sérieux à leur emploi dans la fabrication des fontes communes.

Le véritable obstacle provient de l'état de combinaison de l'oxyde de fer avec la silice. La réduction des silicates de fer est toujours difficile : ils fondent près du gueulard et coulent dans le creuset avant d'avoir subi l'action des gaz réducteurs; d'autre part, la réduction d'un silicate produit un siliciure, inconvénient grave dans toutes les fabrications qui demandent de la fonte peu chargée de silicium.

(1) Percy donne une analyse de scorie de four à puddler donnant au creuset un culot de fonte à 13 pour 100 de phosphore. (*Traité de Métallurgie*, t. II, p. 118, traduction française de MM. Petitgand et Ronna.)

Sans nous préoccuper pour le moment de la proportion de scories qu'il est bon de ne pas dépasser dans le lit de fusion, et de leur mode de traitement, bornons-nous dès à présent à constater leur emploi comme minerai et à déterminer leur composition chimique.

Les scories de forge sont toutes des silicates de protoxyde et de sexquioxyde de fer plus ou moins chargés de bases terreuses, et contenant du sexquioxyde de fer plutôt dissous dans le silicate que combiné à la silice, pour laquelle il semble n'avoir pas d'affinité.

Analyses de scories de forges.

SCORIES de :	PROTOXYDE de fer	PEROXYDE de fer	PROTOXYDE de manganèse	ALUMINE	SILICE	CHAUX	MAGNÉSIE	TOTAL
N° 1 Forges catalanes de l'Ariége	37,75	»	17,50	3,20	28,00	8,60	1,30	57,48
2 Massage d'Allevard	41,60	»	35,00	1,00	23,00	2,10	1,00	99,70
3 Affinage Rivols (Allevard)	70,20	»	3,50	0,50	21,00	4,30	»	99,50
4 Mazéage au bois (Nièvre)	74,00	»	8,60	1,20	14,80	1,80	»	100,30
5 Puddlage de fontes anglaises	61,00	»	»	1,50	36,50	»	»	99,30
							Phosphore.	
6 Puddlage (Bességes)	69,50	25,8	»	1,30	14,00	traces	1,60	100,20
7 Réchauffage (Bességes)	»	»	»	»	»	»	»	»
8 Puddlage (usine anglaise)	45,43	17,11	1,15	1,28	28,50	0,47	0,35	98,37
9 Mazéage, poreuse (Dowlais)	45,52		1,57	3,63	23,77	0,45	1,28	98,19
10 Mazéage, cristalline (Dowlais)	54,94	»	2,71	3,75	33,33	1,19	0,50	98,42
11 Mazéage, cristalline (Broseley)	61,78	»	3,58	7,39	22,70	3,51	0,76	99,09

N° 1, 2, 3, 4, 5, Rivot, *Docimasie*; — N°s 6, 7, Laboratoire de Bességes; — N°s 8, 9, 10, 11, Percy, *Métallurgie.*

Quand une scorie est chauffée longtemps à une température voisine de son point de fusion, elle subit un dédoublement suivi de liquation; il se sépare du silicate tribasique de protoxyde de fer qui est le plus fusible des silicates de fer, et ce silicate s'écoule entraînant avec lui les bases terreuses et laissant comme résidu infusible l'excédant de silice et le peroxyde de fer mélangés, mais non combinés. Ce phénomène de liquation est utilisé en Angleterre pour dédoubler les scories de forge en scories riches ou silicate tribasique de protoxyde de fer et résidu réfractaire employé comme cordon de four à puddler, et désigné sous le nom de bull-dog.

Les scories riches en protoxyde ont une couleur noir-vert ; elles ont une structure cristalline, sont très-fusibles, et, une fois fondues, sont très-fluides. Elles peuvent se griller quand on les chauffe avec précaution sans les fondre, et, une fois peroxydées, deviennent réfractaires et plus faciles à traiter dans les hauts fourneaux.

CHAPITRE III

Le traitement des minerais dans le haut fourneau a pour but la séparation totale du fer et des matières étrangères contenues dans ces minerais; séparation qui s'opère par la fusion de tous les éléments après réduction des oxydes.

Le laitier est la réunion par fusion de tous les corps étrangers au fer. Comme il faut les liquéfier, on procède par addition de fondants, quand les gangues ne sont pas par elles-mêmes suffisamment fusibles. Le dosage des minerais et fondants se nomme *lit de fusion*.

Au point de vue économique, le laitier que l'on devrait chercher à obtenir serait toujours celui exigeant le moins de fondants étrangers aux minerais. Ainsi, comme il s'agit d'obtenir un silicate fusible, le laitier le plus économique dans le cas de minerais silico-alumineux sera celui qui, tout en étant suffisamment fusible, exigera le moins de *castine* (fondant calcaire ou magnésien); car l'addition de tout fondant greve le prix de revient de la fonte, non-seulement du prix d'achat du fondant, mais encore de tous les frais qui résultent de l'appauvrissement du lit de fusion.

Quand on traite au charbon de bois des minerais purs, la qualité de la fonte est toujours bonne; on ne suit guère d'autre règle dans la composition du lit de fusion; on ajoute la quantité de fondant strictement nécessaire à l'obtention du laitier assez fusible pour ne pas exiger trop de combustible. Aussi les laitiers de fourneaux au bois sont-ils généralement très-siliceux quand on traite des minerais siliceux, très-alumineux quand on traite des minerais très-chargés d'alumine.

Avec les fourneaux au coke, d'autres considérations interviennent.

Très-généralement, on ne peut obtenir au coke des fontes passablement désulfurées qu'avec des laitiers très-basiques, et l'on doit marcher avec des laitiers d'autant plus calcaires que les minerais et les cokes sont plus sulfureux et que la fonte doit être de meilleure qualité.

Un autre motif fait encore varier la composition à donner au laitier : c'est le grain de fonte que l'on désire obtenir.

Toutes choses égales d'ailleurs, la fonte tendra à être grise si le laitier est peu fusible, et blanche si le laitier est très-fusible. En effet, la fonte ne se dégage de la gangue qui l'enveloppe que lorsque cette gangue se fond. Si cette gangue se fond dans les étalages à une température peu élevée, la fonte passera dans l'ouvrage sans y séjourner, et gagnera le creuset sans avoir subi la haute température de la zone avoisinant les tuyères et sans s'être chargée de beaucoup de carbone et de silicium ; le carbone, en effet, est d'autant plus soluble dans la fonte que sa température est plus élevée ; et le silicium ne se produit que par le contact de la silice et du carbure de fer à de hautes températures.

On ne peut guère, dans le roulement habituel du fourneau, dépasser la teneur maxima de 48 pour 100 de chaux dans les laitiers de fonte grise et 46 dans les laitiers de fonte blanche. Plus calcaires, les laitiers empâteraient le fourneau et laisseraient dans le creuset des blocs non fondus. On peut cependant, surtout si l'on dispose d'un vent très-puissant, fondre des laitiers contenant jusqu'à 50 pour 100 de chaux ; mais cette allure prolongée amènerait promptement un engorgement.

Si, au lieu d'être un silicate double d'alumine et de chaux, le laitier contient une troisième base, il deviendra plus fusible et plus fluide pour la même teneur en silice ou la même somme de bases, et, réciproquement, il permettra, pour les mêmes fusibilité et fluidité, l'introduction d'une plus forte dose de bases terreuses. L'adjonction au lit de fusion d'éléments magnésiens est parfois employée dans ce but; ils facilitent la marche du fourneau et l'épuration de la fonte. Il en serait de même des autres bases terreuses, baryte, strontiane, etc., si elles ne se trouvaient le plus souvent à l'état de sulfates.

Les alcalis sont les meilleurs de tous les fondants. La potasse et la soude contenues dans les cendres du charbon de bois ont un effet considérable et multiple : elles fondent une forte proportion de silice et d'alumine; elles rendent le laitier plus fusible, ce qui empêche la formation d'une trop forte proportion de silicium; elles désulfurent énergiquement, grâce à la puissante affinité de ces bases pour le soufre à toutes les températures; enfin elles facilitent la carburation du fer, en donnant naissance à du cyanogène au contact du charbon et de l'azote des gaz du fourneau.

Le carbonate de soude introduit dans le lit de fusion, en arrosant d'une lessive le coke ou le minerai, produirait une amélioration de qualité qui ferait sans doute plus que compenser la dépense; il est regrettable que cet essai n'ait pas été tenté dans les usines.

L'oxyde de fer qui reste souvent en notable proportion dans les laitiers en augmente aussi la fusibilité en les rendant polybasiques. Il est des usines où l'on se dispense ainsi d'addition de fondant en laissant dans les laitiers une partie de l'oxyde de fer comme dans la méthode directe; mais une pareille marche n'est pas à citer comme exemple. Elle n'est d'ailleurs possible qu'avec certains minerais et ne peut donner que des fontes blanches plus ou moins froides.

Aspect des laitiers. — Les laitiers affectent tant d'aspects et de couleurs, suivant leur composition et l'allure du fourneau dont ils proviennent, qu'il n'est pas possible d'établir d'une manière absolue la relation qui existe entre leur aspect et la nature de la fonte produite; ainsi, tel laitier correspondant à la production d'excellente fonte dans telle usine, sera l'indice de mauvais produit dans telle autre usine. Tout au plus pouvons-nous présenter comme générales les observations suivantes :

1° La couleur des laitiers se rapproche d'autant plus du blanc ou du gris clair à leur surface et dans leur cassure qu'ils proviennent d'une allure de fourneau plus chaude.

Cela n'empêche pas que tel minerai ne donne des fontes blanches avec des laitiers blancs, et tel autre minerai des fontes grises avec des laitiers presque noirs.

2° Les laitiers noirs, quand ils sont lourds et scorifiés, correspondent à l'allure froide et généralement à la production de fontes caverneuses.

3° Les laitiers jaunes correspondent aux fontes gris-clair ou truitées, à moins qu'ils ne proviennent de minerais, tels que les scories phosphoreuses, qui, blanchissent la fonte même quand elle provient d'allure très-chaude.

4° Les laitiers sont plutôt l'indice de l'allure du fourneau et de la température de l'ouvrage que de la nature de la fonte ; mais il y a, pour chaque lit de fusion, une concordance parfaite entre l'aspect du laitier et la nature de la fonte.

5° Les laitiers sont d'autant plus vitreux et filants que leur teneur en silice est plus forte. A une allure en fonte blanche ou truitée correspond généralement l'aspect vitreux à froid et la consistance gluante à chaud. Le refroidissement lent favorise la dévitrification ; aussi les laitiers sont plus vitreux sur les bords et dans les parties minces et promptement refroidies.

6° Les laitiers à base de potasse ou de soude sont presque toujours vitreux, malgré de fortes teneurs en chaux et alumine.

7° L'aspect *porcelanique* et l'aspect opalin correspondent généralement à une forte teneur en alumine.

8° Les laitiers très-alumineux sont *courts* à la coulée ; ils deviennent pâteux et cessent de couler peu après leur sortie du fourneau.

9° L'aspect pierreux correspond à une forte teneur en chaux

et à une allure très-chaude, à moins qu'ils ne soient noirs ou brun roux, indice d'allure froide.

10° Les laitiers sont d'autant plus friables qu'ils sont plus siliceux et moins chargés d'oxyde de fer. Les laitiers siliceux bien réduits se brisent au moindre choc comme des larmes bataviques.

11° Les laitiers très-calcaires et peu alumineux fusent dans l'eau comme la chaux, et tombent complétement en poussière; la présence de 16 à 18 pour 100 d'alumine s'oppose à cette désagrégation, à moins que la teneur en chaux ne dépasse 50 pour 100.

12° La coulée lente et continue, la solidification et le refroidissement lents sont des indices d'allure chaude; au contraire, les scories et laitiers scorifiés coulent comme de l'eau et se solidifient brusquement en croûtes, sans passer par l'état plastique.

On donne aux laitiers différents noms, suivent leur aspect.

Les laitiers *gras* sont ceux qui sont gluants, coulent en forme de poches, filent au crochet, et sont à surface lisse.

Les laitiers *secs* sont ceux qui ne s'étirent pas en fils; leur surface est chagrinée et mamelonnée.

Les laitiers *courts* sont ceux qui ne coulent qu'à peu de distance au sortir du fourneau.

Les *bouffards* sont ceux qui sont à cassure spongieuse.

Les *bourrus* sont des laitiers très-calcaires, très-secs, peu coulants et restant en masse; leur surface ou peau est rugueuse et mamelonnée.

Les laitiers *mousseux* sont ceux qui se gonflent par l'eau et restent sous forme de mousse; ils sont en général calcaires et d'allure chaude.

Les colorations variées que prennent les laitiers proviennent soit de leur composition chimique, soit du mode de groupement de leurs molécules. Ainsi, les oxydes métalliques les colorent comme les verres et le borax : le protoxyde de fer en vert foncé, le protoxyde de manganèse en violet, le sulfure de manganèse en jaune d'ocre ou vert olive. Les couleurs bleue et verte, très-fréquentes quand on traite des minerais du lias, sont produites par le silicate de zinc en dissolution.

La vitesse du refroidissement et le recuit ont une grande influence sur l'aspect des laitiers. On reconnaît dans beaucoup de laitiers des étoiles et des cristaux : ce sont des silicates à composition définie qui s'isolent dans la pâte vitreuse, surtout dans l'intérieur de la masse qui a subi un refroidissement plus lent.

Les sulfures de manganèse, de calcium, baryum, magnésium se trouvent dans le laitier en dissolution dans le silicate, ou seulement en suspension. Des laitiers contiennent jusqu'à 5 pour 100 de soufre, à l'état de sulfure et de polysulfure, et laissent par l'attaque aux acides un abondant dépôt de soufre avec dégagement d'hydrogène sulfuré.

Lorsqu'on fait couler le laitier sur un sol humide, la vapeur d'eau qui se dégage à travers la couche de laitier y est décomposée par les sulfures et polysulfures, et donne lieu à un jet gazeux d'hydrogène sulfuré qui brûle en répandant une forte odeur d'acide sulfureux. Si on jette de l'eau sur le laitier, il se dégage une odeur d'hydrogène sulfuré que la couche d'eau empêche de s'enflammer. La réaction dans les deux cas est l'une de celles-ci :

$$CaS + HO = CaO + HS.$$
$$CaS^5 + 3HO = CaO + SO^2 + HS + S.$$

Les laitiers qui s'échappent d'un haut fourneau au coke en allure très-chaude répandent à l'air une forte odeur sulfureuse provenant sans doute de la combustion des sulfures au contact de l'air.

FUSIBILITÉ DES SILICATES.

Les silicates à une seule base sont tous plus ou moins réfractaires, sauf les silicates alcalins, qui sont très-fusibles.

Les silicates polybasiques sont généralement fusibles.

Nous allons donner le tableau de ces divers silicates, étudiés avec soin par Berthier (*Essais par la voie sèche*), Percy (*Traité complet de métallurgie*, t. I) et Sefstrœm (cité par Percy, même ouvrage). Renvoyant à ces auteurs pour le détail des essais, nous désignerons seulement par la qualification de :

Très-fusibles les silicates fondant complétement au feu des fours à porcelaine;

Fusibles, ceux fondant au fourneau à vent pouvant donner 150° du pyromètre Wedgwood en deux heures;

Peu fusibles, ceux fondant seulement au point de fusion du fer;

Enfin, *réfractaires*, ceux qui résistent à ce foyer.

Fusibilité des silicates (1).

SILICATES SIMPLES.

	Potasse.	Silice.	OBSERVATIONS.
KO. SiO³	50,5	49,5	Très-fusibles. Verres transparents.
KO. 2SiO³	33,8	66,2	Très-fusibles. Verres transparents.
KO. 3SiO³	25,4	74,6	Très-fusibles. Verres transparents.
KO. 4SiO³	20,3	79,7	Très-fusibles. Verres transparents.
KO. 6SiO³	14,3	85,7	Très-fusibles. Verres transparents.
KO. 10SiO³	9,0	91,0	Fusible. Verre transparent bulleux.

SILICATES DE SOUDE.

	Soude.	Silice.	
NaO. SiO³	40,2	59,8	Très-fusibles. Verres transparents.
NaO. 2SiO³	25,2	74,8	Très-fusibles. Verres transparents.
NaO. 3SiO³	18,3	81,7	Très-fusibles. Verres transparents.
NaO. 4SiO³	14,4	85,6	Très-fusibles. Verres transparents.
NaO. 6SiO³	9,9	90,1	Très-fusible. Verre très-bulleux.
NaO. 8SiO³	7,6	92,4	Idem. Idem.
NaO. 10SiO³	6,2	93,8	Très-fusible, émail blanc translucide.

SILICATES DE BARYTE.

	Baryte.	Silice.	
3BaO. SiO³	82,5	17,2	Peu fusible. Fusion pâteuse.
3BaO.2SiO³	70,7	29,3	Fusible. Compacte, cassure cireuse.
BaO. SiO³	61,6	38,4	Fusible. Compacte, cristallin-translucide.
2SiO³	44,5	55,5	Fusible. Compacte, translucide, cassure cireuse.
3SiO³	34,8	65,2	Idem. Idem.
4SiO³	28,5	71,5	Peu fusible. Email blanc peu translucide.

SILICATES DE STRONTIANE

	Strontiane	Silice.	
3StO.4SiO³	44,9	55,1	Fusible. Email blanc, compacte, cassure conchoïde.
StO.5SiO³	26,5	73,4	Peu fusible. Email spongieux.

SILICATES DE CHAUX.

	Chaux.	Silice.	
12CaO. SiO³	88,5	11,5	Réfractaires. Reste pulvérulent.
6CaO. SiO³	78,0	22,0	Idem. Idem.
4CaO. SiO³	70,3	29,7	Idem. Idem.
3CaO. SiO³	64,2	35,8	Peu fusible.
3CaO.2SiO³	47,2	52,8	Fusible. Culot pierreux et cristallin.
CaO. SiO³	37,8	62,2	Fusible. Porcelanique, raye le verre.
3CaO.4SiO³	24,4	75,6	Peu fusible. Verre transparent poreux

SILICATES DE MAGNÉSIE.

	Magnésie.	Silice.	
6MgO. SiO³	72,2	27,8	Réfractaire. Combinaison sans fusion.
5MgO.2SiO³	56,5	43,5	Réfractaire. Combinaison demi-fusion.
3MgO. SiO³	40,1	59,9	Peu fusible. Fusion incomplète.
MgO. SiO³	30,0	70,0	Peu fusible. Culot solide rayant le verre.

SILICATES D'ALUMINE.

	Alumine.	Silice.	
2Al²O³. SiO³	64,3	35,7	Réfractaire. Agglomération sans fusion.
Al²O³. SiO³	52,6	47,4	Idem. Idem.
Al²O³.2SiO³	35,7	64,3	Idem. Idem.
Al²O³.3SiO³	27,0	73,0	Réfractaire. Ramollissement et agglomération.

(1) Les équivalents admis par Berthier étaient un peu différents de ceux adoptés aujourd'hui.

Fusibilité des silicates.

SILICATES A DEUX BASES.

	Potasse.	Soude.	Silice.	OBSERVATIONS.
$KO.NaO.10SiO^2$	8,7	5,8	85,5	Très-fusible. Verre transparent homogène.
$KO.NaO.20SiO^3$	4,7	2,9	92,4	Fusible. Verre transparent bulleux.
	Potasse.	Alumine.		
$KO.Al^2O^3.4SiO^3$	16,51	17,75	65,94	Très-fusible. Transpar., c'est de l'*orthose*.
	Soude.	Alumine.		
$NaO.Al^2O^3.4SiO^3$	11,43	18,79	69,72	Très-fusible. Transpar., c'est de l'*oligoclase*.
	Potasse.	Alumine.		
$3KO.3Al^2O^3.22SiO^3$	8,4	16,2	75,0	Très-fusible. Email gris translucide, c'est la couverte de la porcelaine de Sèvres.
	Baryte.	Chaux.		
$BaO.11CaO.8SiO^3$	10,0	41,4	48,6	Très-fusible. Transparent sans bulles.
$BaO.5CaO.8SiO^3$	24,8	12,1	63,1	Très-fusible. Compacte, transparent, cassure conchoïde.
	Baryte.	Alumine.		
$3BaO.6Al^2O^3.14SiO^3$	19,0	20,0	55,0	Très-fusible. Compacte, c'est de l'*harmotome*.
$3BaO.4Al^2O^3.12SiO^3$	22,7	20,3	57,0	Très-fusible. Compacte, cassure unie.
	Chaux.	Magnésie		
$3CaO.3MgO.2SiO^3$	35,5	25,5	39,0	Très-fusible. Grenu, légèrement translucide.
$3CaO.3MgO.4SiO^3$	25,5	18,3	56,4	Très-fusible. Saccharoïde ou lamelleux, c'est du l'augite ou du pyroxène.
$CaO.2MgO.2SiO^3$	17,3	25,2	57,5	Très-fusible. Pierreux, translucide.
$2CaO.MgO.2SiO^3$	33,5	12,1	54,4	Très-fusible. Laiteux cristallin.
$CaO.3MgO.3SiO^3$	9,3	20,3	70,4	Fusible. C'est l'amphibole.
$CaO.MgO.2SiO^3$	19,8	14,0	66,2	Fusible. Grenu, opaque.
$2CaO.MgO.4SiO^3$	21,2	7,7	71.1	Fusible. Dur, opaque et pierreux.
$CaO.2MgO.4SiO^3$	10,9	15,8	73,3	Fusible. Translucide, grenu, cristallin.
	Chaux.	Alumine.		
$3CaO.Al^2O^3.SiO^3$	46,3	27,8	25,9	Fusible.
$3CaO.Al^2O^3.2SiO^3$	36,8	22,0	41,0	Très-fusible. Blanc, porcelanique, bon laitier de haut fourneau au bois.
$3CaO.Al^2O^3.4SiO^3$	26,1	15,7	58,2	Très-fusible. Blanc, translucide, laitier de haut fourneau au bois.
$3CaO.Al^2O^3.6SiO^3$	20,2	12,1	67,7	Fusible. Pierreux, d'un beau blanc.
$2CaO.2Al^2O^3.3SiO^3$	26,0	31,3	43,7	Très-fusible. Opaque, grenu.
$3CaO.3Al^2O^3.4SiO^3$	19,9	35,8	44,3	Fusible. Opaque, grenu.
$CaO.Al^2O^3.4SiO^3$	10,5	19,0	70,5	Fusible. Opaque, saccharoïde.
$6CaO.Al^2O^3.3SiO^3$	47,3	14,2	58,4	Fusible. Dur et légèrement translucide, c'est un bon laitier de haut fourneau. Sa composition est celle de l'*idocrase*.
	Magnésie	Alumine.		
$3MgO.Al^2O^3.2SiO^3$	29,3	24,8	45,9	Très-fusible. Pierreux opaque
$3MgO.Al^2O^3.4SiO^3$	20,0	17,0	63,0	Très-fusible. Pierreux opaque.

Il serait trop long de donner un tableau des silicates à trois
bases, leur nombre est illimité; il nous suffit de savoir qu'en
remplaçant dans un silicate à deux bases un poids quelconque

d'une des deux bases par le même poids d'une troisième, on obtient un composé plus fusible.

Les mots *très-fusible*, indiquant qu'il y a fusion au rouge-cerise clair, et l'indication *fusible*, qu'il y a fusion au rouge blanc, signifient que ces silicates, les premiers surtout, peuvent être admis comme lit de fusion, ainsi que tous ceux intermédiaires. Les silicates notés *peu fusibles* pourraient se liquéfier dans le fourneau, mais ne tarderaient pas à l'empâter ; on ne peut donc pas les admettre comme laitier. Il ne suffit pas, en effet, qu'il y ait fusion devant les tuyères ; il faut en outre que le laitier conserve assez de liquidité pour ne pas se figer dans le creuset ou contre les parois de l'avant-creuset. L'indication *fusible* signifie donc que c'est une limite qu'on peut atteindre, mais non dépasser.

Aluminates fusibles. — Il existe des composés à base terreuse où l'alumine joue le rôle d'acide et qui peuvent fondre : tels sont dans la nature les minéraux nommés spinelles, contenant exclusivement un équivalent d'alumine contre un équivalent de base.

Le moins réfractaire des aluminates calcaires est, d'après Sefstrœm, $3CaO.2Al^2O^3$. L'aluminate $CaO.Al^2O^3$ peut aussi fondre ; mais l'un et l'autre résistent aux températures inférieures à celle du *blanc éblouissant*.

Ferrates fusibles. — Le peroxyde de fer peut, comme l'alumine, son homologue, jouer le rôle d'acide en présence des bases et donner des ferrates à base terreuse. La ferrate neutre $CaO.Fe^2O^3$ est assez fusible.

Ferrates et aluminates à deux bases. — Il en existe qui sont fusibles, citons les aluminates (Berthier) :

Aluminates fusibles.

	Alumine.	Chaux.	Magnésie.	
$6CaO.5MgO.Al^2O^3$	19,9	56,5	23,6	Peu fusible.
$5CaO.5MgO.Al^2O^3$	27,5	30,5	33,2	Peu fusible.
$6CaO.5MgO.Al^2O^3$	49,9	35,3	14,8	Fusible.
$4CaO.5MgO.5Al^2O^3$	47,0	33,8	19,2	Fusible.
$CaO.MgO.Al^2O^3$	53,5	25,5	21,0	Peu fusible.

DES FONDANTS.

On nomme ainsi toutes les matières stériles ajoutées à la charge pour augmenter la fusibilité des gangues.

Le carbonate de chaux et le carbonate de magnésie sont les fondants les plus employés, car on les rencontre partout et leur prix est toujours peu élevé. On les désigne sous le nom de castine.

La silice est employée pour la fusion des minerais calcaires, soit à l'état de sable, soit à l'état de quartz ou pierres quartzeuses.

L'argile et le schiste houiller sont employés quand l'alumine fait défaut dans le lit de fusion, ce qui est rare.

Les minerais siliceux étant les plus nombreux, la castine est le fondant le plus fréquemment chargé dans les fourneaux.

Les alcalis et le spath fluor sont des fondants universels, quelle que soit la composition des gangues ; mais leur prix élevé et leur rareté rendent leur emploi très-restreint.

COMPOSITION DES LAITIERS.

Sauf quelques conditions exceptionnelles, les laitiers sont des silicates d'un des trois types suivants :

1° Silicates doubles d'alumine et de chaux ;

2° Silicates doubles d'alumine et de magnésie ;

3° Silicates triples d'alumine, chaux et magnésie.

1° *Silicates doubles d'alumine et de chaux.* — Ce sont les laitiers habituels. Les plus fusibles sont compris entre ceux dans lesquels l'oxygène de la silice égale l'oxygène des bases, et ceux dans lesquels l'oxygène de la silice est le double de l'oxygène des bases réunies.

Avec la même proportion de silice par rapport à la somme

des bases, la fusibilité est d'autant plus grande que leur relation est plus voisine du rapport :

	Alumine.	Chaux.	Total.
Al^2O^3. 6CaO	23,5	76,5	100

Les silicates fondent encore, quoique moins aisément, quand
ils ont pour base :

	Alumine.	Chaux.	Total.
Al^2O^3. 3CaO	37,8	62,2	100

Ils deviennent très-peu fusibles quand les bases se rapprochent de la relation :

	Alumine.	Chaux.	Total.
$2Al^2O^3$. 3CaO	55,0	45,0	100

Les silicates précédents perdront peu de leur fusibilité par
l'addition d'un peu de chaux, mais deviendront beaucoup
moins fusibles, par l'addition d'un peu d'alumine.

2° *Silicates doubles d'alumine et de magnésie.* — La magnésie remplaçant la chaux dans les formules que nous venons
de citer, les mêmes observations subsistent, avec cette seule
différence que la magnésie est un peu moins fondante que la
chaux. Toutefois la magnésie ayant un équivalent plus faible,
250 au lieu de 350, il n'en faudra que 71 pour remplacer
100 de chaux. C'est une considération qu'il ne faudra pas
oublier toutes les fois qu'on pourra opter entre les deux fondants.

3° *Silicates triples d'alumine, chaux et magnésie.* — Vu le
grand nombre de combinaisons possibles que nous ne pouvons
passer en revue, nous nous contenterons de répéter que, si
dans un silicate double d'alumine et de chaux, on remplace
une partie des bases par de la magnésie, on obtient un silicate
plus fusible et plus fluide.

On voit par les tableaux précédents que la multiplicité des
silicates fusibles laisse une grande latitude pour la composition
du lit de fusion et la conduite des hauts fourneaux, latitude

bien nécessaire d'ailleurs avec des minerais à gangues variables. Mais les questions d'économie et de qualité obligent souvent à se tenir très-près du laitier à *fusibilité limite*. Ainsi, avec des minerais sulfureux on cherchera à obtenir le laitier le plus calcaire possible, et avec des minerais alumineux, le laitier le plus alumineux qui sera celui exigeant le minimum de fondant.

Analyses de laitiers de hauts fourneaux au bois.

LAITIERS DES HAUTS FOURNEAUX de :	SILICE	CHAUX	MAGNÉSIE	ALUMINE	PROTOXYDE de fer	PROTOXYDE de manganèse	SOUFRE	PERTE et corps non dosés	TOTAL
N° 1 Glabecq (Belgique), au bois et coke.	56,0	22,0	0,50	11,0	3,0	4,00	non dosé.	3,5	100,00
2 Glabecq (Belgique), au bois seul....	43,0	26,5	»	21,5	3,0	5,00	»	4,0	100,00
3 Peitz. Obtenu de minerais limoneux.	70,12	19,71	0,70	6,25	1,45	1,40	»	0,37	100,00
4 Hamm. Allure de fonte grise........	49,57	»	15,15	9,00	0,04	25,84	0,80	0,00	100,40
5 Hamm. Allure de fonte blanche....	47,39	»	10,22	6,66	0,66	33,90	»	0,74	100,00
6 Hamm. Allure de fonte froide......	37,80	»	8,50	2,10	21,50	29,30	0,02	0,78	100,00
7 Gesberg (Suède)	61,06	19,84	7,42	5,38	3,29	2,63	non dosé.	0,71	100,00
8 Skebo (Suède). Laitier cristallisé.	52,52	16,98	19,40	3,52	2,96	5,96	id.	0,66	100,00
9 Grossouvre (Cher). De minéral en grains.	44,4	28,4	1,60	17,00	4,40	»	id.	4,20	100,00
10 Bienville (Haute-Marne)	45,4	27,4	2,40	18,20	4,50	»	id.	2,10	100,00
11 Fourneaux de la Dordogne	50,2	26,4	2,00	18,50	2,40	»	id.	0,60	100,00
12 Ancy-le-Franc (Yonne)	50,2	35,4	0,60	12,00	0,80	»	id.	0,60	100,00
13 Charbonnière (Nièvre)	55,2	19,2	1,40	19,20	3,4	1,40	id.	0,20	100,00
14 Bruniquel (Tarn-et-Garonne)	39,0	19,6	2,40	26,00	5,0	»	id.	8,00	100,00
15 Framont (Vosges)	60,0	20,6	7,20	7,40	5,0	3,00	id.	-	101,80
16 Torgelow (Poméranie)	63,6	21,0	1,20	3,90	1,7	3,90	id.	1,80	100,00
17 Guzern (Lot-et-Garonne)	62,8	19,4	1,20	8,40	5,2	traces	id.	2,00	100,00
18 Lesbö (Smaland)	54,0	1,7	17,3	19,00	6,6	3,60	Oxyde de titane.	0,05	100,00
19 Ekersholm (Smaland)	31,4	14,4	34,2	8,9	1,8	4,40	9,0	»	102,70
20 Allevard (Isère)	56,0	13,0	9,3	6,5	3,9	9,50	»	0,70	100,00
21 Allevard (Isère)	34,5	7,5	6,6	4,3	10,9	13,40	»	3,70	100,00
22 Sainte-Hélène (Savoie). Mauvaise allure	53,0	15,0	8,0	1,0	10,0	10,0	»	5,00	100,00
23 Sainte-Hélène (Savoie). Mauvaise allure	71,0	7,2	5,2	2,5	5,0	6,5	»	2,00	100,00
24 Pinsot (Isère)	52,0	30,2	5,2	5,0	1,6	4,7	Soufre.	1,30	100,00
25 Boultancourt (Ardennes)	47,6	20,6	»	23,9	4,6	3,0	présence.	0,30	100,00
26 Styrie et Carinthie	53,0	13,0	9,6	4,0	4,0	18,0	»	»	101,00
27 Styrie et Carinthie	56,0	21,6	4,5	8,0	5,0	11,0	»	0,50	100,00
28 Styrie et Carinthie	64,0	8,9	5,0	9,0	9,0	7,0	»	»	102,00
29 Fourneau de Normandie. Mauvaise allure	40,4	27,2	1,2	18,8	24,0	0,8	»	»	107,40
30 Musen, près Siegen. Allure fonte blanche lamelleuse	52,8	5,6	9,9	3,4	1,4	20,2	»	1,60	100,90
31 Musen, près Siegen. Allure fonte truitée	57,0	5,6	13,8	10,6	0,8	5,4	Soufre.	0,80	100,00
32 Musen, près Siegen. Allure fonte blanche grenue	45,4	4,2	8,0	1,6	1,8	33,4	0,70	1,30	100,00

Nos 1, 2 à 8, Karsten, t. II, p. 272. — Nos 9, 10 à 32, Berthier, Essais par la voie sèche, t. II, p. 277 et suiv.

Analyses de laitiers de hauts fourneaux au coke.

LAITIERS DES HAUTS FOURNEAUX DE :	SILICE.	CHAUX.	MAGNÉSIE.	ALUMINE.	PROTOXYDE de fer.	PROTOXYDE de manganèse.	SOUFRE.	CORPS DIVERS.	TOTAL.
N° 1 Dudley (près Birmingham)	40,6	32,2	»	16,8	10,4	»	»	»	100,0
2 Dowlais (pays de Galles). Cristallisé	43,2	35,2	4,0	12,0	4,2	»	»	»	98,6
3 Dowlais (pays de Galles). Mauvaise allure	35,4	38,4	1,5	16,2	1,2	2,6	1,4	»	96,7
4 Janon (terrenoire). Allure de fonte grise	36,6	35,8	4,8	18,4	2,0	»	1,0	»	98,6
5 Janon (terrenoire). Allure de fonte blanche	38,8	37,0	3,3	15,2	4,4	»	0,8	»	99,5
6 Hayanges (Moselle)	46,6	28,3	»	18,8	1,8	2,6	1,20	»	99,3
7 Hayanges (Moselle)	33,5	48,0	1,0	19,0	1,0	1,0	1,00	»	96,5
						Mn S	Mn O		
8 Ecosse. Allure fonte n° 1	32,65	41,9	trac.	23,0	2,0	8,19	4,30	»	100,95
9 Ecosse. Allure fonte n° 1	35,00	29,9	trac.	19,70	1,0	7,00	8,20	»	105,80
10 Ecosse. Même usine	35,34	38,72	»	20,47	trac.	5,30	4,35	»	101,27
11 Ecosse. Même usine	36,40	28,68	3,53	26,00	1,5	»	2,78	0,50	99,38
12 Ecosse. Même usine	34,60	36,72	5,20	20,00	4,8	»	3,15	0,07	98,54
13 Bességes { Durant un engorgement par excès de castine	27,56	60,0	trac.	8,90	3,0	traces	2,0	»	101,46
14 Fusant par l'eau; pâteux et coulant à peine	28,40	56,0	trac.	10,50	3,0	traces	2,0	»	99,90
15 Bességes. Bien coulant, mais empâtant le fourneau; fusant par l'eau	30,0	54,0	trac.	14,25	trac.	2,6	non dosé.	»	100,25
16 Bességes. Laitiers de bonne allure en fonte graphiteuse	33,4	48,0	0,50	15,00	trac.	»	1,80	Baryte.	100,70
17 Bességes. Laitiers d'allure en 1re fusion	35,5	44,0	0,60	13,00	1,50	1,00	1,65	2,50	101,75
18 Bességes. Laitiers de fonte blanche avec 20 pour 100 scories de puddlage à la charge	39,0	44,0	1,60	14,10	1,40	1,00	1,20	»	101,70
19 Dowlais. Laitier moyen, fonte blanche	44,85	30,90	4,76	14,73	2,63	1,24	Ca S 2,07	Potasse. 1,90	100,17
20 Clarence. Cassure pierreuse	27,65	40,00	3,55	24,69	6,73	0,25	1,35	KO et NaO 1,45	100,36

Nos 1, 2 à 7, Berthier, t. II, p. 282 et suiv. — Nos 8, 9 à 12, Gruner et Lan. *État présent de la métallurgie,* p. 214 et suiv. — Nos 13, 14 à 18, laboratoire de Bességes. — Nos 19 et 20, Percy, t. III.

Les ouvrages de métallurgie contiennent beaucoup d'analyses de laitiers. Citons-en quelques-unes, plutôt comme exemples de la grande latitude qui existe entre les limites de la fusibilité, que comme modèles à imiter. Plusieurs de ces laitiers correspondent en effet à de mauvaises allures ; puis, chaque usine a ses laitiers spéciaux, commandés par la nature des minerais, la qualité des fontes à produire et les conditions économiques particulières à cette usine.

L'examen des tableaux précédents montre que les laitiers au bois sont généralement très-siliceux et les laitiers au coke très-calcaires. On voit aussi que les oxydes métalliques tien—

nent souvent lieu de fondant ; mais l'allure du fourneau dans ce cas est presque toujours froide.

On peut, par une allure très-chaude et des laitiers basiques, faire passer presque tout le manganèse dans la fonte, à laquelle il communique des qualités précieuses, surtout pour l'affinage. Par une allure moins chaude, il passe en totalité ou en partie dans les laitiers à l'état de sulfure ou d'oxyde. Dans le cas où il entre dans les laitiers à l'état d'oxyde, il agit comme fondant énergique ; s'il y entre à l'état de sulfure, il n'agit que comme désulfurant.

Les sulfures, phosphures et arséniures contenus dans les laitiers se transforment partiellement à l'air en sulfates, phosphates et arséniates. L'acide phosphorique se rencontre aussi dans des laitiers qui n'ont pas subi le contact de l'air ; il est difficilement réductible et peut agir comme fondant, de même que l'acide silicique et l'acide borique.

CHAPITRE V

Les fontes se classent, d'après l'aspect de leur cassure et les propriétés qui en sont solidaires, en fontes *grises*, *truitées* et *blanches*.

Les fontes grises et truitées se désignent par numéros, qui sont :

N° 1. Fonte noire graphiteuse, gros grain à facettes mêlé de lamelles de graphite.

N° 2. Noire à petites facettes, ou grise à gros grain.

N° 3. Grain fin, gris foncé, avec arrachements.

N° 4. Grain fin, d'un gris plus ou moins cendré.

N° 5. *Truitée grise*. Même grain que les numéros 3 et 4, mêlé de quelques points blancs.

N° 6. *Truitée*. Même grain, blanc et gris, mélange à peu près égal.

N° 7. *Truitée blanche*. Fonte blanche mouchetée de points gris ou étoiles.

La désignation des fontes truitées par numéros n'est pas très-usuelle.

Les fontes blanches qui viennent ensuite se distinguent en :

Fonte *blanche fibreuse* ;

Fonte *blanche grenue*, provenant d'allure moins chaude ;

Fonte *froide caverneuse ou soufflée*.

Enfin il existe un alliage spécial de fer et manganèse carburés nommé *fonte lamelleuse* ou *spéculaire*.

Fontes n° 1. — Noires, graphiteuses, tendres sous l'outil, peu tenaces, non sonores, prenant l'empreinte du marteau.

Elles sont les moins fusibles, mais une fois fondues conservent longtemps l'état liquide. Très-pâteuses quand elles sont trop chargées de graphite, elles prennent mal l'empreinte des moules, à cause de la *limaille* ou des lames de graphite qu'elles émettent en se solidifiant. Seules, elles sont impropres au moulage, mais néanmoins très-estimées, parce que, mélangées à des fontes pauvres en carbone, elles en relèvent le titre, et parce qu'elles sont les plus coûteuses à fabriquer.

Leur cassure montre de gros grains de fonte cubiques ou aplatis; le grain cubique indique une plus grande pureté que le grain plat qu'on attribue à un excès de silicium. Le carbone est intercalé entre les cristaux et remplit les cavités fréquentes dans cette nature de fonte. La surface des pièces de fonte nº 1 est généralement *limailleuse* ou saupoudrée de lamelles de graphite. La limaille se dégage même durant la coulée, elle voltige sur les corps environnants, et forme une croûte sur la fonte liquide. Elle agit comme le noir dont on enduit les moules de fonderie et empêche le sable d'adhérer à la fonte.

Les fontes nº 1 et souvent aussi les fontes nº 2 sont animées à la coulée de mouvements vermiculaires qui servent à les distinguer des fontes moins chaudes. Le phénomène d'éclairs ou de moirures sur le bain de fonte est spécial aux fontes nᵒˢ 1 et 2. Il est dû à l'oxydation au contact de l'air d'un des corps contenus dans la fonte, qu'il recouvre d'une pellicule très-mobile. Les fontes très-graphiteuses sont parfois couvertes de flammes dues à la combustion du graphite. Néanmoins le graphite est peu combustible, car un bloc de fonte reste longtemps rouge sans que la limaille se brûle à sa surface. Une couche trop épaisse de graphite s'oppose à l'apparition du mouvement vermiculaire.

Fontes nº 2. — Les fontes nº 2 ont à peu près les mêmes caractères que les fontes nº 1, mais ces caractères sont moins tranchés; elles sont moins limailleuses, plus fluides, plus résistantes; les moirures et éclairs dont se couvre leur surface

à la coulée sont moins brillants; leur grain est moins gros et
moins noir. Quand elles ne sont pas limailleuses, elles prennent parfaitement l'empreinte des moules et peuvent s'employer pour le moulage des pièces minces. On classe souvent
en n° 2 des fontes qui ne sont qu'un mélange de n° 1 et n° 3;
la fonte n° 2 se comporte en effet comme un intermédiaire
entre ces deux fontes, dont les caractères sont plus nets.

La fonte n° 2 est également employée pour mélanger à des
fontes avancées dont elle relève le titre ou la teneur en carbone.
Elle s'emploie aussi seule en fonderie pour les pièces minces
qui tremperaient coulées en fonte n° 3; d'ailleurs la fusion au
cubilot et surtout au four à réverbère fait perdre du carbone
et peut abaisser les fontes d'un numéro. De même que les
fontes n° 1, elles sont d'autant plus estimées qu'elles sont plus
riches en carbone ou *plus chaudes* et permettent l'addition
dans le cubilot d'une plus forte proportion de *bocages* ou dé-
bris de fonte.

Les fontes n° 1 et n° 2 ne jettent pas ou presque pas d'étincelles lorsqu'on les coule; mais elles font entendre une légère
décrépitation. Elles ont généralement à la coulée une couleur
rouge et semblent transparentes.

Fonte n° 3. — La fonte n° 3 est à grain fin; mais sa cassure présente de nombreux arrachements, surtout quand elle
est d'une nature de fonte tenace; sa couleur est le gris foncé.

C'est la vraie fonte de moulage; elle trempe peu, sauf dans
les parties minces, ne ronge pas les parois des moules et dé-
pouille bien, conservant une surface unie, qu'en langage de
fonderie on nomme une *belle peau*.

Sa cassure présente souvent des étoiles; ce caractère est
recherché, dans la fonte n° 3, comme indiquant une allure
chaude et le voisinage immédiat de la fonte n° 2.

A la coulée, elle jette quelques étincelles, qui sont lancées
à une grande distance et éclatent en étoiles. Elle jouit d'une
grande mobilité, simulant à sa surface des cercles s'entre-mê-

lant avec vivacité, mais sans jamais produire de larges moirures ni d'éclairs. Elle a une couleur jaune-rouge. Ces divers caractères, ainsi que la fluidité, la ténacité et la tendance à la trempe, dépendent d'ailleurs beaucoup des natures de minerais et du dosage des lits de fusion. Ils n'ont donc rien d'absolu et changent d'une usine à l'autre.

Fontes n° 4. — Le grain est plus clair, plus serré et moins brillant ; cette nature de fonte est encore employée en fonderie pour les grosses pièces non susceptibles de tremper, pour celles exigeant de la résistance ; car la bonne fonte n° 4 est très-tenace, mais elle a fréquemment l'inconvénient de blanchir dans les parties minces ou au contact du sable humide, de retasser et de se figer trop promptement, surtout quand elle est sulfureuse. On l'emploie aussi pour l'affinage.

La fonte n° 4 n'est souvent que de la fonte blanche lentement refroidie. A la coulée, elle jette beaucoup d'étincelles, se recouvre d'une pellicule qui s'agite moins vivement que sur la fonte n° 3 ; sa couleur est jaune d'or ou jaune blanc.

Fontes truitées. — Très-voisines des fontes blanches par leurs caractères chimiques et leur aspect à la coulée, elles ont cela de remarquable qu'elles ne sont nullement fragiles et que même le truité gris est la fonte la plus tenace ; aussi l'emploie-t-on pour cylindres de laminoirs, car elle réunit la résistance au choc à la dureté sous l'outil. Elle prend encore bien l'empreinte des moules, mais blanchit complétement dans les parties minces ou au contact du sable humide.

A la coulée, on peut la confondre avec les fontes blanches, sauf une fluidité plus grande et des étincelles moins nombreuses et lancées plus loin. Sa surface est peu agitée et se couvre de larges zébrures figurant la feuille de fougère. Suivant le mode de refroidissement, elle passe facilement au n° 4 ou à la fonte blanche, dont elle n'est qu'un mélange à proportions variables.

FONTES BLANCHES.

1° *Fonte blanche fibreuse.* — Sa cassure est rayonnée de la surface au centre, de la face la plus tôt solidifiée au point le dernier refroidi. La fonte coulée en plaques présente une cassure à fibres parallèles ; celle coulée en cylindre est à fibres rayonnantes. Son éclat est d'autant plus soyeux qu'elle provient d'allure plus chaude.

2° *Fonte blanche grenue.* — Elle provient d'une allure moins chaude ou de minerais plus impurs ; elle est à grain fin sans facettes ni lames. Sa surface est rugueuse ; elle est toujours pâteuse à la coulée, tandis que la fonte fibreuse peut avoir une certaine fluidité. Les deux fontes jettent beaucoup d'étincelles, la fonte grenue surtout ; elles sont d'une extrême fragilité et se cassent spontanément par refroidissement brusque. Cette propriété est mise à profit pour les débiter. Lorsqu'on les coule en plaques, on les couvre d'une nappe d'eau quand elles sont encore rouges, et non-seulement elles se brisent en prismes nombreux, mais leur fragilité est encore augmentée par cette trempe.

Les fontes blanches fibreuses et grenues sont les fontes de forge les plus employées. Peu carburées et peu chargées de silicium, leur affinage est abrégé d'autant ; mais les fontes grenues, produit d'allure un peu froide, sont généralement sulfureuses et trop pauvres en carbone ; elles ne prennent pas assez de fluidité dans le four à puddler, et le fer qu'on en obtient n'est ni homogène ni bien épuré.

3° *Fontes froides caverneuses.* — Ce que nous disons des fontes grenues s'applique, *à fortiori*, aux fontes soufflées ou caverneuses qui, manquant de carbone, ne prennent jamais une fluidité suffisante pour se prêter à l'opération du bouillonnement nécessaire au puddlage. Elles sont généralement sulfureuses, et leur impureté vient s'ajouter aux difficultés de travail résultant de leurs propriétés physiques. Elles proviennent de fourneaux en mauvaise allure, à moins qu'on ne les obtienne volontairement à la mazerie, dans le but d'abréger le travail du puddlage.

Les soufflures dont elles sont pleines leur donnent une certaine élasticité qui les rend moins fragiles que les fontes blanches compactes. Leur surface est toujours rugueuse, leur cassure terne et bleuâtre.

A la coulée, elles ont peine à s'étendre, se figent promptement et projettent une infinité d'étincelles brillantes qui décrépitent autour de la fonte sans s'en éloigner. La cause de ces étincelles est peu connue : c'est probablement à l'absence de carbone qu'il faut les attribuer, car, d'une part, les fontes riches en carbone ne jettent pas d'étincelles ; d'autre part, le fer chauffé à blanc brûle avec ces mêmes étincelles qui caractérisent les fontes peu carburées. Le carbone en excès doit envelopper la fonte liquide d'une atmosphère d'acide carbonique qui la préserve, tandis que, dans les fontes peu carburées, le fer se brûle à nu au contact de l'air.

Fontes lamelleuses ou spéculaires. — Elles sont toujours manganésifères, contiennent beaucoup de carbone et peu de silicium. Leur cassure se compose de larges lames d'un grand éclat, d'où leur nom de *spéculaires* ou *miroitantes*. Elles sont vraiment cristallisées. Quand on casse une gueuse dont la croûte extérieure seule a fait prise, et qu'on fait écouler la fonte de l'intérieur, il reste des géodes composées de grandes lames minces ou feuillets isolés caractérisant les fontes très-manganésifères.

Les fontes lamelleuses ont la même dureté et fragilité que les fontes fibreuses ou grennes ; mais, à la coulée, elles sont plus vives et ressemblent souvent à des fontes grises. Refondues avec des fontes grises non manganésifères, elles peuvent en relever le titre au lieu de les blanchir, et les améliorent en les désulfurant et augmentant leur teneur en carbone.

Elles sont très-recherchées pour l'affinage et surtout pour acier. Le manganèse a pour les métalloïdes une plus grande affinité que le fer; c'est donc lui qui se séparera le premier par l'oxydation, formant une scorie très-fluide entraînant le soufre, le phosphore et le silicium, et laissant le fer uni seulement à du carbone dont il suffit de séparer une partie par oxydation pour obtenir de l'acier. Il est ainsi facile d'expliquer comment le manganèse, étranger à la composition de l'acier, en facilite néanmoins la fabrication en aidant d'abord à la carburation de la fonte, en s'opposant à la présence du silicium à forte dose, et enfin en séparant, lors de l'affinage, les corps étrangers à l'acier.

Généralités sur les fontes. — Les fontes blanches sont plus fusibles que les fontes grises, mais moins fluides; elles ont une moindre capacité calorifique, se figent plus vite en passant par un état pâteux qui, joint à un très-fort retrait, est un obstacle pour le moulage, auquel leur fragilité et leur tendance à retasser les rendent impropres, sauf pour des usages spéciaux.

Il est peu de fontes blanches qui ne deviennent grises par un refroidissement très-lent permettant au carbone de se séparer à l'état de graphite. Réciproquement, il est peu de fontes grises qu'un refroidissement brusque ne change en fontes blanches, en la solidifiant avant la séparation du carbone qui la sursature; mais chacune de ces fontes, modifiée par le mode de refroidissement, reprendra sa nature par la fusion; la même fonte sera donc également propre à la seconde fusion, qu'elle ait été blanchie, coulée en lingotière, ou maintenue grise par un refroidissement lent.

Les fontes grises blanchies par un refroidissement brusque redeviennent grises par le recuit, reprenant ainsi à chaud, comme le verre ou l'acier trempés, l'équilibre de leurs molécules.

La fonte blanche à l'état liquide et à l'état solide est plus dense que la fonte grise, et celle-ci est d'autant moins dense qu'elle est plus graphiteuse. Quand un fourneau produit, dans l'intervalle de deux coulées, les deux qualités de fonte, la blanche occupe toujours le fond du creuset. Le mélange des deux fontes ne s'obtient que par un brassage énergique ou par plusieurs transvasements. Aussi est-il fréquent de voir des gueusets ou des pièces de fonte blanches à la partie inférieure et grises à la partie supérieure. Le mélange intime une fois obtenu, il n'y a plus liquation; aussi ne trouve-t-on pas dans les pièces de seconde fusion le défaut d'homogénéité fréquent dans celles coulées directement des fourneaux, défaut souvent nuisible à la résistance des pièces et à l'ajustage.

Les fontes grises se rouillent plus vite que les fontes blanches, sans doute à cause de la présence du carbone libre, corps inoxydable par l'eau, jouant le rôle d'électrode positif.

Les fontes grises augmentent de volume en se solidifiant, ce qui leur permet de reproduire toutes les finesses du moule. Elles font ensuite un retrait par le refroidissement; ce retrait est d'environ 1 pour 100.

CONSTITUTION CHIMIQUE DES FONTES.

Nous savons déjà que les fontes sont un alliage de fer, carbone et silicium. Chacun de ces corps étant indispensable, mais leurs proportions extrêmement variables, examinons successivement le rôle du carbone et du silicium.

1° *Influence du carbone.* — À la dose de quelques millièmes et sans quantité notable de corps étrangers, il transforme le fer en acier. Si le carbure de fer est chimiquement pur, la plus faible dose de silicium en fera de la fonte.

Si le carbure de fer est souillé de corps étrangers, soufre, arsenic, etc., la proportion de carbone et de silicium nécessaire pour la transformation du fer en fonte deviendra plus considérable; c'est ainsi que, pour la même nuance de fonte, la teneur en carbone et silicium sera toujours plus forte dans les fontes au coke et celles obtenues de minerais impurs que dans celles au bois et celles obtenues de bons minerais.

Malgré quelques anomalies déterminées par la présence de corps étrangers, on peut poser la loi suivante : Les fontes blanches contiennent *moins de carbone total* que les fontes grises, mais *plus de carbone combiné*.

L'ordre est le suivant :

Carbone total
pour 100 de fonte.

1 à 2	Fontes froides caverneuses.
2 à 3,5	— blanches, fibreuses ou grenues.
2,5 à 4	— grises, n° 4 et n° 3.
3 à 6	— noires, n° 2 et n° 1.

Le spiegeleisen, ou fonte blanche lamelleuse spéculaire, contient de 4 à 6 pour 100 de carbone, autant que les fontes n° 1 et 2 ; mais cette fonte est un alliage de manganèse qui doit à la présence de ce métal et à sa forte affinité pour le carbone des propriétés spéciales et ne peut entrer en parallèle avec les autres fontes. Elle ne peut donc en rien infirmer la loi, et c'est pour n'avoir pas fait la distinction des fontes manganésifères que la plupart des auteurs ont posé en principe que les fontes blanches étaient les plus carburées.

La fonte, lors de sa formation, dissout d'autant plus de carbone que sa température est plus élevée ; elle abandonne, en se solidifiant, l'excès qui la sursature et qui se sépare sous forme de graphite ou paillettes de carbone mécaniquement intercalées entre les molécules ou les cristaux de fonte. La capacité de saturation de la fonte est fort variable, suivant sa pureté ; les plus pures retiennent plus de carbone combiné. Ainsi, une fonte tenant 3 pour 100 de carbone le conservera entièrement à l'état de combinaison, si elle est pure, et sera blanche ; tandis qu'elle le laissera se séparer et sera grise si elle est très-chargée de silicium.

La vitesse de refroidissement a la même influence sur l'acier et sur la fonte : l'acier trempé est, comme la fonte blanche, une combinaison, et l'acier recuit, comme la fonte grise, un mélange de carbone et de fer. La tendance de ces deux corps à se séparer en passant à l'état solide montre qu'ils n'ont presque aucune affinité l'une pour l'autre à de basses température, et qu'ils ne restent combinés que par l'impossibilité de se séparer une fois solidifiés. Le phénomène du recuit montre aussi qu'en espaçant les molécules par la chaleur, on leur permet de rompre l'équilibre instable où elles se trouvaient, et de se dissocier comme tous corps sans affinité. L'acier trempé et la fonte blanche ont des propriétés physiques très-distinctes de celles des corps composants : densité, dureté, sonorité. L'acier recuit et la fonte grise ont les propriétés physiques d'un mélange très-intime et très-homogène de fer et de carbone.

Si la fonte, soumise à une température très-élevée lors de sa formation, a dissous une très-grande quantité de carbone, elle ne peut le retenir en entier lors de son refroidissement, et même, encore liquide, l'abandonne sous forme de paillettes ou d'écailles plus ou moins volumineuses. Ces fontes sont dites *limailleuses*. L'iode combiné au fer se comporte de la même manière : si on sature d'iode de la limaille de fer chauffée au rouge, on peut élever la température sans qu'il y ait évaporation d'iode ; mais, par le refroidissement, l'excès d'iode se dégage, et le résidu est du proto-iodure de fer.

On a prétendu que le spiegeleisen était un carbure à composition définie représentée par Fe^3C. Mais, outre que le manganèse n'intervient pas dans cette formule, non plus que le silicium, il est démontré par l'analyse que le carbone peut varier de 3 à 6 pour 100, sans que la fonte cesse d'être spéculaire si elle est manganésifère, et que le manganèse lui-même y est à proportion variable.

Dans les fontes n° 1, il se rencontre souvent des géodes de graphite remplissant des soufflures. Ce graphite, parfois en lames volumineuses, n'est jamais cristallisé ; il est ferrugineux et attirable par l'aimant. Cette propriété disparaît après le lavage aux acides. La quantité de fer métallique ainsi unie au graphite est très-variable ; elle va jusqu'à 10 pour 100. Le graphite contient aussi du silicium.

Les fontes contenant 2 à 3 pour 100 de carbone total sont, ainsi que nous l'avons vu, indifféremment blanches ou grises, même avec une vitesse égale de refroidissement et coulées en masses de même volume. Cela dépend de l'affinité de leur fer pour le carbone, affinité variable suivant la teneur en corps étrangers. Mais il se passe, en outre, lors de leur solidification, soit un phénomène d'inertie, soit un phénomène d'entraînement sur le carbone. Ainsi, une fonte à 3 pour 100 de carbone total, si elle est grise, contiendra environ :

$$\text{Carbone libre ou graphite.} \dots \dots \left.\begin{array}{c} 2,80 \\ 0,20 \end{array}\right\} 3,00$$
$$\text{— combiné} \dots \dots \dots$$

Le même fonte, si elle est blanche, contiendra :

$$\text{Carbone libre ou graphite, traces ou.} \dots \left.\begin{array}{c} 0,00 \\ 3,00 \end{array}\right\} 3,00$$
$$\text{— combiné} \dots \dots \dots$$

Ce n'est donc pas seulement le carbone de sursaturation qui se sépare lors de la formation de la fonte grise, puisqu'une fonte de même teneur en corps étrangers serait certainement blanche, même refroidie lentement, si elle ne possédait que 1 à 2 pour 100 de carbone, tout le carbone resterait combiné ; mais, dès que la précipitation du carbone a commencé, le reste se sépare presque tout par entraînement, phénomène analogue à ce qui se passe dans l'eau qui commence à bouillir ou à geler : la première bulle de vapeur ou la première aiguille de glace en entraîne beaucoup d'autres.

De même, la fonte blanche à 3 pour 100 de carbone combiné peut en être sursaturée par inertie, même dans le cas d'un refroidissement lent, comme l'eau peut dépasser par inertie la température de 100 degrés et descendre au-dessous de 0 sans bouillir ni se geler.

Ceci explique comment des fontes ayant une grande tendance à blanchir deviennent très-grises et rebelles à la trempe par l'addition de quelques millièmes de carbone.

Il est des corps dont la présence dans la fonte est un obstacle à la carburation, le soufre par exemple ; soit en diminuant l'affinité du fer pour le carbone, de même que le sel marin empêche l'eau de dissoudre beaucoup de chlore ; soit en entraînant le carbone à l'état de combinaisons volatiles ; soit enfin en l'éliminant par substitution, comme on voit souvent un sel être précipité d'un dissolvant par un autre sel sans action chimique sur le premier : ainsi, une eau chargée de salpêtre en laisse précipiter une partie lorsqu'on l'agite avec du chlorure de potassium.

Réciproquement, la présence de certains corps, le manganèse, par exemple, augmente la solubilité du carbone dans la fonte, de même que le sel marin augmente la solubilité du salpêtre dans l'eau.

Le silicium, contrairement au soufre, diminue seulement la dose de carbone *combiné* ; il ne l'élimine qu'au moment de la solidification. Aussi les fontes très-siliceuses blanchissent-elles difficilement, à moins d'être très-pauvres en carbone, et l'on verra toujours les fontes pauvres en carbone combiné être très-siliceuses, à moins d'avoir été mazées.

Le carbone se combine-t-il directement au fer ? Cette question, très-agitée dans ces derniers temps, a été résolue affirmativement. Il y a en effet cémentation quand le fer est chauffé avec du carbone même non azoté, le carbone de sucre par exemple, ou le charbon de bois, fortement calcinés et lavés aux acides, et cela dans une atmosphère d'hydrogène pur, incapable de former des hydrocarbures avec le charbon calciné.

On a objecté la perméabilité des tubes de porcelaine, de fer et de platine qui laissent facilement pénétrer les gaz du foyer ; on a même prouvé que le charbon de bois et celui de sucre, fortement calcinés, retiennent toujours de l'hydrogène susceptible de s'en séparer à l'état d'hydrocarbure, gaz très-propre à la cémentation ; mais M. Margueritte a fait voir (*Comptes rendus*, t. LIX, juillet 1864) que le carbone solide réellement pur, la poussière de diamant, cémente dans une atmosphère d'hydrogène pur et dans des vases dont l'imperméabilité a été démontrée.

La question semble résolue par cette dernière expérience, malgré le principe : *Corpora non agunt nisi dissoluta*. Mais il n'en est pas moins vrai que l'action des gaz carburés est bien plus rapide et plus énergique que celle du carbone solide.

La carburation se propage, dans une barre de fer, de l'extérieur à l'intérieur ; la surface est toujours plus chargée de carbone, ainsi que le montrent la cassure et l'analyse. Le carbone chemine de proche en proche, par réaction des molécules d'une zone sur celles de la zone intérieure immédiatement voisines. Ce phénomène remarquable de propagation ne s'opère qu'à la température rouge à laquelle les molécules sont suffisamment distantes et mobiles. D'ailleurs, au rouge, le fer comme le platine (1) sont poreux et perméables aux gaz ; mais cette porosité donne plutôt lieu à des phénomènes d'endosmose qu'à des réactions directes : les gaz carburés ne pénètrent pas à l'intérieur des barres ; le carbone ne se fixe qu'à la surface, comme dans la cémentation par contact, et chemine, de proche en proche, successivement jusqu'à l'axe et par zones concentriques. — L'oxyde de carbone peut-il carburer le fer ? Suivant M. Margueritte, le fer se cémente dans un courant d'oxyde de carbone sans présence de carbone solide (2). En opérant à la température de la fusion de l'argent, M. Margueritte aurait pu fixer sur du fil de fer fin 6.9 pour 100 de son

(1) Expérience de MM. Sainte-Claire Deville et Troost. *Comptes rendus*, t. LVI, p. 977, 1863, et t. LVII, p. 965.

(2) *Comptes rendus*, t. LIX, p. 520, 1864.

poids de carbone, accompagné de formation d'acide carbonique.

M. Caron a combattu cette assertion et soutient que l'oxyde
de carbone n'est décomposé par le fer qu'à une température
inférieure à celle de la fusion du verre. Dans ces circonstances,
le fer réduit par l'hydrogène peut fixer plusieurs fois son poids
de carbone ; mais aux températures élevées, il n'y a pas cémentation sensible, suivant M. Caron, ou, si elle a lieu, elle est
due à la présence du silicium qui, s'oxydant aux dépens de
l'oxyde de carbone, produit la décomposition de ce dernier
en carbone qui se fixe, et acide carbonique dont on constate
des traces dans le gaz dégagé ; mais le silicium est habituellement en trop minime proportion dans le fer en barres
pour donner lieu à une cémentation sensible.

Tous les gaz carburés autres que l'acide carbonique et
l'oxyde de carbone cémentent énergiquement ; ainsi le gaz
d'éclairage, les huiles, tous les hydrogènes carbonés et surtout
le cyanogène acièrent le fer à toutes les températures supérieures au rouge sombre. On sait qu'un morceau de fer rougi
frotté avec du prussiate de potasse s'acière instantanément à la
surface. Les charbons que l'on emploie dans les caisses à cémentation sont toujours azotés, et c'est au cyanogène, aux
hydrocarbures et au charbon, et non à l'oxyde de carbone,
comme le croyait M. Le Play, qu'est due la cémentation. Aussi
les charbons ne servent qu'une fois dans la fabrication de l'a-
cier cémenté, parce qu'ils seraient trop pauvres en azote et en
hydrogène pour une seconde opération. C'est encore dans le
but de produire des cyanures qu'on ajoute des alcalis ou des
matières alcalines dans les caisses à cémentation.

La quantité de carbone que le fer pur peut dissoudre varie
avec la température. Le docteur Percy (1) en a fait fixer
4,2 pour 100, en opérant sur un mélange intime d'oxyde de

---

(1) *Traité complet de Métallurgie*, t. II, p. 192, traduction de MM. Petitgand et Ronna.

fer pur et de noir de fumée, et chauffant dans un creuset brasqué. Il obtint ainsi un culot qui se brisa sous le marteau et contenait du graphite en lames et du carbone combiné ; il n'ajoute pas s'il a recherché le silicium qui devait probablement s'y trouver.

DU SILICIUM. — SON INFLUENCE.

Quoique en proportion très-variable dans les fontes, même dans celles de même nuance, le silicium y est généralement plus abondant quand elles sont très-grises. Cela s'explique, parce que la silice se réduit d'autant plus énergiquement dans son contact avec le carbure de fer que la température de l'ouvrage est plus élevée, et, pour la même teneur en carbone total, une fonte contiendra plus de carbone libre lorsqu'elle sera plus siliceuse.

La silice n'est réduite par le carbone seul à aucune température. Chauffée seule dans un creuset brasqué, elle ne produit pas de silicium. Il faut faire intervenir une seconde affinité. Si on mélange la silice avec de la limaille de fer dans le creuset brasqué, il y aura réduction et formation de siliciure de fer. Le fer peut ainsi se charger de 9 à 10 pour 100 de silicium (Berzelius). C'est donc la réaction du carbure de fer sur la silice qui, dans les hauts fourneaux, donne naissance au silicium.

Cette réaction exige une température élevée ; aussi le silicium ne prend naissance que dans l'ouvrage. La fonte en sera d'autant plus chargée que la température aura été plus élevée dans cette zone. C'est pour cela que les fontes sont beaucoup plus chargées de silicium quand elles sont fabriquées à l'air chaud et avec des laitiers peu fusibles.

La fonte dissout tout le silicium qu'elle a réduit, car on ne le rencontre jamais isolé dans le creuset, contrairement à ce qui a lieu pour le carbone qui, abandonné par la fonte, se retire souvent à la pelle et sort avec la fonte et les laitiers. Le silicium calciné n'est pas plus combustible que le graphite; il se retrouverait donc intact dans le creuset, si la fonte pouvait s'en sursaturer dans le fourneau et l'abandonnait en se refroidissant. On ne connaît pas encore la quantité maxima que la fonte peut en dissoudre.

La fonte contiendra plus de silicium :

1° Lorsque la température aura été plus élevée dans l'ouvrage, la charge plus faible en minerais, le vent plus chaud et les laitiers moins fusibles ;

2° Quand les minerais siliceux domineront dans le lit de fusion, surtout si la silice y est intimement mélangée à l'oxyde de fer, la réduction se trouvant favorisée par la multiplicité des points de contact ;

3° Les fontes provenant de scories de forge ou minerais silicatés contiendront généralement beaucoup de silicium, parce que ces minerais sont difficilement réductibles et très-fusibles, et descendent souvent intacts jusque dans l'ouvrage où ils sont réduits par le combustible ou par la fonte elle-même, et présentent la silice à l'état naissant, au contact du carbure de fer. De plus, un silicate contient tous les éléments d'un siliciure et tend plus que tout autre minerai à lui donner naissance.

Tandis que la teneur des fontes en carbone varie de 1 à 6 pour 100, celle en silicium varie de 0.20 à 10 pour 100. Certaines fontes contiennent donc cinquante fois plus de silicium que certaines autres. On voit quelle diversité de propriétés peut présenter cette série de composés, indépendamment de la variabilité dans la teneur en carbone et en corps étrangers.

Quoique essentiel à la fonte, le silicium paraît plus nuisible qu'utile, car on l'obtient généralement à plus forte dose qu'il ne faudrait pour constituer la nuance de fonte désirée. On voit, en effet, d'excellentes fontes grises ne contenir que 24 dix-millièmes de silicium. La ténacité des fontes diminue avec leur teneur en silicium, et dans les fontes blanches il les rend plus difficiles à affiner, augmente le déchet au puddlage, et s'il en reste dans le fer le rend rouverain et de mauvaise qualité. Il agit donc bien différemment du carbone, qui augmente la valeur des fontes et la qualité des produits de leur affinage. Sa principale vertu est de s'opposer à la trempe.

On attribue au silicium des propriétés désulfurantes, parce que, se combinant au soufre, il produirait du sulfure de silicium qui est volatil. On voit, en effet, parfois se dégager de la fonte à la coulée une fumée à odeur de soufre qui est peut-être du sulfure de silicium ; mais n'est-ce pas à l'allure chaude plutôt qu'au silicium qu'il faut attribuer la désulfuration des fontes provenant de cette allure ? D'ailleurs, ce serait au silicium qui a entraîné le soufre et non au silicium restant dans la fonte qu'il faudrait attribuer l'action bienfaisante. Il est prouvé qu'il n'y a aucune incompatibilité entre le soufre et le silicium, et les fontes obtenues par allures froides et surcharge de scories sont presque toutes très-siliceuses et très-sulfureuses.

Quoi qu'il en soit, il vaut mieux désulfurer la fonte par allure chaude et laitiers très-basiques qui n'ont que des propriétés améliorantes que de chercher à les charger de silicium dont l'excès est nuisible. Il paraît cependant que pour la fabrication de l'acier Bessemer les fontes les plus chargées de silicium sont préférées, comme prolongeant l'opération et le suréchauffement dû à la combustion du carbone et du silicium.

Si on chauffe dans un creuset brasqué une scorie de puddlage qui n'est qu'un silicate de fer légèrement alumineux, il y a réduction d'une partie de l'oxyde de fer, sans qu'il soit nécessaire d'ajouter de la chaux ; et si la température n'a pas dépassé celle des essais de fer et n'a pas été trop prolongée, il reste une scorie acide, et le culot de fonte obtenu ne contient que des traces de silicium. On peut en conclure qu'il faut une température très-élevée pour la réduction de la silice, ou que la réduction n'a lieu qu'après que la silice a été éliminée de sa combinaison avec les bases.

INFLUENCE DES CORPS ÉTRANGERS.

Les corps étrangers qui accompagnent la fonte sont : le soufre, le phosphore, l'arsenic, le cuivre, le manganèse, le titane et les métaux alcalins et terreux, notamment l'aluminium et le potassium quand on fond au charbon de bois.

Nous avons déjà décrit le caractère des fontes manganésifères ; l'influence des métaux alcalins et terreux n'est pas encore bien définie et leur recherche dans la fonte a présenté jusqu'ici trop de difficultés pour qu'on puisse les reconnaître et surtout les doser ; nous ne nous appesantirons pas sur leurs effets trop peu connus. Étudions seulement l'influence des autres corps sur la nature de la fonte.

Du soufre. — Il est peu de minerais et de combustibles minéraux qui ne contiennent du soufre à l'état de pyrites ou de sulfates. Son action est toujours nuisible à la qualité des fontes ; c'est l'ennemi que le métallurgiste a le plus fréquemment à combattre.

Le soufre se dissout dans la fonte en proportion illimitée, jusqu'à la faire passer à l'état de sulfure de fer.

A faible dose, le soufre augmente la fusibilité de la fonte ; mais il diminue sa capacité calorifique, la fait figer promptement et retasser, lui donne un grain terne et cendré, la rend caverneuse, fragile et impropre à la fabrication des fers de bonne qualité.

Les fers contenant du soufre en quantité à peine pondérable sont rouverains et difficiles à souder ; ils ne se travaillent qu'à la chaleur blanche et criquent au forgeage à des températures inférieures.

L'affinité du fer pour le soufre est très-grande ; aussi l'emploie-t-on pour la réduction des sulfures de plomb, de cuivre

et d'autres métaux. Il n'y a que le manganèse et les métaux
alcalins et terreux qui aient pour le soufre une affinité plus
énergique et puissent servir à la désulfuration du fer. Le carbone ne désulfure le fer à aucune température.

La seule méthode employée pour débarrasser la fonte du
soufre qui l'accompagne dans les minerais et de celui plus
abondant encore que contiennent les combustibles minéraux
est la fusion en présence de laitiers basiques. Un laitier très-
calcaire peut être considéré comme contenant une partie de la
chaux combinée à la silice et l'autre partie à l'état libre jouis-
sant de toutes ses affinités. A cet état, elle a pour le soufre une
affinité d'autant plus grande que la température est plus élevée ; elle peut même donner lieu, dans le haut fourneau, à
des polysulfures de calcium, comme le prouve l'abondant
dépôt de soufre qui se forme lorsqu'on dissout dans les acides
un laitier très-sulfureux.

Sans être complétement incompatible avec le carbone, le
soufre diminue l'affinité du fer pour ce métalloïde ; une fonte
très-sulfureuse n'est jamais riche en carbone, et, réciproquement, une fonte graphiteuse n'est jamais très-sulfureuse.
Chauffée dans un creuset brasqué avec de la pyrite, la fonte
perd une partie de son carbone, qui sort sous forme de poussière noire à la surface du culot. Si l'on augmente la dose de
soufre, tout le métal passera à l'état de sulfure et tout le carbone se séparera.

La pyrite contenue dans les minerais est plus nuisible que
celle contenue dans le coke ; dans le premier cas, le soufre
enveloppé de fer est complétement absorbé et retenu ; celui
contenu dans le coke est plus accessible aux gaz désulfu-
rants. La pyrite, ramenée tout d'abord à l'état de monosulfure,
forme avec le carbone qui l'entoure du sulfure de carbone ;
puis, soumis à l'action de la vapeur d'eau, le sulfure de fer la
décompose, et le soufre se dégage à l'état d'acides sulfureux et
sulfhydrique.

Du phosphore. — A faible dose, le phosphore est plutôt utile que nuisible à la qualité des fontes, qu'il rend plus fluides et plus fusibles ; aussi les fontes phosphoreuses sont-elles recherchées pour les moulages délicats. Ce n'est qu'à la dose de 1 à 2 pour 100 qu'il les rend fragiles.

Pour l'affinage, les fontes phosphoreuses sont recherchées ; elles se travaillent facilement à cause de leur fluidité, et donnent du fer à grain très-soudant et malléable, bon à chaud, sans couleur, mais cassant à froid. Suivant Karsten, le fer qui n'en renferme que 5 millièmes est encore très-bon à froid ; ce n'est qu'à la dose de 7 à 8 millièmes qu'il devient cassant.

Le phosphore ne chasse pas le soufre de la fonte ni du fer, mais il leur donne des qualités inverses qui corrigent les défauts résultant de la présence du soufre. Ainsi, les fontes blanches sulfureuses sont pâteuses et se figent brusquement; les fers sulfureux sont rouverains et ne se travaillent qu'à certaines températures ; les effets du phosphore contre-balancent ceux du soufre, sauf le défaut de résistance commun aux fontes sulfureuses et phosphoreuses.

Le phosphore contenu dans les minerais à l'état de phosphate de fer passe en entier ou presque en entier dans la fonte ; celui contenu à l'état de phosphates de chaux ou d'alumine passe partie dans la fonte, partie dans le laitier. Au puddlage, la presque totalité du phosphore se sépare avec les scories, dont il augmente la fusibilité. Il faut, dans les usines où l'on traite des minerais phosphoreux, recueillir avec soin les scories de puddlage et les traiter comme minerai dans les hauts fourneaux, si l'on tient à obtenir des fontes phosphoreuses, ou se garder de les employer si on est gêné par excès de phosphore dans les produits.

Avec le même lit de fusion, il passera d'autant plus de phosphore dans la fonte et d'autant moins dans les laitiers que l'allure sera plus chaude ; il en est de l'acide phosphorique comme de l'acide silicique, et toutes les conditions favorisant la ré-

CHAPITRE V.

duction du silicium facilitent celle du phosphore, avec cette différence que l'affinité du phosphore pour le fer est plus considérable et sa réduction plus facile.

Il est probable que le manganèse tend à entraîner l'acide phosphorique dans les laitiers.

Terminons ce chapitre par quelques analyses de fontes qui montreront dans quelles limites varient les corps constituants et les corps étrangers. Le fer y est généralement dosé par différence.

Analyses de fontes grises.

	FER.	CARBONE libre.	CARBONE combiné.	SILICIUM.	SOUFRE.	PHOSPHORE.	MANGANÈSE.	DIVERS.	TOTAL.
Fontes n°° 1 et 2.									
A) Lanarkshire. Au coke et à l'air	93,84	2,30	0,70	2,88	0,068	0,240	non dosé.	»	100,00
B) chaud	92,74	4,40	traces.	2,68	0,08	0,10	»	»	»
C)	95,30	1,75	0,84	2,37	0,07	0,07	»	»	»
D)	94,84	4,00	0,64	0,47	»	0,28	»	»	»
E)	95,52	3,50	0,92	0,24	»	0,42	»	»	»
F) Saint-Gervais. Au bois, très-te-	94,54	3,60	1,19	0,47	»	0,20	»	»	»
G) naces	93,36	4,80	0,84	0,84	»	0,16	»	»	»
H)	93,17	5,30	0,43	0,94	»	0,16	»	»	»
I)	94,34	4,02	1,03	0,46	»	0,15	»	»	»
J Whitehaven. Fonte d'hématite	94,86	2,24	traces.	2,77	0,04	0,05	0,07	»	»
K N° 1. A l'air froid (Blaenavon)	95,40	2,82		0,81	0,06	0,38	0,53	»	»
L N° 1. Id. Id.	94,60	3,40		1,36	0,07	0,29	0,28	»	»
M N° 1. Bessèges	93,38	1,77	2,88	1,97	»	»	tr.	»	»
N Id. Id.	93,06	1,19	2,13	2,62	»	»	»	»	»
Fontes n°° 3 et 4.									
O Lanarkshire, n° 4	94,92	2,70	0,40	1,39	0,068	non dosé.	non dosé.	»	»
P Lanarkshire, n° 4, très-mauvaise	95,97	1,00	traces.	3,00	0,03	»	»	»	»
Q) Blaenavon. Au coke, air froid,	94,67	2,64	carbone total.	1,69	0,68	0,27	0,66	»	»
R) très-résistantes.	95,40	2,82		0,81	0,06	0,38	0,53	»	»
S)	94,60	3,40		1,36	0,07	0,29	0,28	»	»
T	95,49	3,59	0,35	0,24	»	0,42	»	»	»
U) Saint-Gervais. Au bois, 2e fusion,	95,46	3,90	0,20	0,28	»	0,16	»	»	»
V) très-résistantes	94,84	3,70	0,77	0,52	»	0,17	»	»	»
X)	95,91	3,90	0,45	0,42	»	0,22	»	»	»
Y De Bilston	92,727	0,61	1,44	2,98	0,197	0,936	1,096	»	99,986
Z De Bilston, très-douce	93,786	1,15	0,554	1,20	0,414	1,807	0,395	»	100,00
a Truitée d'Hoyford	92,713	0,754	0,809	3,365	0,702	1,368	0,298	»	100,00
b N° 4. 53 pour 100 de scorie de puddlage à la charge	92,825	2,450	0,186	2,067	0,320	1,432	0,720	»	100,00
c Dowlais, truitée, à l'air froid	95,39	2,95		1,96	0,28	0,63	0,23	Nickel et cobalt 0,04	101,48

A, B, C, O, P, Q, R, S. — Gruner et Lan, *État présent de la métallurgie en Angleterre.*
D, E, F, G, H, I, T, U, V, X. — Rivot, *Cours de docimasie,* p. 547, t. III.
J, K, L, Y, Z, a, b, c. — Percy, *Traité de métallurgie,* t. III.

Analyses de fontes blanches.

	FER.	GRAPHITE.	CARBONE combiné.	SILICIUM.	SOUFRE.	PHOSPHORE.	MANGANÈSE.	DIVERS.	TOTAL.
Fontes fibreuses ou grenues.									
A Barville (Haute-Marne), au bois..	94,05	0,20	3,60	1,25	tr.	0,75	»	Arsenic. 0,15	100,00
B Algérienne (vieux boulet)........	83,10	»	2,20	1,60	2,50	0,60	»	10,60	100,00
C Mières (Asturies), au coke.......	82,05	»	1,25	11,00	2,25	1,50	»	0,75	100,00
D Turbia (Asturies)................	80,70	»	2,10	5,55	1,20	0,80	»	0,65	100,00
E Air froid (Dowlais)...............	95,10	2,84		1,21	0,46	0,64	0,44	Nickel et cobalt 0,03	100,42
F Bességes, fibreuse..............	94,15	1,19	2,13	1,80	0,60	0,12	»	»	100,00
G	»	»	»	»	»	»	»	»	»
H	»	»	»	»	»	»	»	»	»
I	»	»	»	»	»	»	»	»	»
Fine-metal.									
K De Firmy (Aveyron)............	97,45	»	1,70	0,50	0,20	0,15	»	Arsenic. »	100,00
L Id. id.	98,26	»	1,12	0,20	0,25	0,17	»	traces.	100,00
M Des forges d'Alais............	96,80	»	1,50	0,75	0,35	0,25	»	0,35	100,00
N Id. id.	96,95	»	1,30	0,80	0,45	0,10	»	0,40	100,00
Fontes lamelleuses spéculaires.									
O La Nouvelle (Aude), au bois.....	88,54	0,10	6,50	0,36	»	tr.	4,39	»	100,00
P Lohe.........................	89,99	»	5,03	0,54	»	»	4,35	Cuivre. 0,10	100,00
Q Suède........................	91,00	»	3,90	0,50	»	»	4,60	»	100,00
R Vordernberg..................	93,10	»	4,50	0,20	»	»	2,10	0,10	100,00
S Cornouailles, mêlé de gris	87,90	3,12	0,31	2,59	0,026	0,147	5,85	Titane. 0,79	100,73
T Id.	86,88	3,040	1,02	2,55	0,026	0,154	6,37	1,15	101,16
U Cornouailles, mêlé de gris, nos 1, 3 et 4...................	84,256	2,615	0,074	3,325	0,017	0,204	8,087	4,629	100,20

A, B, C, D, — Rivot, *Docimasie*, t. III, p. 516

O, P, Q, R, K, L, M, N, — Rivot, *Docimasie*, t. III, p. 516.

E, S, T, U, — Percy, *Traité de métallurgie*, t. III.

CHAPITRE V

Température obtenue par la combustion du carbone dans l'air.
— Connaissant le pouvoir calorifique du carbone et la chaleur
spécifique des gaz de la combustion, on en déduit facilement
la température obtenue.

On sait que (d'après Dulong) 1 litre de vapeur de carbone
($1^{gr},077$) dégage, en se transformant en 2 litres d'oxyde de carbone, 1 598 unités de chaleur, et, en se transformant en
2 litres d'acide carbonique, 7 858 unités de chaleur, soit environ cinq fois plus.

Pour avoir les températures après combustion, il faut répartir la chaleur dégagée sur la masse des gaz de la combustion,
qui prendront une température d'autant plus élevée que leur
poids et leur capacité calorifique seront moindres. Il suffira
donc, pour avoir cette température, de diviser le nombre de
calories dégagées par la chaleur spécifique de la masse. Cette
chaleur spécifique s'obtient en multipliant la capacité calorifique de chacun des gaz par leur poids respectif.

La transformation de 1 mètre cube de vapeur de carbone
($1^{k},077$) en 2 mètres cubes d'acide carbonique ($3^{k},950$) donnera :

	Poids.	Capacité calorifique.	Chaleur absorbée par le gaz pour s'échauffer de $1°$ C.
2^{mc} acide carbonique.	3,950	$\times$ 0,221	$=$ 0,873
$7^{mc},615$ azote.	9,617	$\times$ 0,275	$=$ 2,645
	13,567		3,518 calories.

La température de combustion sera donc :

$$\frac{7,858}{3,548} = 2,232°$$

On obtiendra, par le même calcul, la température après combustion du carbone en oxyde de carbone :

	Poids.	Capacité calorifique.	Chaleur absorbée par le gaz pour s'échauffer de 1°.
2^{mł} oxyde de carbone........	2,513	× 0,288	= 0,724
3^{mł},807 azote............	4,808	× 0,275	= 1,322
	7,321		2,046 calories.

La température après combustion sera :

$$\frac{7,321}{2,046} = 780°.$$

Comme l'acide carbonique à peine formé est transformé en oxyde de carbone par le combustible en excès, on voit que, sauf le voisinage immédiat des tuyères, la température n'est pas très-élevée dans le haut fourneau. On s'en assure expérimentalement en enfonçant rapidement un ringard par l'œil d'une tuyère et le retirant au bout d'une minute : on observe par la couleur de la barre que la zone à température élevée est très-circonscrite ; d'où il suit que, pour que toute la masse des matières reçoive le violent coup de feu nécessaire à l'obtention des fontes grises, il faut des ouvrages étroits.

L'arrivée dans l'ouvrage de carbone déjà échauffé et le chauffage de l'air à 300 ou 350 degrés élève d'autant la température de combustion, qui devient alors, en admettant l'air chauffé à 300 degrés, 2532 degrés dans la région à acide carbonique, et 1080 dans la région à oxyde de carbone. Telles seraient du moins les températures si on soufflait sur du carbone pur ; mais, en pratique, il est mélangé de fonte et de laitier, qui, pour leur fusion, absorbent du calorique et abaissent la température d'autant plus que la proportion de matières à fondre est plus considérable.

Les températures de fusion de la fonte étant environ :

> Pour la fonte blanche. . . . . 1 050 degrés,
> Pour la fonte grise. . . . . 1 200   —

il n'y a que la fonte blanche et les laitiers très-fusibles qui
puissent fondre dans la zone à oxyde de carbone ; encore
faut-il l'emploi de l'air chaud. Comme la fonte qui prendra
naissance dans cette région n'aura pas été surchauffée, elle
contiendra peu de carbone et surtout peu de silicium, excellente condition pour la formation de la fonte blanche. Cette
zone sera d'autant plus étendue que l'ouvrage sera plus large.
Les figures 3 et 4 font comprendre la configuration des zones
dans l'ouvrage.

Il faut tenir compte aussi des phénomènes qui se produisent
dans la zone intermédiaire, où l'acide carbonique n'est pas
encore tout transformé en oxyde de carbone. L'atmosphère y
est réductrice comme dans la zone à oxyde de carbone ; mais
la température y est intermédiaire entre celles des deux régions, et va en s'abaissant de l'une à l'autre. Toutes les fusions
peuvent s'y produire, et les fontes très-carburées y prendre
naissance à l'abri de l'oxydation du vent. C'est cette zone qu'il
est utile d'étendre le plus possible dans la fabrication des
fontes grises ; on y arrive en multipliant le nombre des tuyères,
en rétrécissant l'ouvrage dans de certaines limites et renforçant
convenablement la pression du vent. Cette zone est plus restreinte dans les fourneaux au bois et à la houille crue que
dans ceux au coke, surtout si le coke est très-compacte, les
combustibles durs et peu poreux résistant mieux à la réaction
de l'acide carbonique sur le carbone.

Quant à la fonte qui prend naissance sous le jet des tuyères
dans la région oxydante, elle ne peut être très-chargée en carbone et surtout en silicium trop facilement oxydés ; elle est

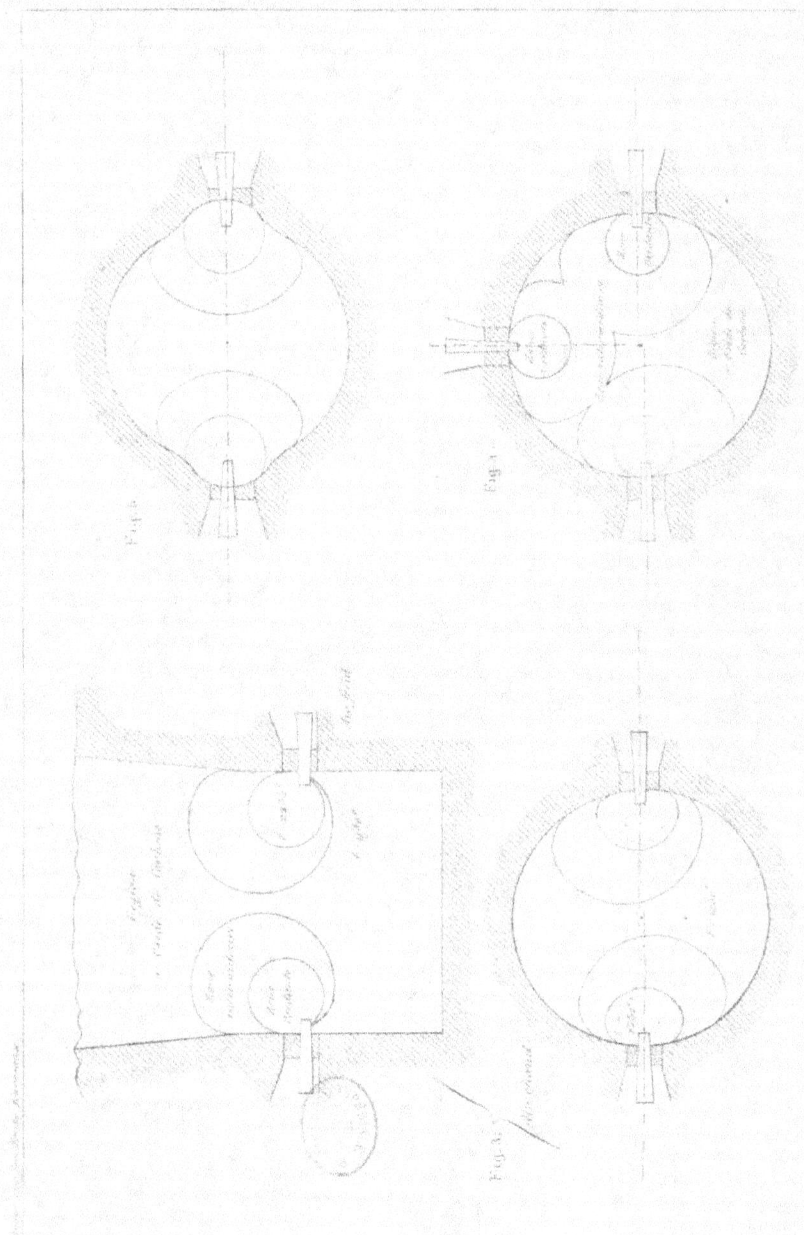

toujours plus ou moins mazée, quelque court que soit son séjour dans cette région. C'est ce qui fait qu'avec des laitiers trop réfractaires, la fusion se localisant dans la zone oxydante, on n'obtient plus que des fontes blanches. En marche régulière, la fonte produite dans cette région doit être en minime proportion relativement à celle produite dans les zones non oxydantes, et, retrouvant dans le creuset une fonte très-carburée, elle s'y mélange, et reprend le carbone et le silicium qu'elle avait perdus.

La figure 5 montre que les tuyères doivent toujours être en saillie sur les parois. En effet, les briques ne résistent jamais à l'action combinée du vent et des laitiers : elles ne cessent de se ronger que lorsqu'elles se sont reculées dans la région non oxydante où elles peuvent se tapisser de *garnissages*, agglomération de combustible et de silicates peu fusibles. Cette usure des briques a lieu surtout avec les pressions de vent trop faibles et les laitiers trop pâteux qui ne permettent pas au vent de pénétrer dans la masse et le font refluer contre les parois ; quand les tuyères sont trop en face l'une de l'autre, le même effet se produit. La région oxydante s'étend alors à l'arrière du museau de la tuyère et les parois se reculent jusqu'à ce qu'elles soient entrées dans la zone non oxydante.

QUANTITÉ DE COMBUSTIBLE NÉCESSAIRE A LA FUSION DE LA FONTE.

Les données précédentes permettent d'établir approximativement par le calcul la quantité de combustible qu'il faut théoriquement pour fondre 1 000 kilogrammes de fonte.

1° *Dans un bas foyer*. — Supposons un bas foyer d'une disposition analogue à celle indiquée par la figure 6 et où le combustible est placé devant la tuyère, et la fonte empilée devant le contre-vent. Admettons que ses dimensions soient telles que, pour une pression de vent et une grosseur de morceaux de coke invariable, tout l'air ayant traversé la couche de combustible soit transformé en acide carbonique et azote, sans que l'oxyde de carbone se soit produit en quantité notable, résultat qu'on peut facilement atteindre par tâtonnements : dans ces conditions, quelle sera la quantité de combustible nécessaire pour amener la fonte à la température de sa fusion?

Le point de fusion de la fonte serait, d'après divers auteurs, 1 050 degrés pour la fonte blanche, et 1 200 pour la fonte grise; la capacité calorifique moyenne de la fonte, environ 0,180 pour la fonte blanche, et 0,185 pour la fonte grise. Admettons ces chiffres approximatifs, nous pourrons, en les rapportant dans le calcul précédent, et prenant comme inconnue le poids à fondre, en déduire ce poids.

1° *Pour la fonte blanche.* — La température que prendra le mélange de la fonte et des gaz devra atteindre 1 050 degrés. Faisant le produit des poids par les capacités calorifiques, nous aurons pour 1 mètre cube de vapeur de carbone ($1^k,077$) :

	Poids		Capacité calorifique.		Chaleur absorbée par le mélange pour s'échauffer de 1° C.
2^{m3} Acide carbonique $=$	$3^k,950$	$\times$	$0,221$	$=$	$0,873$
7^{m3} Azote.	$9,617$	$\times$	$0,275$	$=$	$2,645$
Fonte.	x	$\times$	$0,180$	$=$	x

$$3,518 + x \times 0,180$$

Le nombre d'unités de chaleur dégagées par la combustion de 1 mètre cube de vapeur de carbone étant 7 858, nous aurons comme précédemment :

$$7858 = 1050\,(3,518 + x.0,180).$$

d'où on tire :

$$x = 22^k,1.$$

Un mètre cube de vapeur de carbone pesant $1^k,077$, 1 kilo-

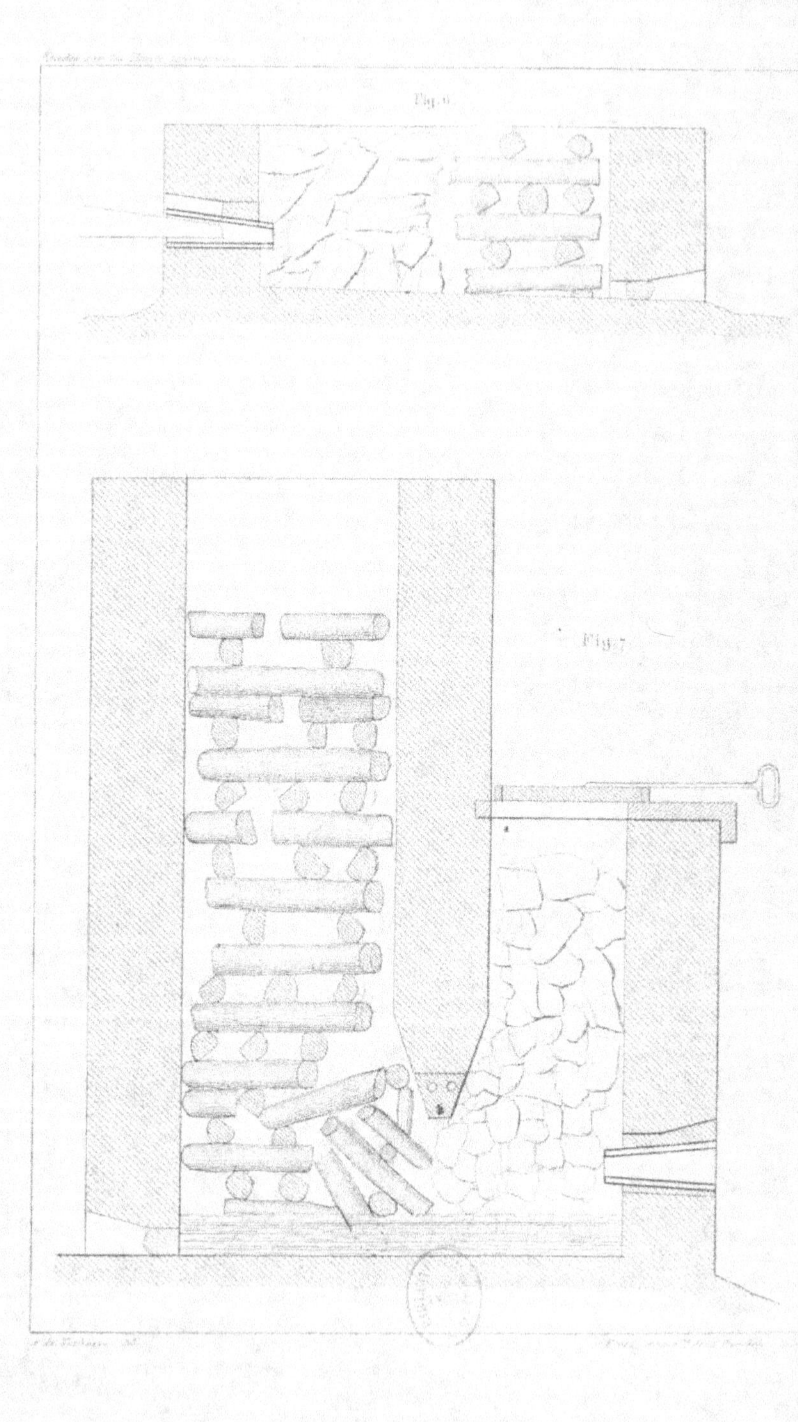

gramme de carbone pourra amener à la température de fusion $20^k,5$ de fonte blanche, soit $48^k,78$ de carbone par tonne de fonte.

2° *Pour la fonte grise.* — Les mêmes calculs nous donneront :

$$7858 = 1200\,(3{,}518 \times x.0{,}185),$$

d'où on tire :

$$x = 16{,}4,$$

soit pour 1 kilogramme de carbone, 15,2 de fonte ou $65^k,8$ de carbone par tonne de fonte grise.

Ces chiffres s'appliquent à la quantité de carbone nécessaire pour amener la fonte à la *température de sa fusion*. Pour savoir ce qu'il faut *pour fondre*, il faudrait y ajouter la quantité de chaleur nécessaire au changement d'état ; mais il ne suffit pas que la fonte soit liquéfiée, elle doit être amenée à une température supérieure à son point de fusion, sous peine de se figer à sa sortie du creuset ; il en résulte une nouvelle augmentation dans la consommation de combustible.

Avant de mesurer la quantité de calorique nécessaire pour produire le changement d'état et le suréchauffement de la fonte qui doit s'employer liquide, nous ferons remarquer que, même dans un bas foyer, la fonte est déjà échauffée quand elle arrive devant les tuyères et qu'elle a été enveloppée par les gaz perdus. Cet échauffement fait plus que compenser les deux causes précédemment indiquées d'augmentation dans la quantité de carbone nécessaire à la fusion ; les chiffres de 48,78 de carbone par tonne de fonte blanche et 65,80 de carbone par tonne de fonte grise n'ont rien d'impossible en pratique, et deviendraient, en employant du coke à 14 pour 100 de cendres, 57 kilogrammes de coke par tonne de fonte blanche, et 76,5 kilogrammes de coke par tonne de fonte grise.

2° *Dans un cubilot.* — Si on suppose la chaleur perdue utilisée à l'échauffement des matières à fondre, la quantité de combustible nécessaire pour amener les fontes à la température de leur fusion diminuera presque de moitié. En effet, si nous admettons que les gaz de la combustion traversent avant leur départ dans l'atmosphère une pile de fonte suffisante pour que l'échange des températures soit complet et que les gaz s'échappent complétement refroidis, tout le calorique dégagé restant dans le foyer, la quantité de fonte échauffée jusqu'à son point de fusion sera :

Pour la fonte blanche :

$$x.0,180 \times 1050 = 7858$$
$$x = 44,5$$

soit, par kilogramme de carbone, $38^k,6$ de fonte, et $25^k,9$ de carbone par tonne de fonte blanche.

Pour la fonte grise :

$$x.0,185 \times 1200 = 7858$$
$$x = 35,4,$$

soit, par kilogramme de carbone, $32^k,8$ de fonte et $30^k,4$ de carbone par tonne de fonte grise amenée à 1 200 degrés.

Ces chiffres font comprendre l'avantage des fourneaux et cubilots élevés, où la colonne montante des gaz de la combustion échange sa température avec la colonne descendante des matières à fondre.

On peut, par une autre méthode, arriver à déterminer la quantité de carbone théoriquement nécessaire pour l'échauffement et la fusion de la fonte.

Pour cela, j'ai expérimenté, au calorimètre de glace, la quantité de chaleur possédée par 1 kilogramme de fonte à sa sortie du haut fourneau. J'ai trouvé, par kilogramme de fonte blanche, 280 calories et, par kilogramme de grise, 330 calories.

La quantité de chaleur employée à la fusion et au suréchauffement est donc, en supposant complet l'échange de température entre la colonne gazeuse ascendante et la colonne descendante des blocs à fondre, afin que tout le calorique développé reste dans le cubilot :

Pour 1 000 kilogrammes de fonte blanche. . . .   280 000 calories.
Pour 1 000   —   de fonte grise.. . . . .   330 000   —

Or, 1 kilogramme de carbone dégage 7 170 unités de chaleur en passant à l'état d'acide carbonique ; il faudra donc :

Pour fondre 1 000 kilogrammes fonte blanche. .   39$,03 de carbone.
        —   1 000   —   fonte grise. . .   46 ,02   —

soit en coke à 14 pour 100 de cendres :

    46 kilogrammes de coke par tonne de fonte blanche.
    53   —   —   par tonne de fonte grise.

Telle devrait être la consommation des cubilots, ou du moins elle devrait s'en rapprocher si l'acide carbonique ne réagissait pas sur le combustible, dont une partie disparaît, entraînée à l'état d'oxyde de carbone, en produisant, en outre, un refroidissement considérable dans l'appareil. Aussi les meilleurs cubilots consomment-ils encore, au minimum, 75 kilogrammes de coke par tonne de fonte.

Ce qu'on gagne par l'élévation de l'appareil dans le but de rendre plus complet l'échange des températures et l'utilisation de la chaleur est donc perdu par la production d'oxyde de carbone, facilitée par l'accroissement de la capacité du fourneau.

On sortirait de ce cercle vicieux, soit en opérant la fusion par un jet de gaz mélangé d'air, soit au moyen de la disposition suivante, dont nous indiquons le principe sans avoir la prétention d'en faire un appareil industriel avant que l'essai en ait été fait et que la pratique ait sanctionné les avantages que la théorie indique.

Le combustible est chargé par un orifice distinct et ne se mélange pas avec les matières à fondre. Cette disposition, indiquée figure 7, ressemble à une dame de haut fourneau, exhaussée et fermée à la partie supérieure d'un registre mobile. Le jet d'air n'arrive sur les blocs à fondre qu'après avoir perdu tout son oxygène et avant formation d'oxyde de carbone en proportion notable. La tympe devrait être en fonte, à circulation d'eau pour résister à la température élevée du jet du vent.

Un tel appareil ne consommerait pas plus de 50 à 55 kilogrammes de coke par tonne de fonte grise fondue.

La même disposition serait peut-être applicable aux hauts fourneaux, qui seraient ainsi munis de deux avant-creusets, l'un pour le travail, l'autre pour l'arrivée du combustible devant, dans ce cas, fournir assez d'oxyde de carbone pour la réduction des minerais. Mais, nous le répétons, nous ne donnons pas comme pratique ce qui n'est qu'une figure destinée à la démonstration des phénomènes qui nous occupent.

CHAPITRE VI

QUANTITÉS DE COMBUSTIBLE THÉORIQUEMENT ET PRATIQUEMENT
NÉCESSAIRES A LA FABRICATION DE LA FONTE.

Cette question complexe semble à peu près résolue par la
méthode analytique qui va être exposée dans ce chapitre et
qui reçoit sa sanction de la concordance entre les chiffres pratiques et ceux trouvés par le calcul.

Si, prenant une à une toutes les causes de dépense de calorique et mesurant cette dépense, nous la comparons à la
somme de calorique reçue par le fourneau, nous devons arriver à une égalité. La différence trouvée entre le calorique
dépensé et le calorique reçu ne peut provenir que d'erreurs
ou omissions. S'il y a égalité, nous pourrons en déduire la jus-
tesse de nos calculs. En d'autres termes, si le fourneau dont
l'allure et le lit de fusion ont servi de base à nos évaluations
consomme pratiquement la quantité de combustible indiquée
par la théorie, l'exactitude de la méthode se trouvera démontrée. C'est, en effet, ce qui a lieu; on trouve, non pas une
égalité parfaite, mais une concordance remarquable.

PREMIÈRE PARTIE. — QUANTITÉ DE CALORIQUE ABSORBÉ
DANS LES DIVERSES OPÉRATIONS DU HAUT FOURNEAU.

La combustion du carbone est employée, dans le haut fourneau, à produire trois effets différents :

1° Échauffement des matières fixes et volatiles ;

2° Réduction des oxydes ;

3° Restitution du calorique absorbé par la réduction des oxydes.

Il s'agit d'évaluer le nombre d'unités de chaleur employées à chacune de ces opérations.

Je prends comme exemple un lit de fusion type à 40 pour 100 de fonte qui a exigé, dans un haut fourneau en bonne allure, avec du vent chauffé à 300 degrés au-dessus de la température atmosphérique et des laitiers blancs, 1350 kilogrammes de coke à 14 pour 100 de cendres et a produit régulièrement de la fonte grise n° 3.

Ce lit de fusion contenait, y compris les cendres de coke :

Peroxyde de fer. . . .	1344	correspondant à 950 kilogrammes de fer rendant 1000 kilogrammes de fonte.
Silice.	256	
Chaux.	266	649 kilogrammes de laitier.
Alumine..	127	
Acide carbonique.. . .	257	
Eau.	250	
Charge par tonne de fonte.	2 500 kilogrammes.	

Échauffement et fusion des matières fixes. — Quantité de chaleur emportée du fourneau par la fonte et les laitiers. — Sans chercher à évaluer en degrés thermométriques les températures que possèdent à leur sortie du fourneau la fonte et les laitiers, j'ai trouvé, par l'essai au calorimètre de glace :

Par kilogramme de fonte grise sortant du fourneau, 330 unités de chaleur.
Par kilogramme de laitiers   —   —   550   —

La quantité de chaleur emportée du fourneau par 1000 kilogrammes de fonte et 649 kilogrammes de laitiers sera :

$$1\,000 \text{ kilogrammes fonte} \times 330 = 330\,000 \text{ calories.}$$
$$649 \quad — \quad \text{laitiers} \times 550 = 354\,750 \quad —$$
$$\text{Total.} \ . \ . \ . \ . \quad 684\,750 \text{ unités de chaleur.}$$

Quantité de chaleur emportée par les gaz du gueulard. — Sur

1350 kilogrammes de coke consommé, 50 sont employés à carburer la fonte et dissous par elle ou enlevé par les purges. Les 1300 kilogrammes restant représentent 1118 kilogrammes de carbone qui se retrouveront dans les gaz du gueulard. En y ajoutant les $70^k,1$ de carbone provenant de l'acide carbonique des carbonates, nous aurons dans les gaz du gueulard 1188 kilogrammes de carbone par tonne de fonte produite.

L'analyse des gaz du gueulard a donné :

(1) Acide carbonique. . . .	12,80 contenant carbone. . .	3,491
Oxyde de carbone. . . .	25,53 — — . . .	12,215
Hydrogène.	0,07	
Azote.	61,60	15,707
	100,00	

100 de gaz contenant 15.707 de carbone, les 1188 kilogrammes de carbone seront répartis dans 7 566 kilogrammes de gaz supposés secs (l'eau, élément trop variable, ayant été éliminée dans l'analyse qui sert de base à ce calcul; d'ailleurs nous en savons le poids).

La chaleur emportée par ces 7 566 kilogrammes de gaz sera, en multipliant les poids respectifs des divers éléments par leurs capacités calorifiques et leur température moyenne de sortie $200°$ C. (2) :

----

(1) Cette analyse diffère notablement de celle d'Ebelmen, qui a trouvé :

Acide carbonique.	7,15
Oxyde de carbone.	28,37
Hydrogène.	2,01
Azote.	62,47
	100,00

Les conditions de marche du fourneau sur lequel il a expérimenté étaient sans doute fort différentes.

Voir au chapitre *Analyse des gaz du gueulard*, la méthode employée par l'auteur.

(2) Au moment de l'expérience, la température atmosphérique était 20 degrés. Celle des gaz, lors de l'introduction d'une charge, descendait à 100 degrés; avant la charge suivante, elle atteignait 540 degrés. La température moyenne était 220 degrés, soit 200 degrés au-dessus de la température ambiante.

	Poids pour 100 de gaz.	Capacités calorifiques.	Température de sortie.	Quantité de chaleur emportée.
Acide carbonique. . .	$12,80 \times$	$0,221 \times$	$200^{\circ} \times \dfrac{7566}{100}$	$= 42\ 810$
Oxyde de carbone. . .	$25,33 \times$	$0,288 \times$	Id.	Id. 111 270
Hydrogène	$0,07 \times$	$0,903 \times$	Id.	Id. 958
Azote.	$61,60 \times$	$0,275 \times$	Id.	Id. 236 370
Eau.	250 kilog.	$1,00 \times 750$ (*)		$= 187\ 300$

Nombre d'unités de chaleur emportées par les gaz et l'eau.. 598 908

RÉDUCTION DES OXYDES. — QUANTITÉ DE CHALEUR ABSORBÉE.

Le fer peut se trouver dans les minerais sous les trois états d'oxydation : FeO. Fe^2O^3 et Fe^2O^3, et exige pour sa réduction des quantités de carbone équivalentes à la quantité d'oxygène à laquelle il est combiné.

Ainsi, le protoxyde FeO contient :

$$\left.\begin{array}{l} \text{Fer.} \dots \dots \dots \dots \dots 77,78 \\ \text{Oxygène.} \dots \dots \dots \dots 22,22 \end{array}\right\}100$$

et exige pour sa réduction $214^k,2$ de carbone par tonne de fer réduit.

L'oxyde magnétique Fe^3O^4 contenant :

$$\left.\begin{array}{l} \text{Fer.} \dots \dots \dots \dots \dots 72,41 \\ \text{Oxygène.} \dots \dots \dots \dots 27,59 \end{array}\right\}100$$

exige par tonne de fer réduit $285^k,6$ de carbone.

Le sexquioxyde Fe^2O^3 contient :

$$\begin{array}{l} \text{Fer.} \dots \dots \dots \dots \dots 70,0 \\ \text{Oxygène.} \dots \dots \dots \dots 30,0 \end{array}$$

et exige pour sa réduction $321^k,75$ de carbone par tonne de fer réduit.

La réduction de l'oxyde de fer dans le haut fourneau se fait

(*) 750, se composant de 550 calories pour la vaporisation et 200 pour l'élévation de température.

par l'oxyde de carbone ; mais, comme l'acide carbonique produit réagit immédiatement sur le combustible environnant et reforme de l'oxyde de carbone, les choses se passent finalement comme s'il y avait réduction immédiate de l'oxyde métallique par le carbone lui-même. Il n'y a que dans le voisinage du gueulard, où la température est moins élevée, les réactions moins énergiques et le courant gazeux très-rapide, qu'une partie de l'acide carbonique peut s'échapper sans avoir réagi sur le combustible ; c'est pour cela que nous trouvons dans les gaz du gueulard plus d'acide carbonique qu'il n'en provient des carbonates.

La réaction de l'oxyde de fer sur le carbone produit donc, en définitive, de l'oxyde de carbone : il en résulte un abaissement considérable dans la température des régions où elle s'opère. En effet, la combustion du fer dégage, d'après Dulong, 6 216 unités de chaleur par litre d'oxygène employé (1^{g},436). Sa réduction, phénomène inverse, absorbera la même quantité de chaleur, les deux corps reprenant, en se dissociant, la même quantité de chaleur latente qu'il en avaient émis lors de leur combinaison. Or, 1 litre d'oxygène (1^{gr},436) en se combinant avec 1 litre de vapeur de carbone (1^{gr},077) pour former 2 litres d'oxyde de carbone, ne dégage que 1 598 calories, qui, retranchées des 6 216 calories empruntées à l'atmosphère du fourneau, laissent un refroidissement final de 4 618 unités de chaleur par chaque litre d'oxygène déplacé, tandis que 1^{gr},077 de carbone a été consumé par cette réduction.

Avec les minerais peroxydés, chaque tonne de fer réduit a donc ainsi exigé 321^{k},75 de carbone et 1 368 550 unités de chaleur ont été rendues latentes. Avec les minerais oxydulés, l'absorption de chaleur est de 1 270 227 calories et 205^{k},6 de carbone sont consumés. Avec le protoxyde, la tonne de fer réduit exige 870 704 unités de chaleur et consume 214^{k},2 de carbone.

Pour simplifier, ne tenons pas compte actuellement de la

chaleur fournie par la combustion du carbone employé à la
réduction, devant l'évaluer plus tard avec celle opérée par
l'oxygène de l'air, et comptons seulement la chaleur rendue
latente par la séparation de l'oxygène et du fer. Nous aurons :

Pour la réduction $\begin{cases} Fe^3O^3 & 1\,298\,610 \text{ calories, soit pour } 1429 \text{ kilog.} & 1\,855\,700 \\ Fe^3O^4 & 1\,194\,300 & - & 1381 & 1\,649\,300 \\ FeO & 961\,840 & - & 1285 & 1\,236\,000 \end{cases}$
de 1000 kilog.

Si on admet dans la fonte grise la teneur habituelle de
94 pour 100 de fer, les quantités de chaleur absorbées par la
réduction de 940 kilogrammes de fer seront :

$$
\begin{array}{llll}
\text{Avec le peroxyde.} \ldots & Fe^3O^3 & 1\,344 \text{ kilog.} & 1\,744\,358 \text{ calories.} \\
\text{Avec l'oxydule.} \ldots & Fe^3O^4 & 1\,282 \; - & 1\,550\,342 \quad - \\
\text{Avec le protoxyde.} \ldots & FeO & 1\,208 \; - & 1\,161\,840 \quad -
\end{array}
$$

Chaleur absorbée par la réduction de la vapeur d'eau. —
L'hydrogène qui se rencontre dans les gaz du gueulard provient presque entièrement de l'humidité de l'air soufflé dans
le fourneau.

Les 7 dix-millièmes d'hydrogène contenus dans les gaz du
gueulard représentent $47^k,666$ de vapeur d'eau par tonne de
fonte produite et 0,00786 du poids de l'air injecté, ce qui correspond, en effet, à l'état hygrométrique moyen de l'atmosphère.

Les 4 596 kilogrammes d'hydrogène réduit par tonne de
fonte ont absorbé pour leur réduction :

$$4\,596 \times 34\,742 = 159\,681 \text{ calories,}$$
34 742 étant le pouvoir calorifique de l'hydrogène.

Après avoir évalué les dépenses de calorique, nous allons
estimer la quantité de chaleur fournie par la combustion du
carbone et le chauffage du vent ; puis nous comparerons les
deux totaux, qui devraient être identiques s'il n'y avait aucune
cause d'erreur.

DEUXIÈME PARTIE. — SOURCES DE CHALEUR.

Chaleur produite par la combustion du carbone. — La chaleur dégagée par la combustion des 1 118 kilogrammes de carbone, se détermine d'après la quantité de carbone brûlée à l'état de gaz acide carbonique et celle brûlée à l'état d'oxyde de carbone.

Nous avons à brûler : 1 118 kilogrammes de carbone qui, avec les 70 kilogrammes de carbone provenant des carbonates, font 1 188 kilogrammes de carbone contenus dans les gaz du gueulard et répartis de la manière suivante :

A l'état d'acide carbonique ..   3,491 p. 100, soit pour 1188^k, 264^k de carbone.
A l'état d'oxyde de carbone... 12,216   —   —   924
                              ————   ————
                              15,707   1,188

Des 264 kilogrammes à l'état d'acide carbonique retranchons les 70 kilogrammes provenant des carbonates, il nous reste à brûler dans le fourneau :

194 kilogrammes à l'état d'acide carbonique ;
924   —   d'oxyde de carbone.

Les quantités de chaleur développées seront, en multipliant par les puissances calorifiques respectives :

$$194 \times 7170 = 1\ 390\ 980$$
$$924 \times 1386 = 1\ 280\ 664$$

Nombre d'unités de chaleur dégagées. .   2 671 644

Chauffage du vent. — La quantité d'air soufflée par tonne de fonte produite se déduit de l'analyse des gaz du gueulard, qui indique le poids de carbone et le poids d'azote contenus.

Nous avons déjà vu, d'après la quantité de carbone possédé par les gaz du gueulard, qu'il devait y avoir 7 566 kilogrammes de gaz par tonne de fonte fabriquée dans les conditions de l'expérience. Ces gaz contenant 61,6 pour 100 d'azote, et l'air en contenant 76,9 pour 100, le poids d'air correspondant à ce poids d'azote sera :

$$\frac{7\,566 \times 0,616}{0,769} = 6\,060,60 \text{ kilogrammes d'air.}$$

Si le vent est chauffé à 300 degrés, sa capacité calorifique étant 0,2669, le nombre de calories apportées au fourneau sera :

$$6\,060,6 \times 0,2669 \times 300 = 485\,272 \text{ calories.}$$

L'hydrogène contenu dans les gaz provient de la vapeur d'eau contenue dans l'air injecté. Cette vapeur d'eau, décomposée par le charbon, ne peut se reformer dans son trajet à travers le fourneau, l'oxyde de fer décomposant l'eau au rouge et la température rouge régnant jusqu'à proximité du gueulard.

Cette vapeur d'eau ayant été chauffée, comme l'air, à 300 degrés, il y a lieu de tenir compte de la chaleur qu'elle apporte au fourneau, puisque nous avons déduit celle qu'elle lui prend.

Nous avons, par tonne de fonte, dans les gaz du gueulard : $0,07 \times 75,66 = 5^k,2962$ d'hydrogène correspondant à $47^k,666$ de vapeur d'eau possédant 300 degrés de chaleur sensible et 550 degrés de chaleur latente.

$47^k,666 \times 850 = 41\,506$ calories.

Le calorique fourni par l'appareil à air chaud sera donc au total : 526 778 calories.

C'est à peu près 20 pour 100 de la quantité de chaleur fournie par la combustion. L'expérience a, en effet, démontré (Percy, t. III, p. 155) que le chauffage de l'air diminuait la quantité de combustible de 20 à 33 pour 100. Avec les appareils Siemens, chauffant l'air à plus de 600 degrés. MM. Cochrane et C., d'Ormesby, seraient arrivés à une diminution de 17 à 18 pour 100 dans la consommation du coke, en sus de celle provenant du chauffage à 300 degrés. (MM. Petitgand et Ronna.)

Récapitulation des résultats précédents. — Comparons maintenant les dépenses de calorique aux sources de chaleur, et vérifions s'il y a concordance.

Nous avons trouvé, par tonne de fonte fabriquée :

Causes d'absorption de chaleur.

Chaleur emportée par 1000 kilog. fonte liquide.. . . .	330 000 calories.
— par 649 kilog. de laitier.	354 750
— par les gaz du gueulard.	398 908
Chaleur rendue latente par la réduction de 1343 k. Fe^2O^3,	1 744 358
— — $4^k,596$ d'hydrogène,	159 684
Nombre d'unités de chaleur dépensées.	3 187 697

Source de chaleur.

Chaleur dégagée par la combustion du carbone.	2 671 644
— apportée par le chauffage de l'air.	526 778
Nombre d'unités de chaleur dégagées..	3 198 422

Différence en plus : 10725. C'est l'exactitude, nos expériences ne comportant pas une approximation plus grande. Il y a aussi des faits inconnus et des évaluations impossibles dans l'état actuel de nos connaissances. Ainsi, nous avons dû négliger, parmi les causes d'absorption de chaleur :

1° La réduction de la silice, ne connaissant pas la puissance calorifique du silicium. Si elle est la même que celle du carbone, la réduction des 15 à 20 kilogrammes de silicium produit par tonne de fonte exigerait 100 à 150 mille calories.

2° La chaleur latente de volatilisation de l'acide carbonique lors de la dissociation des carbonates. A en juger par le peu de chaleur nécessaire à la fabrication de la chaux, il n'est pas probable que cette décomposition absorbe beaucoup de calorique.

3° Le léger refroidissement produit par la dilatation du vent qui, soufflé à 9 ou 10 centimètres de mercure, reprend dans le fourneau sensiblement la pression atmosphérique.

Comme sources de chaleur, nous avons négligé le calorique dégagé par la combinaison de la silice avec les bases.

De la concordance qui existe entre la consommation théorique et la consommation pratique, il ne s'ensuit pas qu'on ne puisse diminuer la dépense en combustible; mais elle ne pourra avoir lieu qu'à condition ou d'augmenter le rendement des sources de chaleur, soit en surélevant la température du vent, soit surtout en brûlant plus de carbone à l'état d'acide carbonique; ou de diminuer les causes d'absorption de chaleur, soit en fabriquant la fonte à une température moins élevée, si la nature des minerais le comporte, soit en marchant à gueulard plus froid, soit enfin en consommant des minerais moins oxydés que le peroxyde, tels que l'oxyde magnétique et les sels de protoxyde.

La combustion de la totalité du carbone à l'état d'acide carbonique ne peut avoir lieu, puisque l'atmosphère du fourneau doit être énergiquement réductrice jusqu'au gueulard. Tout ce qu'on peut obtenir, c'est la formation d'une *plus grande quantité* d'acide carbonique. On s'en rapproche par l'emploi de combustibles compactes et en gros morceaux, l'état spongieux et menu favorisant la dissolution. C'est à cette cause seule qu'il faut attribuer la supériorité des cokes durs, l'état physique étant sans influence sur le pouvoir calorifique.

Peut-être arrivera-t-on, comme nous l'indiquions dans un précédent chapitre, à introduire le combustible solide ou gazeux par le bas du fourneau, en réglant sa combustion de manière à ne laisser produire que la quantité d'oxyde de carbone strictement nécessaire à la réduction. Si, des 1 118 kilogrammes de carbone brûlés par tonne de fonte grise, seulement 500 étaient brûlés à l'état d'acide carbonique, il y aurait 4 162 000 calories dégagées au lieu de 2 671 644; ce qui permettrait de réduire de 207 kilogrammes la consommation de carbone par tonne de fonte, soit 240 kilogrammes de coke ou 5 à 6 francs par tonne de fonte. C'est là le progrès le plus évident à faire dans la fabrication de la fonte.

Plus la descente des matières est lente dans le fourneau, plus est prolongé le séjour du combustible dans l'acide carbonique qui le dissout. Une allure un peu accélérée peut donc, dans certaines limites, être une cause d'économie de combustible.

Abaissement de la température des gaz du gueulard. — Une marche trop rapide détermine l'échauffement du gueulard, parce que les morceaux de minerai, à moins d'être extrêmement menus, ce qui expose au tamisage et gêne le passage du vent, n'ont pas le temps d'échanger leur température contre celle du courant gazeux ascendant. Il y a donc perte de calorique par insuffisance dans la durée du contact des deux colonnes qui vont en sens inverse. D'autre part, avec une marche trop rapide, la réduction n'a lieu qu'en partie dans la cuve, et comme c'est le refroidissement dû à la réduction qui empêche la température de s'élever dans la cuve, si cette réduction est incomplète, il y aura échauffement qui se propagera jusqu'au gueulard, et les gaz s'échapperont à une température élevée.

Ces considérations expliquent comment il y a pour chaque fourneau une allure qui lui convient, et qu'il ne faut ni accélérer ni ralentir, sous peine d'augmenter sa consommation de combustible et même de porter la perturbation dans sa marche.

RELATION ENTRE LA QUANTITÉ DE CHALEUR NÉCESSAIRE AU TRAITEMENT DES OXYDES ET CELLE NÉCESSAIRE A LA FUSION DES GANGUES.

Cette question, qui n'est que le corollaire de l'étude précédente, a une grande importance pratique, car elle conduit à la solution du problème suivant, qui se présente à chaque instant dans la conduite des hauts fourneaux : *Si un fourneau exige 1 350 kilogrammes de coke pour un lit de fusion à 40 pour 100, quelle sera la consommation pour une teneur de 30 ou de 50 pour 100 ?*

Ou encore :

La charge en coke étant constante, quelle sera la charge en minerais quand leur richesse variera ?

Les quantités de chaleur employées au traitement des oxydes et des gangues ont été trouvées :

$$
\begin{array}{llr}
\text{Oxyde de fer} & \text{Pour la réduction de 1 344}^k \text{ Fe}^2\text{O}^3 \ldots & 1\ 744\ 358 \\
\text{et fonte.} & \text{Pour la fusion de 10 000}^k \text{ fonte.} \ldots & 330\ 000 \\
& \text{Pour la fusion de 649}^k \text{ laitiers.} \ldots & 354\ 750 \\
& \text{Pour la volatilisation de 250}^k \text{ d'eau.} & 187\ 500 \\
& \text{—— —— de 257}^k \text{ C}^1\text{O}^2 \ldots & 11\ 359 \\
\end{array}
$$

Oxyde de fer et fonte : 2 074 358 — 553 609

Nombre total de calories 2 627 967

La quantité de chaleur absorbée par le traitement de l'oxyde de fer et celle employée pour la fusion et la volatilisation des matières inertes sont donc entre elles dans le rapport de 2 074 358 : 553 609. Il suffit, pour savoir la part qui revient à chacune de ces deux actions dans la consommation totale de calorique 3 187 697, de diviser ce chiffre proportionnellement à ces deux nombres ; ce qui revient à attribuer à chacun d'eux sa part proportionnelle du calorique emporté par les gaz de la combustion.

Nous avons alors :

Calorique nécessaire au traitement de 1 344 Fe²O³ 2 510 200
——   ——   —— de 1 456 matières inertes.   671 497
                                                            —————
                                                            3 187 697

Soient 1 872 calories pour le traitement de 1 kilogramme de sesquioxyde de fer et 581 pour le traitement de 1 kilogramme de matières inertes.

Remarquons en passant que, l'eau employant pour sa vaporisation à 200 degrés 750 calories par kilogramme vaporisé, il y aura échauffement dans le fourneau, si l'eau remplace l'oxyde de fer dans les minerais, et refroidissement, si elle remplace les gangues. Cette considération est utile pour juger l'effet produit dans les fourneaux par l'emploi de minerais mouillés les jours de pluie; effet tout différent, si les minerais sont riches ou pauvres.

Nous pouvons maintenant résoudre le problème suivant :

D'un lit de fusion d'une richesse donnée passer à une autre charge à teneur en fer différente, sans changement d'allure au fourneau.

L'analyse des minerais donne le moyen de conserver au fourneau la même composition de laitier, tout en changeant la nature des minerais; mais nous savons déjà qu'on ne peut pas mettre poids pour poids de minerais inégalement riches, sans échauffer ou refroidir le fourneau.

Soit, par exemple, notre lit de fusion à 40 pour 100 produisant de la fonte grise n° 3 et contenant :

$$\left.\begin{array}{l}\text{Peroxyde de fer.} \dots \dots \dots \quad 1\,344 \\ \text{Fondants, matières volatiles et stériles.} \quad 1\,156\end{array}\right\}2\,500$$

Il s'agit de déterminer le poids qu'on pourra charger d'un lit de fusion à 50 pour 100 contenant :

$$\left.\begin{array}{l}\text{Peroxyde de fer.} \dots \dots \dots \quad 68,86 \\ \text{Matières inertes et fondants.} \dots \dots \quad 31,14\end{array}\right\}100$$

sans rien changer à l'allure du fourneau.

Il suffit évidemment que la nouvelle charge, dosée pour obtenir un laitier identique, consomme le même nombre d'unités de chaleur que la précédente. Or, nous avions, en appelant p le poids de protoxyde de fer et m le poids de matières inertes :

$$(1) \qquad p \times 1\,872 + m \times 581 = 3\,187\,697 \text{ calories.}$$

Nous devons avoir pour la nouvelle charge

$$(2) \qquad p' \times 1\,872 + m \times 581 = 3\,187\,697.$$

D'où

$$p \times 1\,872 + m \times 581 = p' \times 1\,872 + m \times 581.$$

Nous avons, de plus, la condition

$$(3) \qquad \frac{p'}{m'} = \frac{68,86}{31,14}$$

d'où l'on tire, en combinant les deux équations,

$$p' = 1\,489,7$$
$$m' = 675,2$$
$$\overline{p' + m' = 2\,164,9}$$

Tel doit être le poids de la charge à 50 pour 100 remplaçant 2 500 kilogrammes de la charge à 40 pour 100.

Le tableau suivant a été obtenu en calculant, comme nous venons de le faire, les *charges équivalentes* pour des teneurs en fer variables de 10 en 10 pour 100. Les poids de charge ont été ramenés à la charge usuelle de 500 kilogrammes de coke, en multipliant les nombres précédents par le rapport $\frac{500}{1\,350}$.

Le rapport $\frac{p}{m}$ est déterminé en admettant le rendement de 1 000 de fonte pour 950 de fer ou 1 344 de peroxyde.

L'équation devient alors :

$$p \times 1\,872 + m \times 581 = 1\,180\,630$$

qui, divisée par le coefficient 1 872, donne l'équation plus simple

$$p + m \times 0,34036 = 630\,68.$$

Le rapport $\frac{p}{m}$ est donné pour chaque charge par la teneur du lit de fusion en oxyde de fer, et forme la seconde équation du système.

On peut, en prenant pour abscisses les teneurs en fonte $\dfrac{p}{(p+m)}$ 0,665, et pour ordonnées $p+m$, poids de la charge, tracer une courbe qui donne graphiquement tous les points intermédiaires et rend visible la loi suivant laquelle le poids de la charge varie avec sa richesse.

FONTE GRISE DE MOULAGE.

Tableau des charges équivalentes se substituant sans changement d'allure au fourneau.

TENEUR POUR 100 DU LIT DE FUSION.				CHARGE POUR 500 Kᵒˢ DE COKE.		
EN FONTE.	EN FER.	EN PEROXYDE DE FER.	EN MATIÈRES STÉRILES.	p	m	$p+m$
70,0	66,5	94,08	5,92	620,00	38,95	658,95
60,0	57,0	80,64	19,36	586,94	140,91	727,85
50,0	47,5	67,20	32,80	547,69	267,33	815,02
40,0	38,0	53,76	46,24	497,79	428,16	925,95
30,0	28,5	40,32	59,68	452,14	639,65	1071,77
20,0	19,0	26,88	73,12	341,96	930,23	1272,19
10,0	9,5	13,44	86,56	210,30	1354,50	1564,80
0,0	»	»	100,00	»	2052,06	2052,06

En posant $p+m=y$ et $\dfrac{p}{p+m}\,0,665=x$, on arrive à une formule de la forme :

$$xy + bx - cx - c = 0,$$

équation d'une hyperbole.

La courbe des charges équivalentes est donc une branche d'hyperbole limitée par les conditions $x > 0$ et $x < 73,60$, si l'on prend pour abscisse la teneur en fonte, ou $x < 70$, si l'on prend pour abscisse la teneur en fer.

Les données expérimentales sur lesquelles repose ce travail ne sont pas les mêmes dans toutes les usines; celles-ci ont été établies d'après le roulement des hauts fourneaux de Bességes; l'analyse des gaz du gueulard, sur laquelle sont basés les calculs, peut donner des résultats très-différents d'une usine à l'autre ; les gaz du gueulard n'ont pas la même composition, suivant qu'on marche en fonte blanche ou en fonte grise. Il y a donc lieu, pour chaque usine et pour chaque roulement de fourneau, de reprendre tous les calculs en se basant sur l'analyse des gaz du fourneau considéré. Mais la relation entre le calorique exigé pour la fusion des matières inertes et celui nécessaire au traitement de l'oxyde de fer est peu différente d'une usine à l'autre, et la courbe que nous donnons exprimera toujours la loi ; il n'y aura qu'à déterminer un coefficient par lequel devront être multipliés les nombres que représentent les abscisses.

La figure 8 représente la courbe qui reproduit graphiquement la loi pour allure de fonte grise.

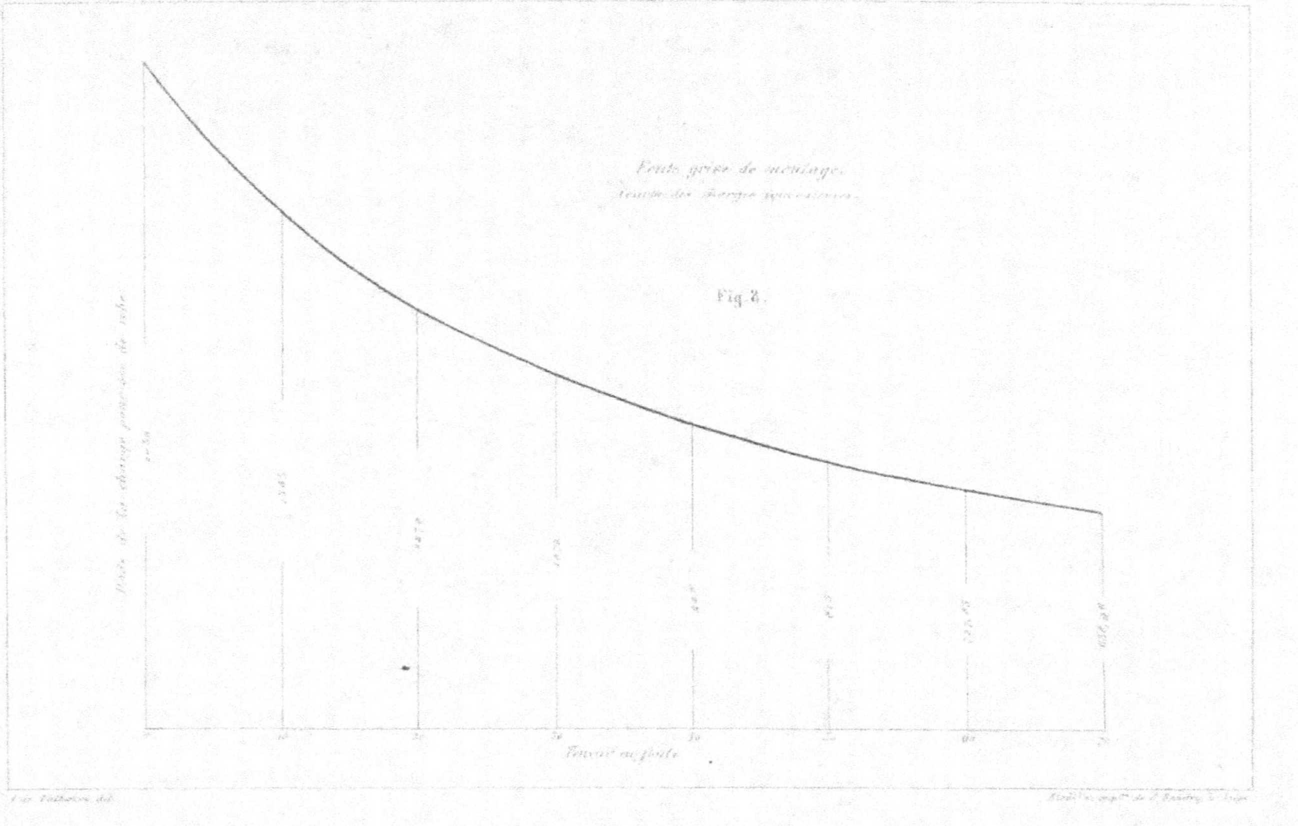

Fonte grise de moulage.
Courbe des charges successives.
Fig. 2.
Poids de la charge pour un de robe
Temsur au fluide

CHAPITRE VII

Le prix de revient de la tonne de fonte se compose des éléments suivants :

1° Dépense en matières fondues dans le haut fourneau, minerais et fondants ;

2° Dépense en combustible ;

3° Frais de fabrication, main-d'œuvre, entretien, outillage, soufflerie ;

4° Frais généraux, surveillance, intérêts de capitaux.

Sauf la dépense en matières fondues, tous les autres frais peuvent se répartir sur la *tonne de coke consommé* ; c'est l'élément le plus constant dans le roulement d'un haut fourneau qui fait sensiblement toujours le même nombre de charges annuel pour la même allure ; il est indépendant de la richesse et de la nature des minerais, du poids de la charge ; il ne dépend que des conditions de l'usine ; on peut donc y rapporter tous les frais de fabrication.

Supposons que, dans l'usine considérée, les frais de fabrication soient de 12 francs par tonne de coke consommé ; que le prix du coke à 14 pour 100 de cendres, soit 22 francs, et le prix de la castine, 5 francs la tonne. Partant de ces chiffres, nous pouvons établir une formule empirique qui, lorsqu'on aura déterminé la composition chimique d'un minerai, indiquera le prix de revient de la fonte qu'on en obtiendra, son prix d'achat étant donné, et réciproquement, étant donné le prix de revient auquel on voudrait atteindre, indiquera quel doit être le prix d'achat du minerai.

FORMULE EMPIRIQUE INDIQUANT LA VALEUR D'UN MINERAI
D'APRÈS SA COMPOSITION CHIMIQUE.

Admettons que nous voulons obtenir de la fonte grise de moulage à 80 francs la tonne. Quelle valeur auront pour nous l'oxyde de fer et la chaux ? A quelle dépense entraîneront la fusion des gangues et la distillation des matières volatiles ?

1° *Valeur de l'oxyde de fer (peroxyde).* — Nous avons vu, dans le chapitre précédent, qu'une tonne de coke pouvait traiter 1 318 kilogrammes de peroxyde, dont 1 344 donnent 1 tonne de fonte. Nous aurons donc comme frais de fusion et de fabrication de la tonne de fonte :

1 019 kilogrammes de coke à 22 francs. . . . . 22 fr. 42
Frais d'industrie pour 1 019 kilogrammes de coke à
  raison de 12 francs par tonne. 12   23
                    Total des frais de fabrication. . . . . 34 fr. 65

Si nous voulons atteindre le prix de revient de 80 francs, nous devrons payer le minerai pur 80 — 34,65 = 45,35.

Pour avoir les prix de revient de 75 et de 70 francs, il faudrait payer 40 fr. 35 c. ou 35 fr. 35 c. les 1 344 kilogrammes de peroxyde fer ou les 1 000 kilogrammes de fonte contenue dans le minerai.

1 pour 100 de fonte contenue dans le minerai lui donnera donc une valeur de 0^{fr},4535 par tonne.

2° *Silice.* — *Frais auxquels entraîne sa fusion.* — La fusion de la silice exige le double de son poids de castine (carbonate de chaux pur). Un minerai dont la teneur en silice est de 1 pour 100, exigera donc par tonne 20 kilogrammes de castine, et nous aurons comme matières stériles à fondre et volatiliser par tonne de minerai :

                10 kilogrammes de silice,
                20   —   de castine à 5 francs les o/oo. . .   0 fr. 100
                ————
                30   —   matières stériles à fondre exigeant
                                 7ᵏ,4 de coke à 22 francs. . . .   0   163
                Frais d'industrie pour 7ᵏ,4 de coke.   0   089

                Frais de fusion de 10 kilogrammes de silice (pour
                1000 de minerai). . . . .   0 fr. 352

3° *Frais de fusion et volatilisation des matières inertes.* —
Nous classons comme matières inertes : l'eau, l'acide carbonique et l'alumine, en tant qu'elle n'est pas à dose nuisible et
n'exige pas l'addition de fondants spéciaux, auquel cas il faudrait la grever d'un coefficient spécial, se composant, comme
celui de la silice, des frais de fusion et du prix du fondant. Admettons que ce n'est qu'un corps inerte à fondre; admettons,
de plus, pour simplifier, que l'eau et l'acide carbonique exigent
pour leur traitement le même poids de coke que les matières
stériles fixes. Les frais de fusion des matières inertes seront,
par tonne de minerai et pour 1 pour 100 dans le minerai :

                10 kilogrammes matières stériles exigeant 2ᵏ,4 de
                coke à 22 francs. . . . .   0 fr. 053
                Frais d'industrie par 2ᵏ,4 de coke consommé. . . .   0   029
                ————
                Frais de fusion de 10 kilog. de matières inertes. . .   0 fr. 082

4° *Chaux.* — Elle dispense d'une quantité proportionnelle
de castine. Le prix de la castine étant 5 francs la tonne, la valeur de la chaux s'en déduit. Si la castine contient : chaux, 56,
et acide carbonique, 44 pour 100, nous aurons comme valeur
des 10 kilogrammes de chaux contenus dans une tonne de minerai, en tenant 1 pour 100 :

$$0,56 \cdot x - 0,44 \times 0,082 = 0 \text{ fr. } 05.$$

Les 44 pour 100 d'acide carbonique devant être déduits
comme matière inerte et grevés du coefficient 0,082, on en
tire $x = 0^f,153$.

Telle est la valeur de la chaux, quand les minerais sont sili

ceux et exigent une addition de castine ; s'ils étaient calcaires,
et qu'il fallût pour les fondre ajouter de la silice, la chaux
prendrait une valeur négative et la silice une valeur positive.
Nous avons raisonné et continuerons nos calculs comme si la
nature des minerais était siliceuse ; c'est d'ailleurs le cas le
plus fréquent.

Nota. — Le prix du coke a été compté à 22 francs ; nous
comprenons dans ce prix les frais de fusion de ses cendres,
calculés, comme nous venons de l'indiquer, pour la silice et
les matières inertes.

La formule empirique est maintenant facile à établir. — La
valeur d'un minerai pouvant faire de la fonte grise à 80 francs
la tonne, n'étant autre que la différence entre 80 et la somme
de ses frais de fusion, sera représentée par la formule :

$$V = 0,4535.F + 0,433.C - 0,352.S - 0,082.M$$

en nommant :

  V la valeur du minerai en francs ;

  F la teneur en fonte pour 100 du minerai ;

  C   —   en chaux   —

  S   —   en silice   —

  M   —   en matières inertes —

CHAPITRE VIII

Il y a aujourd'hui une tendance à augmenter la production journalière des hauts fourneaux dans le but d'abaisser le prix de revient, en répartissant sur un plus grand nombre de tonnes produites les frais généraux et toutes les dépenses constantes par fourneau.

Les faibles bénéfices laissés à l'industrie métallurgique par la concurrence et l'abaissement constant des prix obligent à tirer des hauts fourneaux tout ce qu'ils peuvent produire ; aussi les hauts fourneaux français, qui ne rendaient par jour que 14 à 15 tonnes de fonte, ont-ils atteint aujourd'hui des productions journalières de 30 à 40 tonnes. Nous sommes encore loin des productions monstrueuses de certains hauts fourneaux anglais et belges qui atteignent 80 tonnes et plus ; mais il faut ajouter que les cubes de nos fourneaux sont moindres, et que la meilleure allure n'est pas toujours la plus rapide.

On arrive par trois moyens à accroître la production d'un fourneau :

1° Par l'augmentation de ses dimensions intérieures ; mais ce n'est pas là une augmentation de vitesse. Dans la marche, un fourneau de capacité double doit donner une production double pour la même allure.

2° Par l'enrichissement des minerais. Ici encore, la vitesse du fourneau n'est pas changée.

3° En lançant plus de vent.

La vitesse d'un fourneau se mesure par le nombre de charges faites par vingt-quatre heures, ou, comme le poids du coke chargé est invariable, par la quantité de coke brûlé par vingt-quatre heures. Le poids de coke brûlé est lui-même la mesure de la quantité de vent soufflée, de telle sorte qu'une quantité de vent double brûlera le double de coke et doublera le nombre de charges. C'est pour avoir ainsi une mesure exacte de la vitesse du fourneau et de la quantité de vent soufflée, qu'on laisse invariable la charge de coke, et que les augmentations ou diminutions de combustible s'obtiennent en diminuant ou augmentant le poids de la charge en minerai.

Le poids de la charge de minerai n'a aucune influence sur la vitesse du fourneau, car la charge, quelle qu'elle soit, est toujours fondue durant le temps que le coke qui l'accompagne met à brûler.

Si, dans un fourneau en bonne allure produisant la qualité de fonte voulue, du numéro 3, par exemple, on augmente *très-graduellement* la quantité de vent en augmentant le diamètre des buses sans changer la pression du vent, il se produira l'un des deux faits suivants :

Ou le haut fourneau continuera à fabriquer la même quantité de fonte, et l'on pourra en conclure que son allure était trop lente, et qu'il peut produire plus qu'on ne lui demandait et plus économiquement ;

Ou, après un temps plus ou moins long, l'allure se refroidira et passera au numéro 4 ou au truité ; on en conclura que la vitesse du fourneau était bonne, et qu'en voulant lui faire rendre plus, on serait obligé d'accroître la consommation du combustible, et ce sera un compte à faire, si la consommation du combustible grève plus la tonne de fonte que ne la dégrève l'augmentation de production. On arrivera ainsi à l'allure la plus économique et on réglera le nombre de charges que le fourneau doit faire, et qu'il ne doit pas dépasser.

D'où vient qu'un fourneau se refroidit, quand on dépasse un

certain nombre de charges par vingt-quatre heures? C'est qu'a-
vec des matières qui n'ont pas séjourné assez longtemps dans
le fourneau pour être complétement échauffées et réduites, il
faut qu'il se trouve dans l'ouvrage un excès de combustible
pour achever leur réduction et les élever à la température nécessaire. Donc, avec une meilleure réduction et un meilleur
échauffement, on pourra se dispenser d'un séjour aussi prolongé des minerais dans le fourneau et accélérer leur descente.

Les matières s'échaufferont et se réduiront d'autant plus
vite que la grosseur des morceaux sera moindre; mais on doit
limiter le cassage à la grosseur où commence le tamisage.
Les gros blocs, arrivant dans les régions à température élevée
avant que leur réduction soit complète au centre, donnent
lieu à la formation de silicate de fer très-fusible et lentement
réductible, qui dérange l'allure du fourneau et produit des
laitiers noirs et des fontes pauvres en carbone. Avec les minerais calcaires, qui deviennent poreux par le départ de l'acide
carbonique, le cassage menu est moins nécessaire. Les minerais calcaires ont sur les minerais siliceux l'avantage de
ne pouvoir se changer en scorie par défaut de réduction et
brusque échauffement.

Mais ce qui, sans contredit, a le plus d'influence sur la
marche régulière du fourneau et la vitesse qu'on peut lui
donner, c'est la distribution régulière des gaz et des minerais
dans le fourneau.

Un fait incontesté et facile à vérifier, c'est que la colonne
ascendante des gaz monte dans le fourneau en longeant les parois, et qu'au centre il n'y a pas courant. Dans un fourneau
marchant à gueulard ouvert, on peut déposer au centre du
gueulard une feuille de papier, qui n'est pas soulevée; on
peut enfoncer au centre un pieu en bois, de 2 ou 3 mètres
de longueur, sans qu'il se charbonne, quand les parois
sont au rouge à la même profondeur. D'autre part, la descente
des matières se fait plus vite au centre qu'à la circonférence,

où elles sont retardées par leur frottement contre les parois du fourneau. On le vérifie facilement dans une expérience de laboratoire. On prend un vase en verre, de forme analogue à celle d'un haut fourneau, une bouteille dont on a détaché le fond et que l'on renverse. On la remplit jusqu'au tiers d'une poudre blanche, on remplit le deuxième tiers d'une poudre noire et le reste d'une poudre rouge. On laisse alors écouler lentement le contenu, comme d'un sablier. Il coule d'abord une partie de la poussière blanche, et l'on voit le centre se creuser et les plans de séparation se déprimer en entonnoir. Bientôt la poudre noire s'écoule, puis toute la poussière rouge, puis le reste de la poudre noire et enfin le reste de la poussière blanche.

Ainsi, dans le haut fourneau, les matières qui s'écoulent le plus vite sont celles du centre, qui sont moins traversées par les gaz et moins élaborées. C'est là le plus sérieux obstacle à la marche rapide et la cause de la plupart des dérangements dans l'allure des hauts fourneaux.

On voit que le mode de descente des charges dans le haut fourneau déprime les plans de séparation, mêle toutes les matières, ce qui d'ailleurs est fort heureux, car si le coke et le minerai arrivaient devant les tuyères successivement, comme on les a mis au gueulard, la fusion se ferait très-mal.

On ne peut empêcher que les matières ne descendent plus rapidement au centre qu'à la circonférence; mais on peut amoindrir cette tendance par des profils de fourneaux se rapprochant plus de la forme cylindrique que ceux des types généralement employés encore aujourd'hui.

Dans les anciens profils de fourneaux on trouve des évasements si brusques que, si on eût voulu arrêter la descente des matières du pourtour et produire des accrochages, on n'eût pas fait différemment. Tel était le profil des fourneaux du Hartz, cité par Karsten et blâmé par lui (fig. 9).

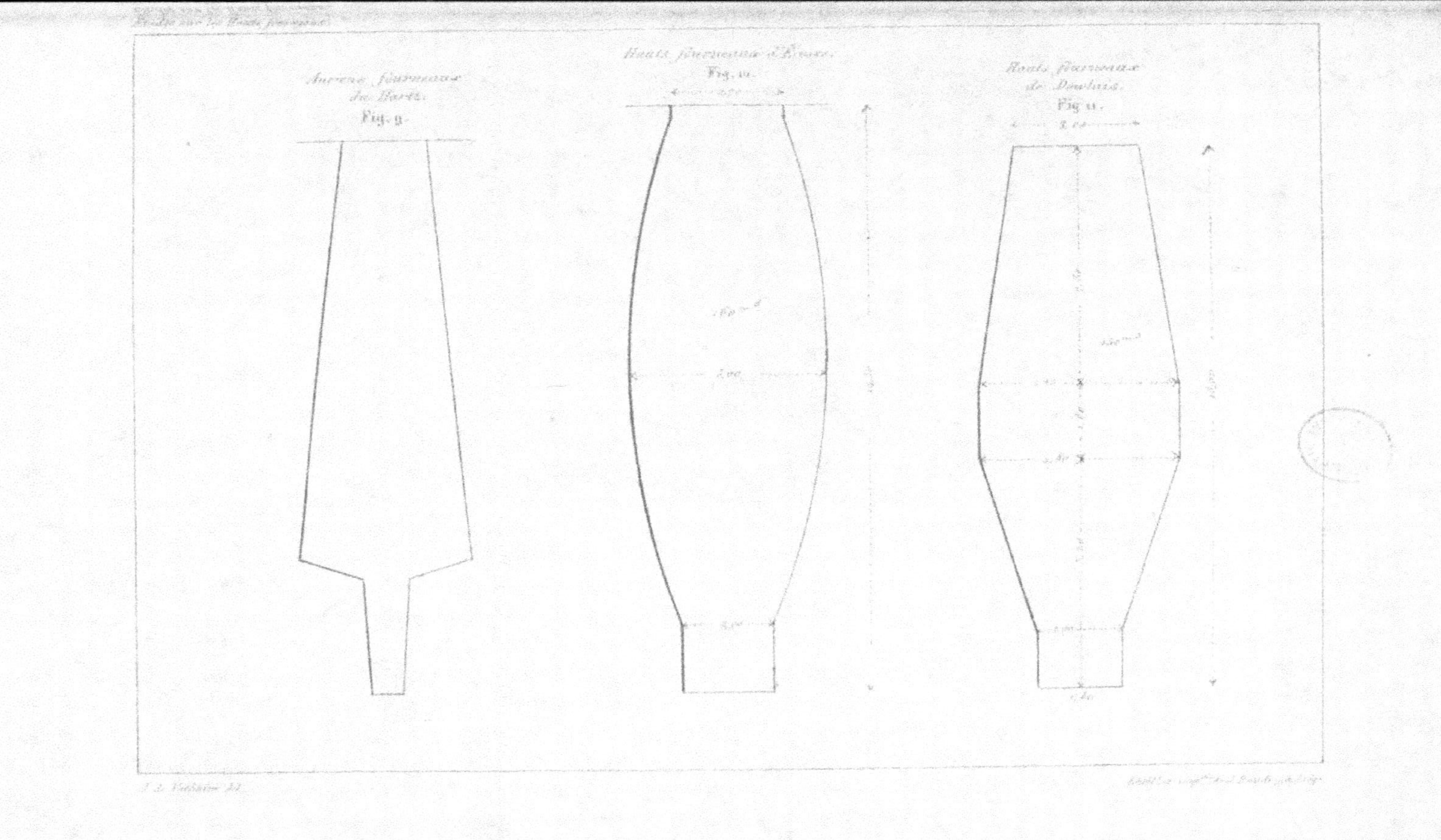
Ancien fourneau du Harts.
Fig. 9.
Hauts fourneaux d'Essen.
Fig. 10.
Hauts fourneaux de Dowlais.
Fig. 11.
J. de Vathaire del.

Les fourneaux à section ovoïde, comme ceux d'Écosse (fig. 10) ou de Dowlais (fig. 11), sont les mieux conçus pour favoriser la descente régulière des charges. Ce type tend à se propager de plus en plus.

DIVERS MODES DE PRISES DE GAZ ET DE CHARGEMENT. — LEUR INFLUENCE SUR LA VITESSE A DONNER AUX FOURNEAUX.

Si l'on ne peut empêcher la descente plus rapide des matières au centre, on atténue complétement l'effet nuisible de ce phénomène par les prises de gaz centrales et la répartition des gros morceaux au centre.

Lorsqu'on eut la première idée, au commencement de ce siècle, d'utiliser comme combustible les gaz sortant des hauts fourneaux, on se contenta d'abord de leur donner issue par des carneaux pratiqués dans la maçonnerie et débouchant dans le fourneau à 1 ou 2 mètres au-dessous du gueulard, qu'on laissa d'abord ouvert, puis qu'on ferma plus ou moins complétement quand on voulut recueillir la totalité des gaz. Ces carneaux, fréquemment obstrués par les morceaux de coke et de minerai, ne prenaient, comme on le voit, les gaz qu'à la circonférence, et cette disposition, au lieu de combattre la tendance des gaz à suivre les parois, l'exagérait en en faisant pour eux le chemin le plus court. Il est donc naturel que de tels fourneaux, marchant bien avant le perfectionnement, aient eu leur marche contrariée et aient perdu leur régularité; d'où la conclusion longtemps admise que l'emploi des gaz dérangeait l'allure des fourneaux; et à l'heure où j'écris, il est des métallurgistes encore très-hostiles à l'utilisation des gaz.

Trémies. — Pour obvier à l'obstruction des galeries de prise de gaz par les morceaux de coke et de minerai qui y entraient librement, on a imaginé les trémies.

La plus simple et encore la plus répandue consiste en un

cylindre ou un tronc de cône qui s'enfonce dans le fourneau à la distance convenable pour protéger l'entrée des carneaux. Elle a de plus l'avantage de prendre les gaz sur toute la circonférence (fig. 12), tandis que les carneaux sans trémie ne prenaient le gaz qu'en deux ou trois points. C'est donc une amélioration; mais, d'autre part, il se passe de deux choses l'une : ou la trémie vient très-près des parois, comme dans la figure 12, et alors ne prend le gaz qu'au contact des parois; ou elle est distante, et alors il se fait au sortir de la trémie un talus au bas duquel roulent les plus gros morceaux de coke, circonstance qui favorise encore le passage des gaz sur le pourtour. C'est dans le but d'éviter ce classement qu'on fait souvent dans les fourneaux, au bas de la trémie, une retraite qui réserve le passage des gaz.

Avant de passer en revue les diverses méthodes adoptées pour le chargement des fourneaux et la prise des gaz, il est indispensable d'étudier les phénomènes de classement qui se produisent lorsqu'on verse dans le fourneau le combustible et les minerais, matières d'inégale densité.

1° Le minerai versé au gueulard reste près de l'endroit où on l'a versé; il ne gagne pas le bas des talus, sauf quelques morceaux volumineux. Au contraire, le coke roule jusqu'à ce qu'il ait établi un talus dont l'angle à la base varie de 42 à 45 degrés.

2° Dans la descente, le minerai dévie peu de la verticale, surtout s'il est très-dense; ainsi, dans un fourneau à gueulard étroit et très-renflé au ventre, si l'on charge un mélange homogène de coke et de minerai, celui-ci descendra d'aplomb, et au bas de la cuve il y aura plus de coke à la circonférence et plus de minerai dans la partie centrale.

3° Dans un tas de coke et de minerai intimement mélangés, si on sollicite l'éboulement en déblayant le bas du talus, le coke descend presque seul et vient combler l'excavation en faisant un talus de 45°.

Le premier phénomène signalé par M. Résal (*Annales des*

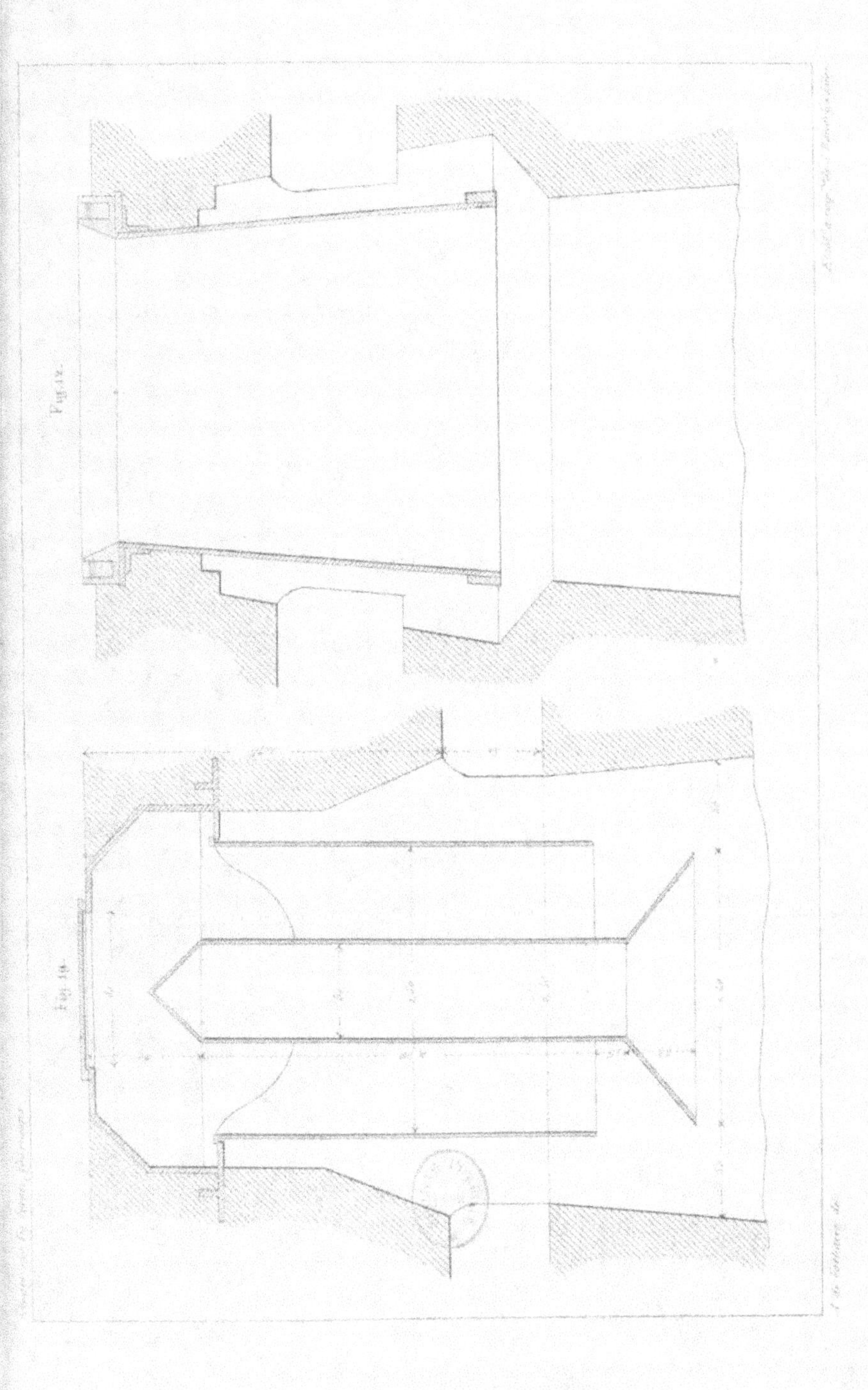

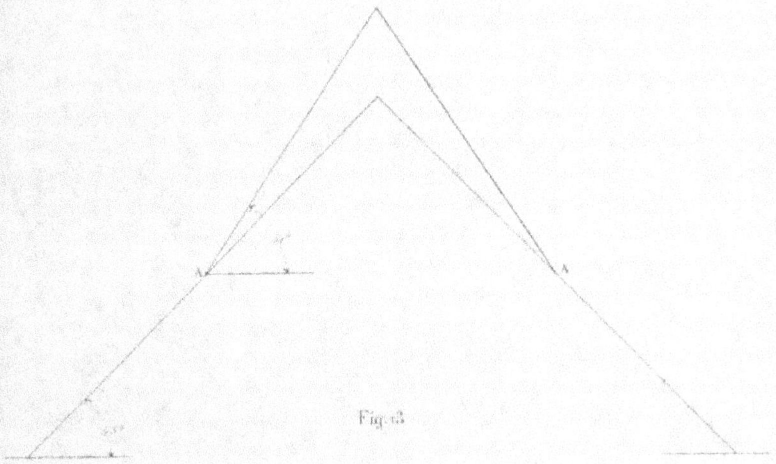

Fig. 3

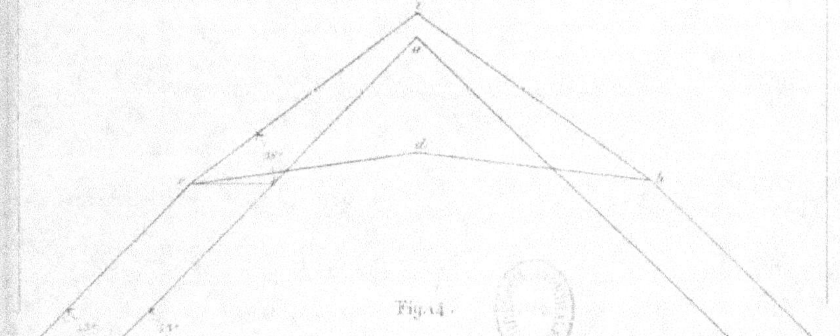

Fig. 4

Mines, 1865, t. VIII, p. 259), relatant les observations de M. Minary, trouvait une explication très-simple dans ce fait, que le talus d'éboulement du coke étant de 44 degrés, celui du minerai serait de 51 degrés à la base. Il en résultait que le minerai versé sur un tas de coke devait produire deux surfaces coniques avec un angle rentrant en A (fig. 13), au point de rencontre des deux génératrices. Mais l'expérience, que j'ai répétée sur un grand nombre de tas de minerai, m'a montré qu'il n'en était pas ainsi, et voici les chiffres que j'ai trouvés sur les minerais employés à Bességes :

Talus d'éboulement.

Nature des matières.	Angle avec l'horizon.
Coke.	43°
Minerai de *Privas* (hématite rouge).	40 à 41°
— de *Bone* (magnétique en roche).	38
— des *Pyrénées* (hématite brune en roche).	37 à 38
— de *Rochaute* (hématite brune), terreux et mouillé.	40
— du *Travers* (hématite brune), terreux et mouillé.	40
— de *Ganges*, oxydé hydraté du lias en roche, gros morceaux.	35
— de *Saubaut* (hématite brune à gangue calcaire en roche).	35
— le même très-pauvre, servant de castine.	35
— des *Avelas* (oolithique en roche).	32
Scories de puddlage, en morceaux.	35
— — menu.	42

Il résulte de ce tableau que le phénomène de classement du minerai près du point de versage ne peut s'expliquer par une différence dans les talus d'éboulement, qui devrait donner lieu au phénomène inverse; mais voici ce qui se produit :

Soit un tas de coke *a b c* (fig. 14) obtenu en versant le coke d'une faible hauteur au-dessus du point *a*; il aura la forme d'un cône dont les arêtes feront avec l'horizontale un angle de

42 à 45 degrés, suivant la nature du coke ; admettons 43 degrés. Si du même point a on verse du minerai dont l'angle d'éboulement est de 36 degrés, il ne roulera pas à la base, comme on devait le supposer ; mais à cause de sa plus grande densité, il agira par déplacement sur le coke, qui est plus léger : il l'écartera, lui donnant la forme du solide $defgh$, et sauf quelques morceaux qui rouleront accidentellement au bas du talus, il formera au sommet le cône ich, et au point d'intersection des génératrices un angle saillant provenant de la différence des deux talus.

Ces faits établis, nous pouvons voir comment se comporteront les matières versées au gueulard suivant les divers modes de chargement, qu'on peut réduire à quatre :

1° *Chargement central* (fig. 15). — C'est la pire méthode de chargement ; tout le minerai se localise au centre en vertu de sa tendance à rester à proximité du point de versage ; il y formera un cône plus ou moins obtus au sommet, suivant son angle d'éboulement. Le coke versé sur le minerai rétablira le cône à talus de 45 degrés ; mais il sera déplacé par la charge suivante qui le repoussera près des parois, où il offrira un passage facile à la colonne gazeuse, grâce aux larges interstices qui séparent les morceaux de coke, et se consumera en pure perte, tandis que le minerai descendra dans l'axe du fourneau formant une colonne peu perméable aux gaz, et dont la descente, accélérée par la forme des fourneaux, s'accroîtra encore de la plus grande densité du minerai.

Un premier caractère des fourneaux ainsi chargés est la marche par chutes, qui est due non-seulement au passage des gaz à la circonférence et à la formation de couloirs, mais encore au grippement du coke sur les parois. L'expérience en est facile à faire en petit dans un fourneau en verre ; on voit les matières, qui descendent très-librement quand le mélange est bien fait, se suspendre en voûtes lorsqu'on répartit le coke à la circonférence.

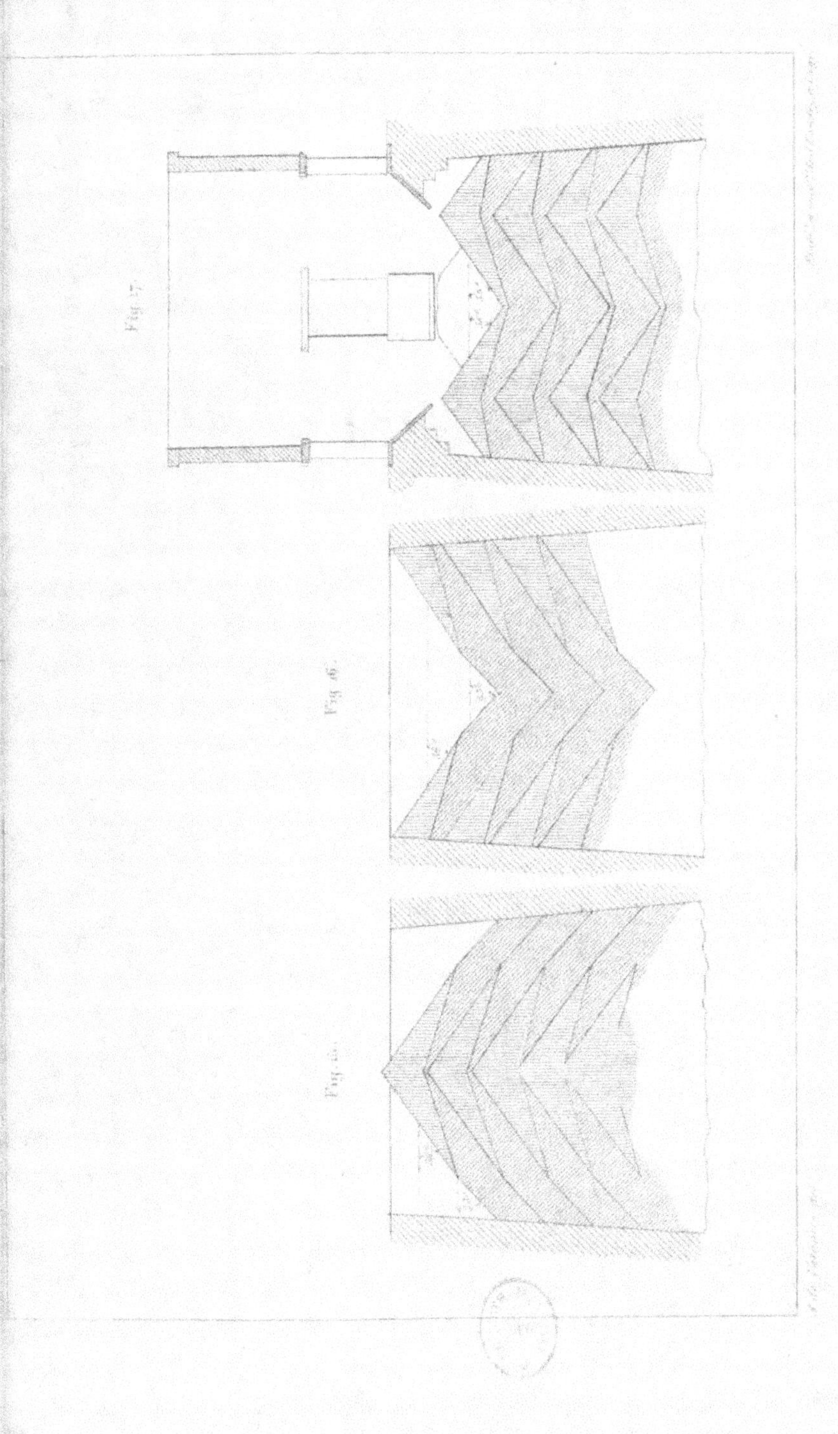

Le second caractère est l'arrivée intermittente de coke et de minerai devant les tuyères ; l'ordre des charges est interverti et les proportions du mélange sont détruites ; le laitier passe alternativement au blanc et au noir, suivant que c'est le coke ou le minerai qui se présente devant les tuyères.

2° *Chargement à la circonférence* (fig. 16). — D'après les mêmes principes, le minerai restera près des parois où il a été déposé, et le coke, rétablissant le talus de 45 degrés, sera repoussé par la charge de minerai qui lui succédera et s'accumulera au centre du fourneau. La répartition est meilleure que dans le premier cas ; elle facilite le passage des gaz dans l'axe du fourneau et diminue la vitesse de descente au centre ; mais elle devient mauvaise si, le gueulard étant très-large et le fourneau peu élevé, il peut se produire une cheminée centrale où la dissolution du carbone est trop rapide, et si les minerais sont terreux et restent appliqués contre les parois formant une couche imperméable aux gaz. Enfin, le contact des oxydes métalliques et des briques favorise les accrochages et la formation de silicates aux dépens de la chemise réfractaire.

On remarquera que l'effet de ces deux modes de chargement, peu sensible dans un gueulard étroit, est d'autant plus accusé que le gueulard est plus large. Avec le premier mode de chargement, il n'y a que prédominance du minerai au centre et du coke à la circonférence, si le gueulard est étroit ; s'il est large, il y a absence de coke au centre et de minerai à la circonférence.

Le volume de la charge a le même effet que la largeur du gueulard. On s'en rend compte facilement en construisant la figure ; plus la charge est restreinte et plus la répartition est sensible : avec une charge suffisamment volumineuse, on arrivera toujours à couvrir toute la surface de coke ou de minerai ; on pourra même, par l'effet des talus d'éboulement, renverser la proportion et faire dominer le minerai à la circonférence dans le premier mode de chargement, et au centre dans le deuxième mode de chargement. C'est pour cela que certaines usines se sont très-mal trouvées de passer de la charge classique de 800 kilogrammes de coke à la charge de 400 ou 500 kilogrammes : on en cherchait l'explication dans le mélange des charges, qui ne peut être nuisible, tandis qu'elle devient évidente dès qu'on fait le tracé des talus d'éboulement.

Le volume de la charge à adopter est donc solidaire de la dimension du gueulard et du mode de chargement ; étant donnés deux de ces éléments, on déterminera le troisième par le calcul ou par l'expérience ; enfin, le talus d'éboulement des minerais variant suivant les qualités, cette considération devra intervenir dans la détermination ; il en est de même de l'inclinaison que prend la ligne de séparation du coke et du minerai superposé. Elle est facile à établir par l'expérience ; sur un tas de coke on verse une quantité de minerai suffisante pour le couvrir ; puis on enlève à la main les morceaux de minerai, et sur le coke restant on étudie la forme qu'avait prise le tas de coke surchargé.

3ᵉ *Méthode.* — *Chargement à distance des parois.* — En Angleterre, on ne charge jamais au centre du fourneau, rarement à la circonférence, même quand on verse à la brouette, car, au lieu de déposer les matières près des parois, on les culbute sur des plaques inclinées qui, partant des portes de chargement, font glisser les matières au tiers environ du rayon du gueulard.

La figure 17 indique ce qui se produit dans ce genre de chargement ; le combustible et les gros morceaux dominent au centre ; près des parois se trouve un mélange de combustible et de minerai à peu près proportionnel au dosage ; la zone riche en minerai occupe l'espace annulaire à l'aplomb des crètes d'éboulement. Le chargement se fait par quatre portes, alternativement et à la fois par les deux portes opposées. Il en résulte des stratifications en zigzag très-perméables au gaz, et qui, se déformant durant la descente, aboutissent au bas du fourneau à l'état de mélange homogène.

Ce mode de chargement rendant la zone centrale très-perméable au gaz, plaçant près des parois un mélange riche en minerai sans qu'il y domine exclusivement, applicable à tous les diamètres de gueulard, semble réunir toutes les qualités d'une bonne répartition.

4° *Chargement sur toute la surface du gueulard.* — Dans les usines où l'on charge à la main au moyen de conches ou basquettes en tôle, on cherche habituellement à répartir uniformément la charge en lits horizontaux ; mais les ouvriers, gênés par la flamme, s'en acquittent très-imparfaitement. De là l'idée de M. Gauthier, alors ingénieur à la Voulte, de substituer au chargement à la main le chargement par wagon de même largeur que le gueulard, où les charges, étant égalisées à loisir, forment, en tombant dans le fourneau, des lits horizontaux d'épaisseur égale partout.

Le wagon circulaire de la Voulte, très-employé aujourd'hui dans les usines françaises, offre de sérieux avantages ; il assure la régularité d'allure solidaire de l'uniformité d'un chargement mécanique ; il charge rapidement et permet la fermeture hydraulique ; mais on peut lui reprocher de ne pas permettre l'emploi de larges gueulards, qui exigeraient un wagon démesurément grand ; avec un diamètre de 2^m,20, il est déjà peu maniable et d'un coûteux entretien. Il exclut toute répartition bonne ou mauvaise, par suite ne favorise pas le passage des gaz au centre, indispensable pour obtenir une bonne utilisation du combustible et une réduction rapide.

Connaissant l'effet des divers modes de chargement, nous allons examiner quelques-uns des appareils employés dans les usines pour la répartition des matières et la prise des gaz ; deux choses solidaires et d'une telle importance sur l'allure des hauts fourneaux qu'on ne saurait trop les approfondir.

Cup-and-cone. — *Cône répartiteur de Cyfarthfa.* — C'est à la fois une fermeture pour le gueulard et un appareil répartiteur rejetant la charge *à distance des parois*, au tiers ou au quart du rayon.

Le cup-and-cone consiste en un cône en fonte mobile de haut en bas, qui, soulevé, ferme hermétiquement un entonnoir, également en fonte, dont les rebords reposent sur la plateforme du gueulard. Les charges se préparent dans la rigole circulaire comprise entre le cône et l'entonnoir, et sont précipitées dans le fourneau quand on abaisse le cône. Le mouvement s'obtient au moyen de balanciers munis de chaînes et de contre-poids. Il est très-rapide et ne laisse le gueulard ouvert que dans un temps très-court ; aussi les gaz sont-ils presque complétement recueillis quand l'appareil n'est pas voilé par la chaleur ou que des minerais mouillés ne s'interposent pas dans la fermeture. La sortie des gaz a lieu par des carneaux abrités par l'entonnoir. La prise des gaz se fait sur toute la surface, comme dans un gueulard ouvert ; mais la répartition des matières facilite leur passage au centre.

Suivant la largeur du cône répartiteur à la base, la crête du talus se rapproche ou s'éloigne des parois ; elle est facile à déterminer par un tracé graphique et doit varier suivant la densité des minerais, les plus denses étant ceux qui s'éloignent le moins du point où on les a versés. Etabli d'abord à Cyfarthfa et à Ebbewale, le cup-and-cone est très-employé en Angleterre ; c'est certainement un des meilleurs appareils de chargement.

Appareil de Givors. — M. Prénat, à Givors, obtient la répartition au moyen d'un cône représenté figure 19, obligeant les charges à passer près de la circonférence pour revenir par éboulement au centre, où le coke se localise.

Cet appareil, essayé aux fourneaux du Pouzin (Compagnie de Terrenoire), n'a pas donné de bons résultats et a été abandonné. La répartition du coke au centre du fourneau ne doit pas être exagérée. C'est sans doute à ce défaut de relation entre l'appareil et la largeur du gueulard qu'il faut attribuer l'insuccès. Les cotes étaient celles indiquées sur la figure.

Il est probable que l'on obtiendrait de meilleurs résultats

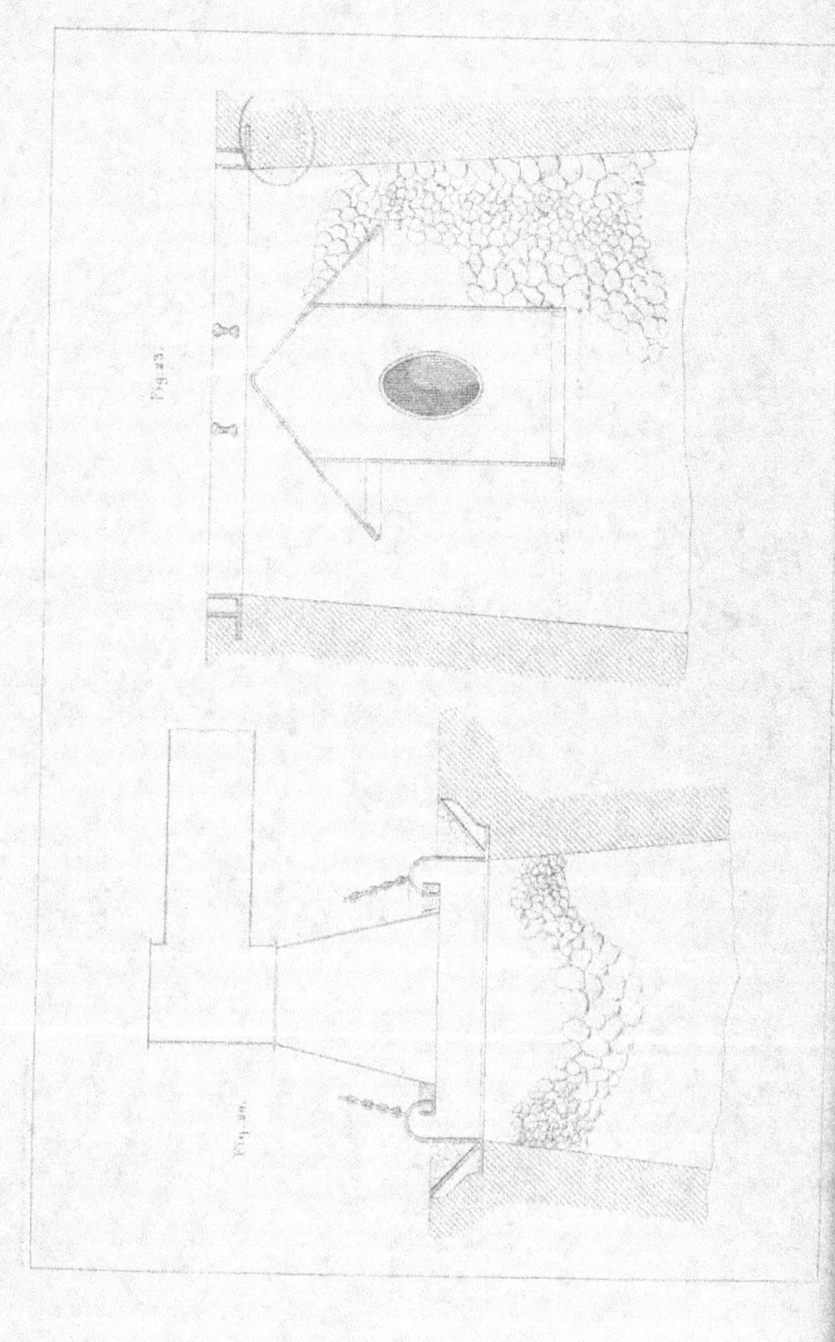

avec une cuve plus large ; mais on peut reprocher à cet appareil de prendre les gaz près des parois et de plonger trop profondément dans les charges. Des voûtes doivent se former entre le cône trop brusquement évasé et les parois du fourneau ; elles ne peuvent être vues du gueulard et peuvent subsister longtemps, portant la perturbation dans la descente des matières.

Appareil Chaddefaud. — M. Chaddefaud, ingénieur des usines de Denain et d'Anzin, a imaginé un appareil dit *à répartition mixte*, ayant pour but de charger le coke au centre et le minerai à la circonférence. Un classement aussi radical serait très-mauvais ; mais son appareil permet aussi de ne charger au centre qu'une partie du coke. Cet appareil est une modification du cup-and-cone, dans lequel l'entonnoir est rendu mobile et peut être soulevé quand on élève le cône. — On charge dans la rigole circulaire la portion de la charge qu'on veut déposer près de la circonférence, comme dans le cup-and-cone ; la charge au centre se fait en soulevant le cône et l'entonnoir ensemble, et jetant à la conche les matières au centre du gueulard. On ne comprend pas bien les avantages de ce chargement compliqué, qui pourrait aussi bien s'obtenir par le jetage à la main.

Appareil Langen (fig. 20). — Le jeu de la cloche qui ferme le gueulard se comprend facilement à l'inspection de la figure. C'est le chargement à la circonférence, avec prise de gaz sur toute la surface dans un gueulard fermé. M. Gaulliard, ingénieur à Saint-Louis, près Marseille, a modifié l'appareil pour combiner le système de chargement par wagon avec la prise de gaz sur toute la surface ; au lieu de fermer à frottement, la cloche repose sur une seconde rigole hydraulique ; la fermeture est plus complète et le chargement a lieu sur toute la surface sans classement des matières.

PRISE DE GAZ CENTRALE.

On combat la tendance des gaz à suivre les parois, non-seulement par la répartition des matières, mais encore en prenant les gaz au centre. C'est un fait démontré par l'expérience, qu'en prenant les gaz au centre on accélère la réduction, ce qui permet d'augmenter la vitesse de descente des matières et la production des fourneaux, tout en exigeant une moindre proportion de combustible ; il en résulte en même temps un abaissement de prix et une plus grande pureté dans les produits.

Divers appareils ont été imaginés pour prendre les gaz au centre du gueulard. Voici les principaux :

Appareil de M. Coingt (fig. 21). — Il fonctionne à Aubin et à Montluçon. Un tuyau central, de 1 mètre de largeur à la base, plonge dans les charges à $2^m,30$ au-dessous du gueulard. Il est recourbé à sa partie supérieure pour se rendre aux conduites de gaz qui desservent les chaudières et les appareils. Le gueulard est fermé par un anneau à section angulaire, remplissant le même office que le cône de Cyfarthfa. Il se meut de haut en bas, et dans ce mouvement précipite dans le fourneau les charges préparées dans la rigole circulaire. Comme répartition, c'est le chargement à distance des parois, avec cette particularité qu'il se produit quatre talus qui doivent procurer une très-bonne disposition des matières.

Le seul reproche à faire à cet appareil est sa complication et son imparfaite fermeture dès qu'il est tourmenté par la chaleur du gueulard.

Appareil d'Ulverstone. — A l'usine de Barow, près Ulverstone, la prise du gaz se compose d'un tuyau central, porté par six arceaux en briques, laissant entre eux le passage des charges que l'on verse à la brouette dans le gueulard (fig. 22).

Ce mode de chargement est répartiteur, tant par le versage

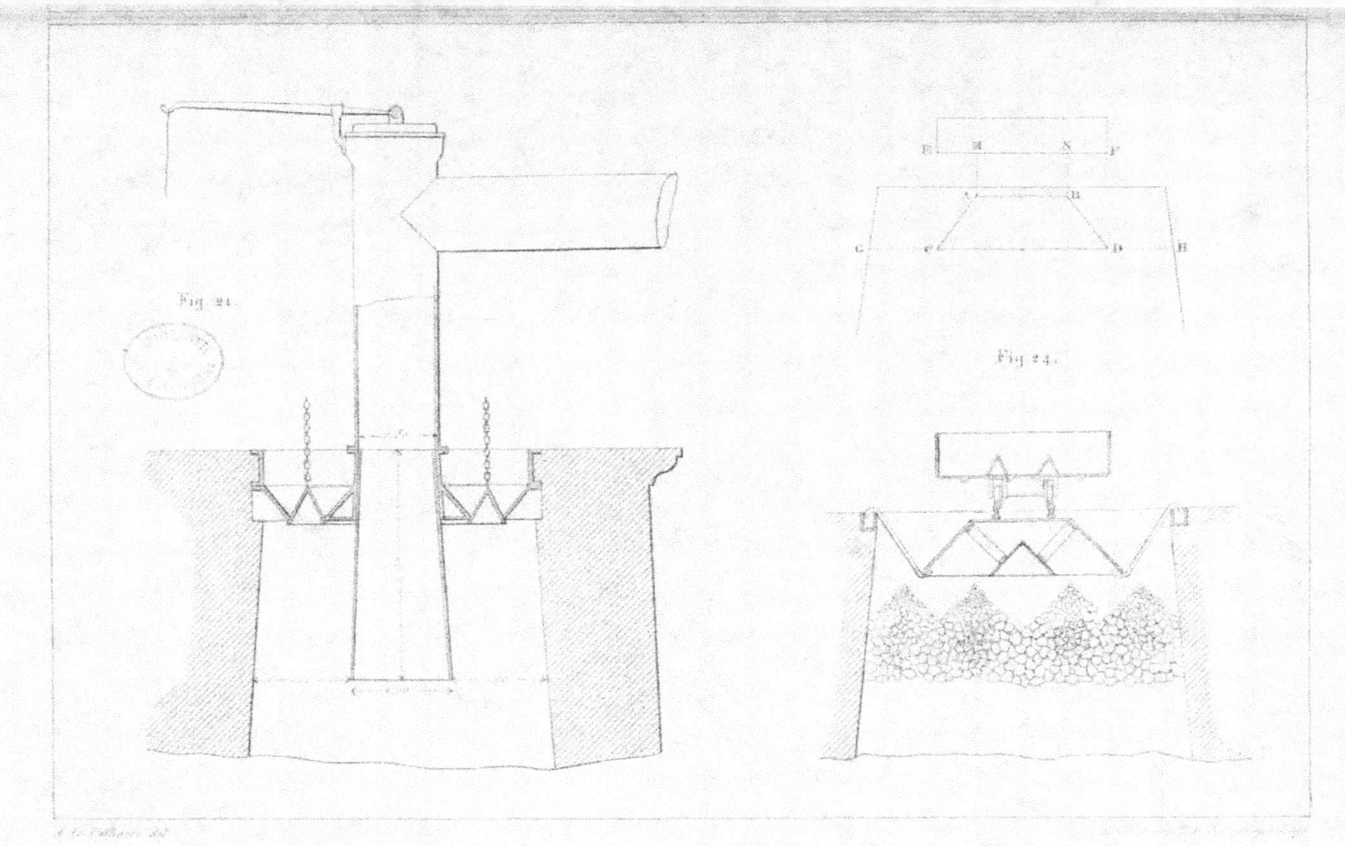

Fig. 24.
Fig. 24.

à la circonférence que par l'éboulement produit sous le tuyau central.

L'expérience est venue confirmer et au delà ce qu'on pouvait théoriquement espérer de cet appareil. En effet, les fourneaux d'Ulverstone sont ceux du monde entier qui atteignent la plus forte production : 100 tonnes par jour et par fourneau. Il est vrai que la capacité des fourneaux est de 180 mètres cubes, et la richesse du lit de fusion 50 pour 100, mais cette production énorme suppose, malgré tout, un temps de séjour très-court dans le fourneau et une grande rapidité de réduction.

L'appareil d'Ulverstone offre pourtant l'inconvénient de ne pas permettre la fermeture hydraulique du gueulard, et de laisser perdre une partie du gaz. On y a remédié, à l'usine de Barow, par l'emploi de ventilateurs aspirants ; on y arriverait plus simplement en y adaptant la cloche Langen. On se demande aussi si les voussoirs en briques ne seraient pas avantageusement remplacés par des plaques de fonte placées sur champ.

Appareil Minary. — Au milieu du gueulard est un cône en forte tôle, porté par deux bras à section lenticulaire pour ne pas gêner la descente des charges. Ces bras aboutissent aux carneaux et y conduisent les gaz recueillis sous la cloche conique (fig. 1).

Le chargement peut avoir lieu par wagon pyramidal, mais on obtient de meilleurs résultats avec le wagon circulaire de *même diamètre que le gueulard*. La répartition résulte de l'évasement du cône sous lequel les matières reviennent par éboulement, le coke se classe donc au centre, non pas complétement, car il n'y a pas de triage dans la partie voisine des parois, mais d'autant plus que la base du cône est plus large. Les minerais menus et très-denses tendent à former dans le fourneau un cylindre creux, projection de la base du cône.

Si l'on charge avec un wagon étroit dans un large gueulard,

il peut y avoir classement de coke à la circonférence, en partie compensé, il est vrai, par la répartition qui a lieu sous le cône, mais nuisible néanmoins, ainsi que l'a montré l'expérience faite à Fraisans et celle faite à Bességes ; aussi vaut-il mieux employer un wagon large, qui dépose près des parois le mélange proportionné de coke et de minerai.

L'expérience m'a démontré que la largeur du cône à la base devait occuper environ le quart de la surface de la cuve à ce niveau. Dans ces conditions, j'ai obtenu des résultats remarquables comme régularité de marche, économie de combustible et rapidité d'allure. Les cotes étaient celles reproduites dans la figure 1.

Si on a à adapter l'appareil dans un grand gueulard ne pouvant être couvert par le wagon, ou si la largeur du monte-charge ne permet pas l'usage d'un large wagon, on peut y obvier par l'emploi d'un cône mobile, sorte d'*abat-jour* dont on coiffe l'appareil central (fig. 23), et qui oblige la charge à passer tout entière près des parois. On transforme ainsi le chargement central en chargement près de la circonférence. J'ai observé que, suivant la densité des minerais, il fallait dans un même gueulard un cône plus ou moins large, et qu'une seule dimension était convenable et correspondait à la meilleure allure.

Il faut cependant observer qu'on classe ainsi le coke au centre par éboulement, et que la répartition ne doit pas être exagérée. Pour éviter cet effet, M. Minary a adapté sous sa trémie un cône renversé ayant même base, mais dont l'angle au sommet est assez aigu pour empêcher l'éboulement du coke ; les charges reviennent dans l'axe du fourneau en se déplaçant latéralement sans s'ébouler. Ce cône renversé est percé d'ouvertures pour l'échappement des gaz.

L'*abat-jour* précédemment décrit peut servir à transformer un chargement central en chargement uniforme, sans augmenter le diamètre du wagon chargeur. L'idée est due à

M. de Montgolfier, directeur des hauts fourneaux du Pouzin.

Soit le tronc de cône ABCD suspendu dans le gueulard au-dessous du wagon, ainsi que l'indique la figure 24, on aura à chaque charge autant de matière versée dans la zone annulaire extérieure au tronc du cône que dans le cercle intérieur, si les deux bases du tronc de cône sont dans un rapport tel que l'on ait :

$$\frac{\frac{\pi}{4} \times \overline{AB}^2}{\frac{\pi}{4} \times \overline{EF}^2} = \frac{\text{surface annulaire EM, NF}}{\text{surface annulaire GC, DH}},$$

ou en supprimant $\frac{\pi}{4}$, facteur commun à tous les termes :

$$\frac{\overline{AB}^2}{\overline{EF}^2} = \frac{\overline{EF}^2 - \overline{MN}^2}{\overline{GH}^2 - \overline{CD}^2} = \frac{\overline{EF}^2 - \overline{AB}^2}{\overline{GH}^2 - \overline{CD}^2},$$

L'équation est indéterminée, AB et CD étant variables à volonté sans cesser de satisfaire au problème, mais elle devient à une seule inconnue, soit qu'on impose l'obligation que GC soit le tiers du wagon, soit qu'on fixe la hauteur du cône et son angle à la base, qui ne doit pas être inférieur à 40 degrés, pour ne pas arrêter les matières. Enfin, pour éviter la formation d'une pyramide au centre, il pourra être avantageux de placer au milieu de l'abat-jour un petit cône. La charge se répandra alors suivant quatre talus circulaires, comme dans l'appareil Coingt.

RAPPORT ENTRE LE CUBE DES FOURNEAUX ET LEUR PRODUCTION JOURNALIÈRE.

On comptait autrefois 8 à 10 mètres cubes de capacité intérieure par tonne de fonte produite ; aujourd'hui, sans augmentation dans la quantité de combustible, on atteint une tonne par 3.5 mètres cubes pour fonte grise et par 2.5 mètres cubes pour fonte blanche, avec lits de fusion d'une richesse inférieure à 50 pour 100. On a même dépassé cette limite dans certaines usines anglaises.

Un minerai, fût-il un silicate, est toujours complétement réduit quand il est mélangé dans un creuset avec du fondant et du combustible, et chauffé pendant deux heures au feu de forge. Tenant compte de la différence dans la grosseur des morceaux et l'homogénéité du mélange, on peut affirmer que vingt-quatre heures suffisent dans un haut fourneau bien traversé par le courant gazeux ; et si les charges exigent un séjour plus long, c'est que le chargement ou le mode de prise de gaz sont vicieux, que la masse est mal pénétrée par les gaz ou descend irrégulièrement, ou que les minerais trop menus tamisent à travers les morceaux de coke.

MESURE DE LA QUANTITÉ DE VENT SOUFFLÉE ET DE L'EFFET UTILE

DES MACHINES SOUFFLANTES.

La quantité de vent lancée dans un fourneau ne peut s'évaluer avec une certaine exactitude que par les méthodes suivantes :

1° *Expérience à l'anémomètre.* — Cet instrument, imaginé par M. Combes, permet de mesurer la vitesse d'un courant gazeux d'après le nombre de tours de ses ailettes dans un temps donné. Des tables de correspondance indiquent le rapport entre la vitesse des ailettes et celle du courant gazeux. Il suffit donc pour l'expérience de placer l'instrument dans le tuyau qui mène le vent au fourneau, et de multiplier la vitesse obtenue par la section du tuyau, pour avoir le volume d'air lancé par seconde, et, connaissant sa pression et sa température, on a son poids et son volume ramené à la pression atmosphérique.

2° *Par l'analyse des gaz du gueulard*. — Supposons que l'analyse ait donné la composition déjà citée :

<pre>
Acide carbonique. . .   12,80 soit ⎧ 0,925 carbone provenant des
                                    ⎨   carbonates.
                                    ⎩ 2,566 ⎫14,782 carbone prove-
Oxyde de carbone.. .   25,53 soit 12,216 ⎭   nant du coke.
Hydrogène.   0,07
Azote..   61,60
                       ───────
                       100,00
</pre>

Puisque 14,782 de carbone consommé correspond à 61,60 d'azote, correspondant lui-même à 80,1 d'air injecté dans le fourneau, il n'y a qu'à soustraire du coke chargé par vingt-quatre heures les cendres et le carbone retenu par la fonte, pour avoir le carbone brûlé, d'où on déduira l'azote correspondant, puis d'air atmosphérique qui contient en poids 76,9 centièmes d'azote, et dont la densité à 0 degré, et sous la pression $0^m,76$, est de 1,2932.

Ce procédé d'évaluation est rigoureux s'il repose sur une série d'analyses exactes, tant des gaz du gueulard que de l'acide carbonique des minerais et de la castine, du carbone contenu dans la fonte et de la teneur du coke en cendres.

Quant à mesurer la quantité de vent soufflée d'après le nombre de coups de piston des machines, il n'y faut pas songer, car on ignore le rendement des machines, rendement toujours très-inférieur au rendement théorique.

Le peu d'effet utile des machines soufflantes provient de plusieurs causes :

1° Pertes entre le piston soufflant et les parois du cylindre. — La circonférence des pistons soufflants est garnie de cuir soutenu par des segments en bois. L'état hygroscopique de l'air et le degré de serrage des vis ou des ressorts rendent très-variable la déperdition due au défaut de contact, et qui est d'autant plus notable que la vitesse du piston est moindre ;

2° Pertes aux clapets d'aspiration et d'exhaustion, au

réservoir à air et sur tout le parcours jusqu'aux tuyères ;

3° Espaces nuisibles très-considérables dans les machines à balancier sans volant ;

4° Insuffisance dans la rentrée d'air : généralement dans les machines à clapets et toujours dans les machines à tiroirs, les orifices de rentrée d'air sont insuffisants. Le piston, à mesure qu'il se recule, n'est pas suivi par de l'air à la pression atmosphérique, mais par de l'air dilaté. Il en résulte un excédant de travail pour la machine, et le coup de piston ne refoule pas le volume engendré d'air à la pression atmosphérique, mais le même volume d'air dilaté. Pour éviter cette augmentation de travail et cette diminution de rendement, il faut que la somme des sections de passage de l'air par l'ouverture des clapets soit au moins égale au cinquième de la surface du piston.

En outre, quand l'air s'élance brusquement pour remplir un espace vide, il ne le remplit pas d'air de même densité que l'air atmosphérique. Ce phénomène est dû au dégagement de chaleur qui se produit (expériences de Clément et Désormes sur la capacité calorifique des gaz sous volume constant). C'est donc une nouvelle cause de perte de rendement, qu'on ne peut éviter que par la rentrée tranquille de l'air dans le cylindre soufflant.

De ces faits, il résulte que les bonnes machines ne rendent pas plus de 70 pour 100 d'effet utile. Les machines à balancier sans volant rendent à peine 50 pour 100.

Il serait aussi inexact de mesurer le vent injecté dans le fourneau d'après la pression aux buses, en multipliant la vitesse d'écoulement due à la pression par la section des orifices et le coefficient de contraction de la veine fluide. Ce calcul, pour être exact, exigerait qu'on connût la contre-pression des gaz dans le fourneau pour avoir la pression effective, et cette contre-pression varie à chaque instant, suivant les morceaux qui passent devant les tuyères. Aussi tous les calculs faits

d'après cette méthode conduisent à des consommations exa-
gérées.

Enfin, l'effet utile du travail de la vapeur est encore moins
défini, puisque, outre le rendement de la machine qui est mal
connu, il faut déterminer les pertes dues au frottement de tous
les organes, depuis le tiroir jusqu'au piston soufflant.

En comparant le travail théorique de la vapeur au travail
qu'il fallait théoriquement pour comprimer la quantité de vent
lancée dans les fourneaux, j'ai trouvée pour des machines à
balancier un effet utile de 32 pour 100.

CHAPITRE IX

Nous avons vu au chapitre VIII que le chauffage de l'air à 300 degrés apportait au fourneau 16 pour 100 de la chaleur qui lui est nécessaire, et dispensait d'une quantité de coke équivalente au sixième de la consommation. Diminuant la quantité de coke, il diminue la principale cause d'impureté de la fonte et il augmente la production du fourneau, puisque, pour la même charge de coke, il permet d'augmenter le poids de la charge en minerais. Enfin, il élève la température de l'ouvrage, modifie les réactions et exalte les affinités.

L'air chaud a été employé pour la première fois par Neilson.

Les avantages de l'air chaud sont aujourd'hui incontestés ; toute la question est maintenant de chauffer fortement, sans trop dépenser de combustible et brûler de tuyaux.

DIFFÉRENTS TYPES D'APPAREILS A AIR CHAUD.

Les appareils ou *chaufferies* actuellement en usage dérivent des types suivants :

Appareil Calder, à tuyaux verticaux ;

Appareil Vasseralfingen, à tuyaux horizontaux ;

Appareils hélicoïdaux ;

Appareils système Siemens.

1° *Appareil Calder.* — Deux tuyaux verticaux, ou tuyaux mères, portent des tubulures où s'emboîte une rangée de siphons réunissant les deux mères. Les deux mères sont noyées dans la maçonnerie ; entre elles sont les foyers ; les siphons sont chauffés à feu nu par les grilles qu'ils recouvrent d'une

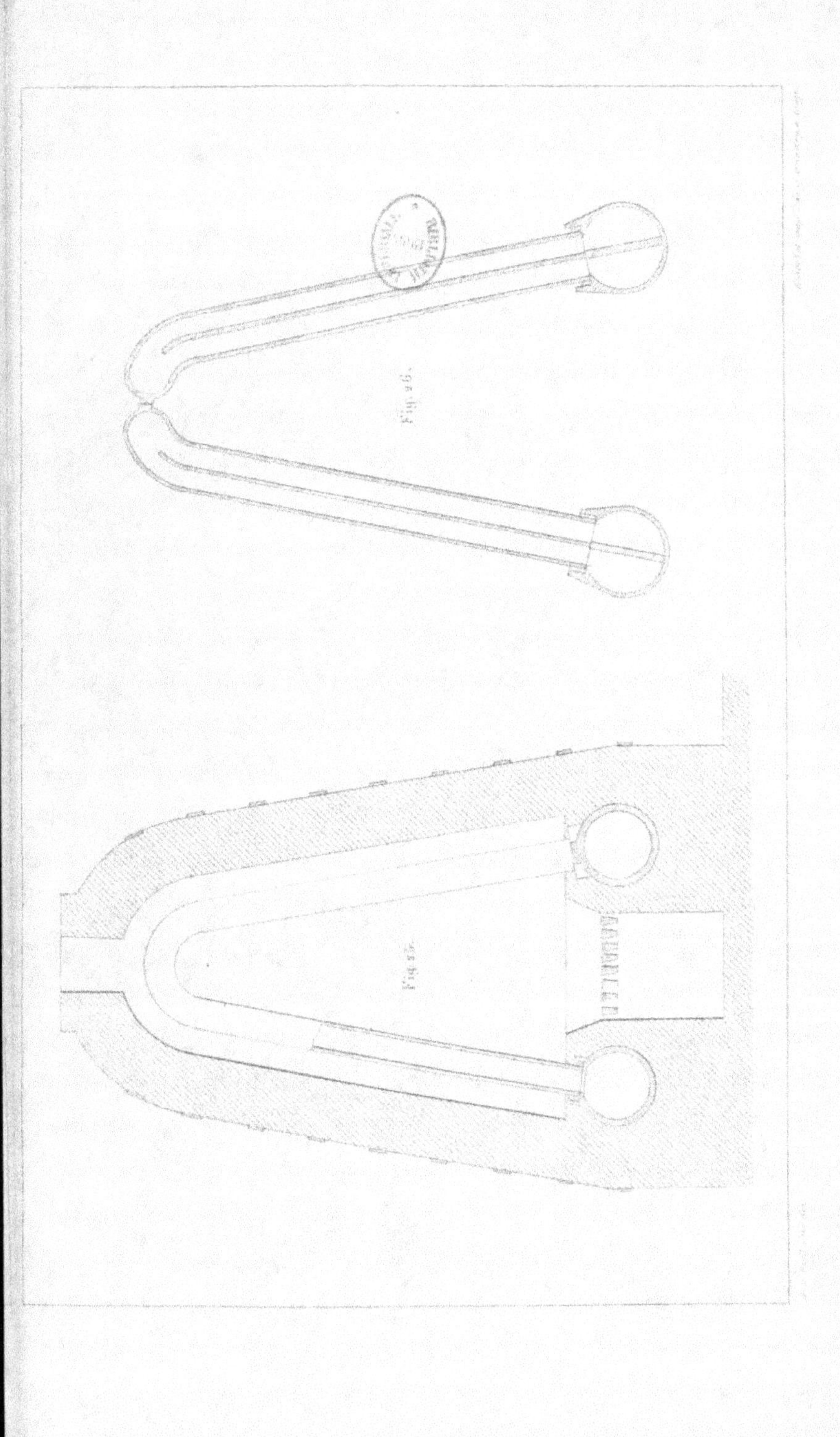

sorte de voûte. Tout l'ensemble est compris dans une chambre en maçonnerie voûtée à sa partie supérieure. Cette voûte est percée de trous d'où partent des cheminées en tôle. La figure 25 représente cet appareil qui est le plus ancien, et encore un des meilleurs, surtout quand on emploie le charbon comme combustible. L'air arrivant par une des mères passe dans la seconde, soit par tous les siphons à la fois, soit par la moitié seulement, si la première mère porte une cloison à moitié de sa longueur. Dans ce cas, le vent sort par l'extrémité opposée du tuyau mère par lequel il est entré. Cette disposition est préférable ; deux passages de l'air dans les siphons lui procurent un chauffage plus régulier.

Le nettoyage peut se faire par les trous de la voûte et des regards latéraux ; mais il n'est jamais complet, et il faut tous les deux ou trois mois laisser refroidir l'appareil pour le nettoyer, et alors il est rare qu'un ou plusieurs siphons ne se brisent au coude par suite du retrait. On a cherché à éviter cette rupture des siphons en rendant mobile sur des rouleaux la seconde mère, qui suit alors les mouvements de la dilatation et du retrait.

Les inconvénients de l'appareil Calder sont les suivants :

1° Chauffage non méthodique : la flamme sort par les cheminées, emportant une quantité considérable de chaleur perdue ;

2° Les faces intérieures qui regardent le foyer sont chauffées par rayonnement direct et reçoivent de fréquents coups de feu qui écaillent et gercent les surfaces, et tordent les tuyaux moins chauffés à la partie extérieure.

Pour augmenter les surfaces de chauffe sans agrandir le four, on a, dans beaucoup d'usines, rendu elliptique la section des tuyaux. C'est une amélioration importante qui a été adoptée dans presque tous les systèmes dérivant du Calder.

Appareils Calder modifiés. — Appareil de Clarence-Works. — Cet appareil est très-employé aujourd'hui ; on le nomme aussi *appareil à pistolet*, à cause de la forme de ses tuyaux. Il diffère du Calder ancien, en ce que ses siphons sont brisés au sommet, le mouvement de l'air s'obtenant au moyen d'une cloison longitudinale dans les mères et dans les tuyaux, interrompue à leur partie supérieure, de manière à changer en siphon complet chaque branche du siphon primitif (fig. 26). L'air arrive par le compartiment extérieur d'une des mères, passe par les siphons dans le compartiment intérieur du même tuyau mère, est conduit ensuite dans la seconde mère par un tuyau noyé dans la maçonnerie, repasse par les siphons dans le compartiment extérieur, et de là au fourneau. Les siphons sont toujours à section elliptique; chaque branche butte contre la branche opposée, se soutenant l'une l'autre.

Sauf les ruptures moins fréquentes, cet appareil a tous les autres défauts du Calder; il ne constitue pas une amélioration bien considérable.

Appareil de Gartsherrie. — C'est le précédent, plus compliqué, sous prétexte d'augmenter la surface de chauffe en faisant retomber vers le foyer le bout des tuyaux.

Appareil de Bességes. — Le même appareil existe à Givors, à l'usine de M. de Larochette, et dans plusieurs établissements d'Angleterre. Celui de Bességes, dont nous donnons le dessin détaillé, est unique par fourneau et à deux compartiments, tandis qu'à l'usine de Givors il y a autant d'appareils que de tuyères, et ces appareils ne se composent que d'un seul compartiment.

Les tuyaux sont à cloison et elliptiques, comme dans l'appareil à pistolet, mais ils sont droits et sur une seule rangée. Le chauffage est méthodique. L'air à échauffer circule dans l'appareil en sens inverse de la flamme, ce qui permet d'obtenir dans la cheminée des fumées à 150 degrés seulement, quand l'air sort par l'autre extrémité à 400 degrés. L'utilisation de la chaleur est donc aussi complète qu'on peut l'obtenir industriellement sans tirage mécanique; aussi la cheminée doit-elle avoir au moins 20 mètres de hauteur sur 0^m,80 de diamètre.

Le vent passe d'un compartiment à l'autre de la première mère par neuf tuyaux, après lesquels se trouve une chicane transversale dans le compartiment d'arrivée. — Son second passage a lieu par onze tuyaux, et son troisième passage par seize tuyaux, les sections s'augmentant ainsi en même temps que le volume de l'air qui s'échauffe. La flamme passe d'un compartiment à l'autre par une voûte basse et entre aussi dans la cheminée par le bas ; on combat ainsi sa tendance à occuper la partie supérieure des chambres, dont la température est rendue parfaitement uniforme.

Le nettoyage, qui a lieu une fois par semaine, ne dure que le temps d'arrêt qui suit une coulée. Il se fait très-facilement en soulevant les plaques qui recouvrent l'appareil, et sont intérieurement enduites de terre retenue par des queues d'hironde venues de fonte. Cet appareil a 100 mètres quarrés de surface de chauffe, et porte à 375 degrés le vent d'un haut fourneau consommant 30 tonnes de coke par vingt-quatre heures. Il est chauffé au gaz seul.

Appareil Vasseralfingen. — Cet appareil, aussi nommé *appareil allemand,* semble inconnu en Angleterre. Il est à tuyaux horizontaux, cylindriques ou aplatis, et sans cloisons. Les tuyaux sont placés en quinconce pour être tous enveloppés par la flamme, comme des cornues à gaz. Ils communiquent entre eux par des coudes extérieurs au foyer, mais garantis du refroidissement par un mur en briques.

Le vent arrive par les tuyaux supérieurs et sort par ceux du bas, circulant ainsi en sens inverse de la flamme, ce qui procure un chauffage énergique et une bonne utilisation des flammes perdues ; mais ces bons résultats ne durent que peu de jours, à cause de la position horizontale des tuyaux facilitant le dépôt des poussières du fourneau, qui sont un des corps les plus mauvais conducteurs de la chaleur, et font que le tuyau n'est plus chauffé qu'à sa partie inférieure, reçoit des coups de feu, se courbe, se gerce, et est promptement hors de service. Cet appareil, bon en lui-même, exigerait donc un nettoyage de chaque jour, et de quelque manière qu'on dispose les regards de nettoyage, ils sont toujours insuffisants.

Appareils hélicoïdaux. — Nous ne citons que pour mémoire ce type employé dans quelques usines anglaises. Une grande hélice à axe horizontal est couchée dans un four voûté en berceau. Les tuyaux sont à section circulaire, à Ebbwale (1), et ont 20 à 25 centimètres de diamètre. Ils sont elliptiques à Aberdare, leur section ayant 18 centimètres sur 28. Chaque tuyau forme la moitié du pas de l'hélice, dont le diamètre extérieur est d'environ 2 mètres. Ils sont assemblés à brides, les joints exposés au feu, ce qui entraîne à de fréquentes réparations, les boulons et brides n'étant pas rafraichis par le contact du vent. L'axe de l'hélice a environ 2 mètres de longueur ; l'appareil est chauffé au gaz.

Appareils système Siemens. — Il paraît que le système Siemens est essayé au chauffage de l'air pour les hauts fourneaux. L'expérience tentée chez MM. Cochrane d'Armesby aurait donné de bons résultats : on atteindrait 660 degrés centigrades. L'idée féconde de MM. Siemens peut certainement trouver ici une utile application, et permettre d'atteindre des températures bien supérieures à celles fournies par les appareils à tuyaux en fonte. On arriverait ainsi à une économie de combustible et à des effets inconnus jusqu'ici. La disposition employée n'est pas encore connue.

DIMENSIONS A DONNER AUX APPAREILS A AIR CHAUD.

Suivant que le chauffage a lieu par rayonnement direct du foyer ou par les gaz de la combustion, que c'est la houille ou

____

(1) Grüner et Lan, p. 155. *État présent de la métallurgie en Angleterre.*

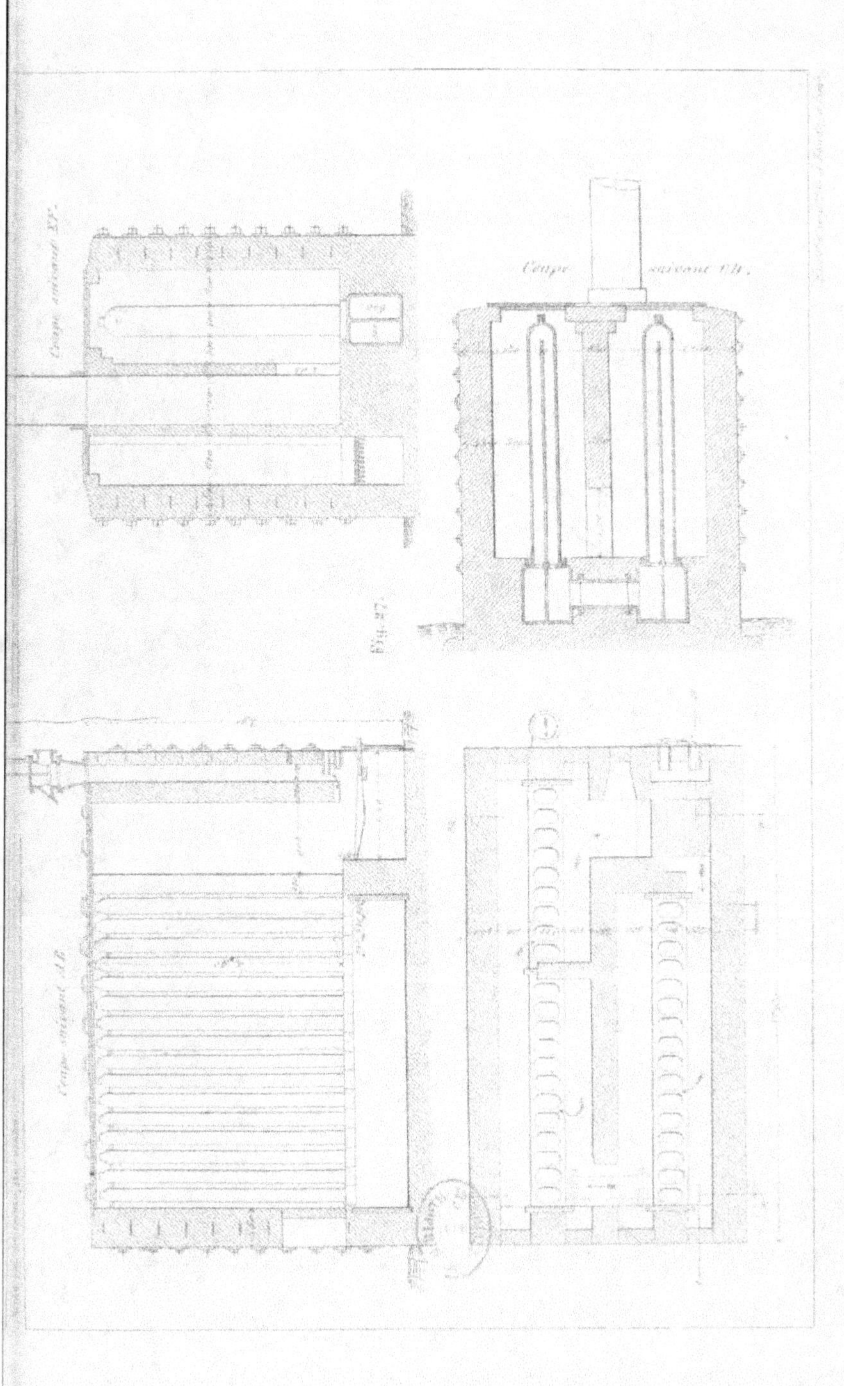

le gaz qui servent de combustible, on doit faire varier les dimensions de la surface de chauffe.

Si, comme en Angleterre, dans le Calder on emploie la houille, il serait plus dispendieux et moins efficace d'augmenter la surface de chauffe au delà de $0^{m.q},90$ par mètre cube d'air lancé par minute dans le fourneau, et pour une surface de grille de 1 mètre quarré par 100 mètres cubes d'air lancé par minute. Pour la même surface de grille, l'ensemble du four sera plus chaud si la surface de chauffe est moindre ; on conçoit donc qu'une augmentation disproportionnée dans la surface de chauffe peut diminuer l'effet utile du foyer.

Si l'on veut élever la température il faut, quand on chauffe au charbon, augmenter la surface des grilles et le tirage des cheminées, mais non la surface de chauffe, au delà de $0^{m.q},90$ par mètre quarré de grille. C'est la proportion admise à Clarence-Works, où l'appareil a 160 mètres quarrés de surface de chauffe pour 200 mètres cubes d'air lancé par minute, et une surface de grille de 2 mètres quarrés.

Quand on chauffe au gaz on peut porter la surface de chauffe à $1^{m.q},4$ par mètre cube d'air lancé dans le fourneau. C'est le rapport adopté à Ulverstone.

Dans les appareils à chauffage méthodique, il n'y a pas de limite à l'accroissement de la surface de chauffe, il procurera toujours une économie de combustible. Dans l'appareil de Bességes, la surface de chauffe est de $1^{m.q},50$ par mètre cube d'air lancé dans le fournean par minute. Elle pourrait atteindre 2 mètres quarrés sans inconvénient. Il en est de même de l'appareil allemand.

DU NOMBRE D'APPAREILS A AIR CHAUD EMPLOYÉS PAR HAUT FOURNEAU.

A moins d'exigences locales, comme le manque d'espace nécessaire pour un grand appareil, il n'y a pas à hésiter, un

seul appareil doit desservir le fourneau. S'il n'est pas facilement nettoyable et rapidement réparable, il en faut un de
rechange.

Avec un seul appareil la surveillance et les chances d'accidents sont moitié moindres qu'avec deux ; les trois tuyères
sont toujours à la même température, ce qui n'arrive jamais
quand plusieurs appareils desservent simultanément le haut
fourneau.

Si l'on a plusieurs appareils, il en faut autant que de tuyères,
ou de groupes de tuyères. Quand deux appareils doivent
desservir trois tuyères, il arrive continuellement qu'un des
deux appareils se brûle, tandis que l'autre souffle de l'air
presque froid. Supposons, en effet, un appareil à l'embrasure de droite et un à l'embrasure de gauche, l'un et l'autre
devant desservir la tuyère de derrière au moyen d'une conduite commune. Tant que les deux appareils chaufferont l'air
à la même température, chacun d'eux en fournira la même
quantité ; mais admettons qu'un instant l'appareil de droite
chauffe moins que celui de gauche, l'air qui l'a traversé aura
une densité plus forte et refoulera le vent de l'appareil de
gauche, puisque les deux colonnes gazeuses ont la même
impulsion et des masses différentes. La tuyère de derrière et
celle de droite seront donc desservies uniquement par l'appareil de droite qui, traversé par plus d'air, l'échauffera moins,
tandis que l'appareil de gauche fournira du vent d'autant plus
chaud qu'il sera traversé par une quantité d'air moindre. Le
phénomène ira ainsi toujours en s'exagérant, si la section des
tuyaux est considérable, et on aura en même temps du vent
froid au fourneau et un appareil dont les tuyaux rougiront
faute de circulation d'air.

La disposition consistant à desservir les tuyères par plusieurs appareils communiquant dans la même conduite est
donc vicieuse, et si on n'a pas un seul appareil, il faut en avoir
autant que de tuyères ou de groupes de tuyères.

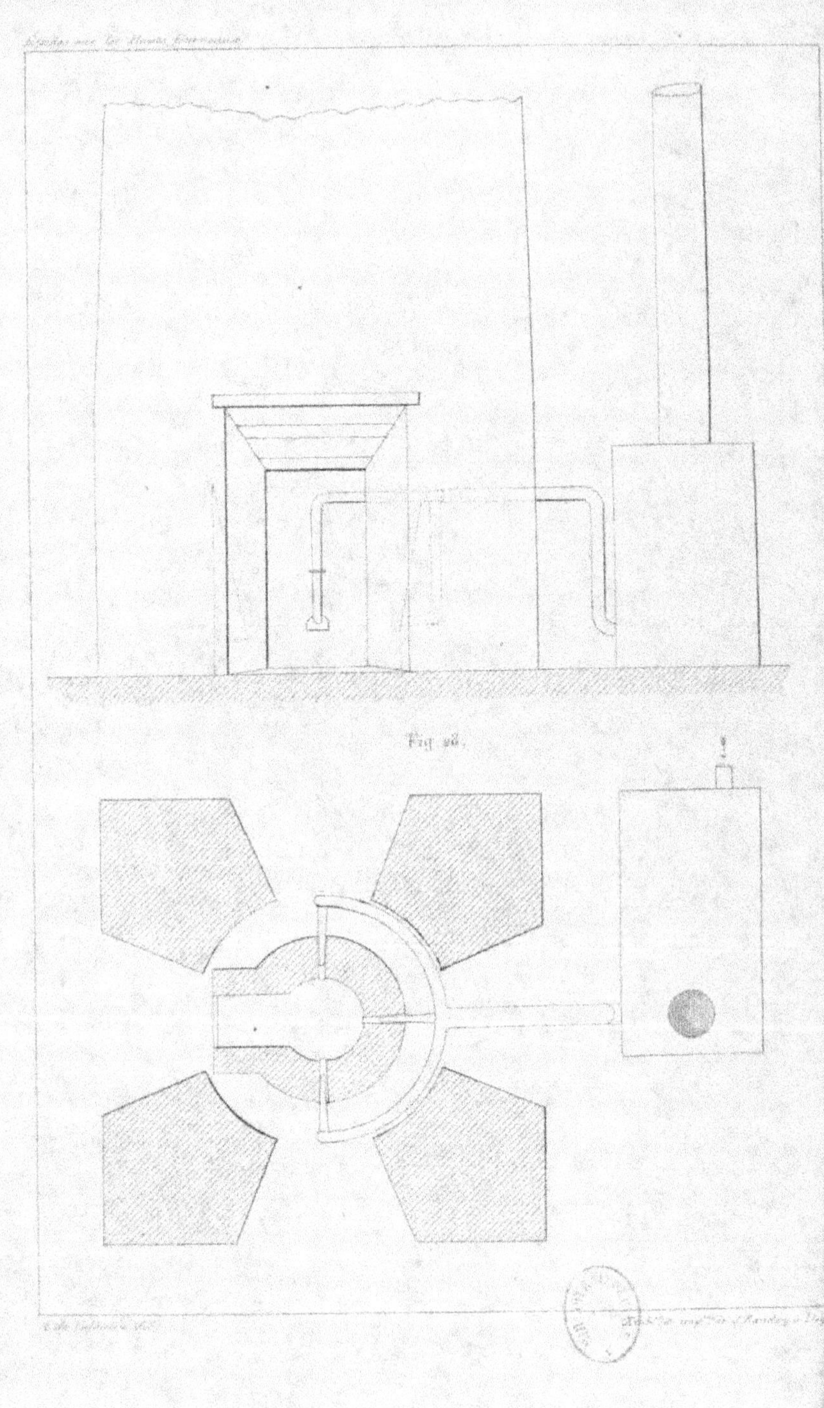

L'air chaud se refroidit considérablement dans son trajet de l'appareil au fourneau. Il est essentiel, pour ne pas perdre 50 à 100 degrés sur sa température, que les conduites soient courtes et recouvertes d'une double enveloppe ; dans l'intervalle des deux enveloppes on met des poussières déposées par les gaz, corps très-mauvais conducteurs. Il faut, pour la même raison, éviter les diamètres de conduite exagérés. Une section représentant cinq fois la somme des sections des buses est suffisante. Ainsi, si les plus larges buses qu'on ait à employer ont un diamètre de 90 millimètres, et qu'on ait trois buses par fourneau, le diamètre de la conduite de l'appareil au fourneau devra être intérieurement de 391 millimètres, et sa section devra être réduite au tiers à chacun des embranchements qui aboutissent aux porte-vent.

La figure 28 représente l'une des dispositions de canalisation les plus favorables. La conduite du vent est la plus courte possible, et les tuyères de droite et de gauche ont exactement la même température, étant également distantes de l'appareil. On peut également placer l'appareil à droite ou à gauche et faire passer le tuyau d'air chaud à travers l'un des piliers.

Les conduites *aériennes* sont préférables aux conduites enterrées, qui ne sont pas toujours à l'abri de l'humidité, et peuvent être noyées par la fonte et les laitiers quand ils sortent par les tuyères. Avec les conduites souterraines, le tuyau qui sort du sol gêne les manœuvres dans les embrasures. Cet inconvénient n'existe pas avec les conduites aériennes, d'où le vent descend par des coudes ou des *bottes* faciles à démonter en cas de réparation au fourneau.

Outre la vanne qui précède l'appareil à air chaud et permet de régler le vent, il en faut une à chaque porte-vent pour diminuer ou arrêter le vent à chacune des tuyères. Il arrive, en effet, que les charges descendant inégalement, il y a lieu de rétablir l'équilibre en faisant dominer le vent du côté où la descente est moins rapide. Il peut arriver aussi dans les dérangements qu'une tuyère reste condamnée pendant un certain temps, et qu'on doive lui retirer le vent. Ces manœuvres se font par le jeu de la vanne correspondante. Les papillons sont préférables aux vannes, étant moins volumineux et moins sujets à se déranger.

La somme des sections des tuyaux des appareils à air chaud doit être d'environ dix fois la somme des sections des buses; encore avec cette section décuple on perd au moins 1 centimètre de mercure entre la pression mesurée au régulateur et celle mesurée aux porte-vent.

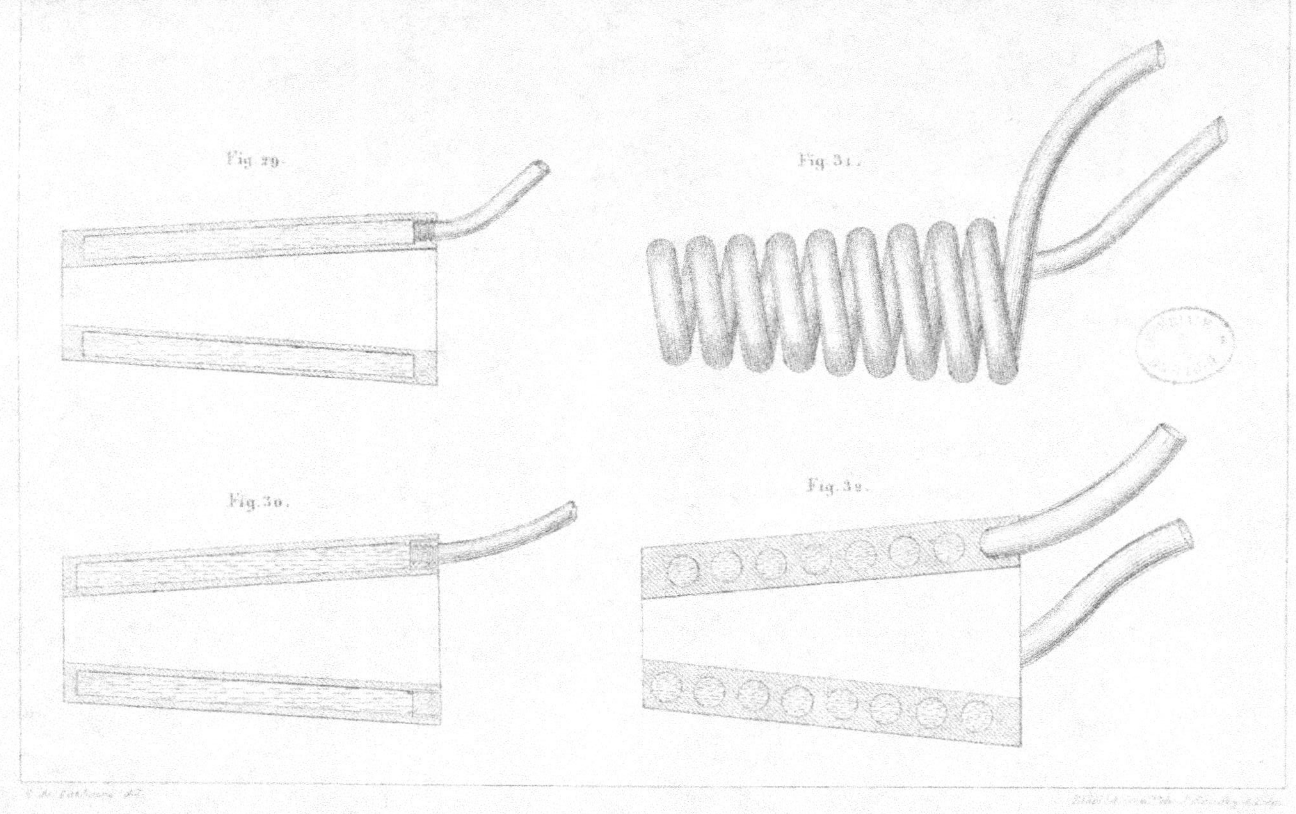

Fig. 29.
Fig. 31.
Fig. 30.
Fig. 32.

CHAPITRE X

Dans les anciens fourneaux, les tuyères se faisaient en
cuivre ou en argile. Ainsi construites, elles ne résisteraient
que peu d'instants aux températures que l'on obtient actuellement avec l'air chaud, et surtout ne pourraient pas s'avancer
dans le fourneau en saillie sur les parois, condition obligée,
ainsi que nous l'avons vu, pour la conservation de la chemise
réfractaire.

Les tuyères se font en tôle (fig. 29) ou en fonte (fig. 30).
Elles sont toujours à double enveloppe et à circulation d'eau,
quand on marche à l'air chaud. On en fait aussi au moyen d'un
tube en fer roulé en spirale, ainsi que l'indique la figure 31,
tantôt isolée, tantôt noyée dans la fonte (fig. 32).

Les tuyères en tôle sont encore les plus employées ; elles
sont plus légères et résistent mieux au choc des outils et à un
manque d'eau de quelques instants ; mais elles sont plus coûteuses et exigent des forgerons habiles et spéciaux. Celles en
fonte durent autant que celles en tôle, ne peuvent pas se réparer, il est vrai, mais ce n'est pas une grande infériorité, les
tuyères en tôle réparées ne valant jamais les neuves : leur fer a
été brûlé ou désagrégé par son séjour dans le fourneau, et ne
se soude jamais bien. Celles en fonte ont l'avantage de n'avoir
pas de soudure, mais il est difficile de les changer de position
ou de les sortir du fourneau sans les briser. Les fuites sont
généralement plus visibles quand elles proviennent de tuyères

en fonte, car elles sont plus abondantes que les suintements produits par défaut de soudure des tuyères en tôle.

A chaque coulée on doit visiter régulièrement les tuyères, parce qu'il est difficile de reconnaître les fuites durant la marche. Chaque fois que le laitier indique un refroidissement du fourneau et passe ou au jaune ou au noir, il faut arrêter le vent et regarder si les tuyères ne perdent pas. Quand la fuite est faible, et surtout si elle a lieu à la partie postérieure, il faut un œil exercé pour la reconnaître. C'est surtout à la présence de buées devant l'œil de la tuyère que l'on reconnaît l'existence d'une fuite.

Pose des tuyères. — Il n'y a plus aujourd'hui que quelques hauts fourneaux au bois marchant à une seule tuyère. Elle se pose au milieu de la rustine, à un niveau supérieur à la dame pour n'être jamais immergée dans le laitier.

Beaucoup de hauts fourneaux n'ont encore que deux tuyères ; elles se posent chacune dans une des embrasures latérales ; leurs axes sont parallèles et distants de 5 à 10 centimètres, dans le même plan horizontal, pour éviter la collision des deux jets d'air qui reflueraient vers les parois ; on cherche à obtenir un tournoiement du vent dans l'ouvrage, pour que la combustion y soit plus régulière et moins localisée.

L'axe des tuyères doit toujours être horizontal. Les tuyères *plongeantes* mazent la fonte ; les tuyères qui *lèvent le nez* se brûlent rapidement, parce que la vapeur s'accumule à la partie la plus haute, qui n'est plus rafraîchie ; cette position donnerait en outre accès à la fonte et aux laitiers qui tombent en gouttes sur la tuyère.

Les fourneaux à trois tuyères sont les plus nombreux depuis quelques années, sauf en Angleterre, où on multiplie et même on exagère le nombre des tuyères. Dans le pays de Galles et le Staffordshire, les fourneaux en ont cinq à sept ; en Écosse, huit à dix.

Dans plusieurs fourneaux du pays de Galles on a deux tuyères par embrasure, pour ne pas trop multiplier le nombre des embrasures de tuyères et découper les parois du fourneau; mais il semble plus simple d'employer des tuyères et des buses plus larges que d'en multiplier ainsi le nombre, ce qui augmente en même temps la surveillance et les causes d'introduction d'eau dans l'ouvrage. Il est bon que le vent arrive dans le fourneau par un grand nombre de points, la chaleur est mieux répartie dans l'ouvrage et la descente se fait plus régulièrement; mais si on juxtapose les tuyères deux à deux, autant vaudrait en dédoubler le nombre et augmenter leur section.

En Angleterre, et surtout dans le pays de Galles, on ajoute au milieu de la tympe une tuyère supplémentaire qui ne sert qu'en cas d'engorgement dans l'avant-creuset. En marche régulière, il serait mauvais de souffler par la tympe, où la chaleur a déjà trop de tendance à se porter et où la descente des matières se fait plus rapidement qu'en toute autre partie du fourneau.

On revient aujourd'hui, en Angleterre, à un nombre plus restreint de tuyères. Quand les ouvrages ne dépassent pas 2 mètres, cinq tuyères sont bien suffisantes, et même avec trois tuyères on atteint des productions considérables dans des ouvrages de $1^m,40$ à $1^m,80$.

A Yniscedwin et Istalifera on a trois tuyères par embrasure, celle du milieu étant plus élevée de 15 à 20 centimètres. On a ainsi neuf tuyères pour trois embrasures, et une dixième dans la tympe. C'est une complication que rien ne justifie.

Quel que soit le nombre des tuyères, on observe toujours dans leur mise en place le principe de ne pas confondre les axes des tuyères opposées, mais d'obtenir un tourbillonnement du vent dans l'ouvrage, dont tous les points sont ainsi traversés par le courant gazeux.

Dans les fourneaux à trois tuyères, celle de rustine se pose 5 à 6 centimètres plus haut que celles des costières, dans le but d'éviter la collision des jets d'air dont la résultante rejetterait le vent sur la tympe.

Les parois du fourneau s'usent et se reculent toujours derrière le nez des tuyères, jusqu'à ce qu'elles soient dans la région non oxydante ; il faut donc construire l'ouvrage assez large pour que les tuyères soient d'au moins 10 centimètres en saillie dans le fourneau ; il est inutile en effet de construire une maçonnerie destinée à disparaître en peu de jours, et produisant alentour des tuyères des cavernes irrégulières. Si dès l'origine les tuyères avancent suffisamment, il n'y a pas usure, mais garnissage des parois et conservation du profil.

A moins qu'on ne veuille élargir l'ouvrage, on ne doit jamais reculer les tuyères, car le fourneau se recule en même temps, et l'ouvrage atteindrait ainsi des dimensions qui ne seraient plus en rapport avec la pression du vent et le nombre de tuyères ; alors le centre de l'ouvrage n'étant plus traversé par le vent, il s'y forme des blocs dès que les laitiers deviennent un peu réfractaires.

Si, par suite de l'usure des briques, les tuyères surplombent dans le fourneau de presque toute leur longueur, elles tendent à plonger, entraînées par leur poids et celui des matières qui descendent. On emploie alors des tuyères plus longues et on les maintient en leur adaptant un collier muni d'une barre de fer qu'on arc-boute contre l'embrasure ; il vaut encore mieux réparer l'embrasure en briques neuves.

La dimension de l'ouvrage est solidaire de la distance des tuyères et de la pression du vent, qui reflue d'autant plus sur les parois que le vent est plus faible et les laitiers moins fusibles. On peut souvent dans un fourneau, sans rien changer à la charge, marcher en fonte grise par le seul fait du rapprochement des tuyères qui resserre l'ouvrage, et en fonte blanche, en les reculant.

De la pression du vent. — La vitesse de marche d'un fourneau étant déterminée d'après les conditions énumérées au

chapitre précédent, il s'agit encore de régler la pression sous
laquelle le vent doit être lancé. Cette pression doit être telle,
que le jet d'air traverse complétement la masse des matières
dans l'ouvrage et vienne mourir à la paroi opposée. Si elle est
trop faible, le vent reste sur les bords sans pénétrer dans la
masse, détruit les briques en empêchant les garnissages de s'y
fixer et monte dans le fourneau en longeant les parois.

La pression du vent est trop forte quand, dans un ouvrage
étroit et avec des matières très-perméables, le jet vient frapper
la paroi opposée avant d'avoir perdu sa haute température
et son acide carbonique; il empêche la formation de garnissages en face de la tuyère et produit des excavations. Il peut,
en outre, s'épanouissant sur la paroi opposée, y former un
courant qui ne rentre plus dans l'intérieur du fourneau et
produit, quoique à un moindre degré, les mêmes dommages
qu'une pression trop faible. Si donc, marchant à une bonne
pression, on veut modifier la vitesse du fourneau, il faudra
le faire en changeant le diamètre des buses et non la pression
du vent.

Un large ouvrage, des minerais ou des combustibles menus,
peu perméables au jet d'air, des laitiers pâteux et peu fusibles, une charge plus forte en minerais laissant moins d'interstices que le coke, un fourneau étroit à la cuve et au gueulard,
offrant plus de résistance au passage des gaz, sont autant de
causes qui nécessitent une forte pression de vent.

On admet généralement, comme fait d'expérience, que la
pression du vent doit augmenter avec la dureté du combustible. Je ne vois rien qui justifie cette assertion, croyant, au
contraire, que le charbon de bois menu, le coke friable et
l'anthracite doivent se trouver dans les mêmes conditions et
exiger une forte pression.

La pression du vent se mesure généralement aux porte-
vents; il y a lieu de tenir compte de leur forme; s'ils sont
peu coniques et d'une section peu supérieure à celle des buses,

la pression n'y sera jamais aussi élevée pour la même quantité d'air lancée dans le fourneau que si leur section est très-large relativement à l'œil des buses ; dans le premier cas, ils se rapprochent des conditions dynamiques d'une conduite cylindrique débouchée ; dans le second cas, le vent y est presque sous la même pression que dans le réservoir à vent.

De ce que la pression du vent devient plus forte aux buses, il ne s'ensuit pas forcément que le fourneau marchera plus vite ; si le fourneau refuse le vent, la pression aux buses devient la même que dans le réservoir à vent, et la vitesse du fourneau devient nulle. Si, au contraire, le vent pénètre très-librement dans l'ouvrage, la pression aux buses diminue, tandis que la vitesse du fourneau s'augmente. On devra, dans ce cas, ralentir la soufflerie et non l'accélérer. L'indication du manomètre placé près des buses n'est donc pas une mesure de la vitesse d'allure, quoiqu'il soit vrai de dire qu'en augmentant la pression dans le réservoir d'air on accélère dans le même rapport l'allure des fourneaux.

Quand on marche à tuyères ouvertes, l'œil de la tuyère doit toujours être plus grand que l'œil de la buse, sans quoi le vent reflue ; il faut que le tronc de cône qu'engendre le jet d'air en s'épanouissant à la sortie de la buse soit à peine tangent à l'œil de la tuyère, comme dans la figure 33. Si la buse est plus reculée, le cône d'air frappe les parois de la tuyère et ressort en partie ; ce qui oblige alors à marcher à tuyères fermées, c'est-à-dire que l'on bouche avec de la terre ou une rondelle métallique l'espace annulaire (fig. 34) pour empêcher la sortie de l'air ; mais, à moins d'avoir au coude du porte-vent un regard en cristal, on doit condamner l'emploi des tuyères fermées, qui rend la surveillance plus difficile, et n'y recourir que si le fourneau refuse le vent.

Lorsque l'œil de la tuyère est beaucoup plus grand que celui des buses et que celles-ci sont très-avancées, non-seulement le vent ne reflue pas, mais il produit une aspiration no-

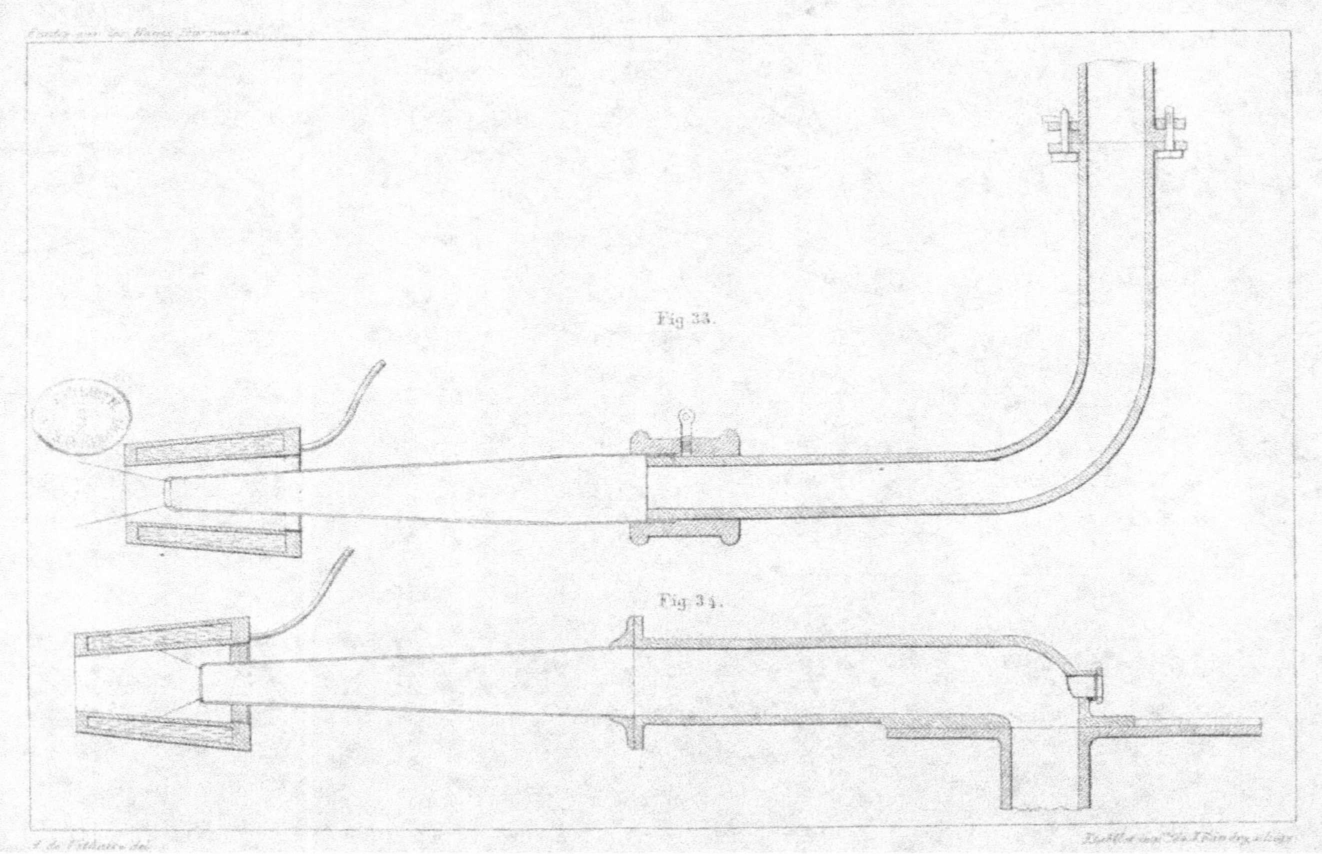
Fig 33.
Fig 34.

table ; le jet d'air fait trompe et entraîne avec lui l'air extérieur.

La quantité d'air extérieur ainsi entraînée est d'ailleurs trop
faible pour qu'il y ait lieu de se préoccuper de ce phénomène,
soit comme augmentation de rendement des machines, soit
comme introduction d'air froid.

Quand deux tuyères d'un même fourneau lancent du vent
à des températures différentes, celle dont le vent est le plus
chaud en lance un poids moindre, non-seulement parce que
cet air est plus dilaté, mais parce que sa puissance vive est
moindre, ainsi que nous l'avons déjà remarqué au chapitre
précédent, et dans ce cas il se fait deux qualités de fonte différentes, et les charges s'inclinent et descendent obliquement.

DÉRANGEMENTS D'ALLURE PRODUITS PAR LES TUYÈRES QUI PERDENT.

L'eau qui s'introduit dans le fourneau par les fuites aux
tuyères produit dans l'ouvrage un refroidissement considérable en s'y décomposant au contact du fer et du carbone ;
elle produit en même temps un mazéage de la fonte et oxyde
le fer, dont une partie passe dans les laitiers.

Quand l'eau est décomposée par le charbon, la chaleur dégagée par la combinaison de son oxygène avec le carbone ne
compense pas l'abaissement de température dû à la séparation
de ses éléments. En effet, l'oxygène et l'hydrogène en se dissociant absorbent autant de chaleur qu'ils en avaient dégagé
en se combinant, et 1 kilogramme d'hydrogène contenu dans
9 kilogrammes d'eau dégage, par sa combinaison avec 8 kilogrammes d'oxygène, 34 742 unités de chaleur.

Les mêmes 8 kilogrammmes d'oxygène, en se combinant à
3 kilogrammes de carbone pour former de l'acide carbonique,

dégageront seulement 21 510 unités de chaleur ; mais comme
la même quantité de chaleur eût été développée par la combustion du carbone par le vent des tuyères, il n'y a pas lieu
de les déduire, et le refroidissement final est bien de 34 742
unités de chaleur par 9 kilogrammes d'eau injectée dans le
fourneau, ou 1 470 calories par kilogramme d'eau, auxquelles
il faut ajouter celles employées à la vaporisation ; en tout,
2 030 unités de chaleur par kilogramme d'eau introduit dans
l'ouvrage.

Quelque important que soit ce chiffre, il n'y a pas là de quoi
changer brusquement la marche du fourneau ; il faut donc
chercher ailleurs la cause du changement d'allure qui se ma-
nifeste dès que l'eau d'une tuyère coule dans le fourneau.

Nous avons supposé que toute l'eau était décomposée par le
charbon ; mais il n'en est point ainsi ; une grande partie de
l'eau est décomposée par la fonte qui tombe en gouttelettes et
par le fer des minerais réduits. L'oxyde de fer qui prend alors
naissance annule le travail de réduction opéré durant la descente des charges, et le fourneau fait le travail inverse de celui
qu'il devrait produire. L'oxyde de fer qui prend alors naissance dans l'ouvrage entre en dissolution dans le laitier, qu'il
noircit, et réagit sur la fonte qu'il décarbure ; aussi la fonte
déjà produite dans le creuset devient blanche, et si le phénomène se prolonge, elle se fige, passant partiellement à l'état
de fer puddlé.

Quant à l'hydrogène mis en liberté, il ne peut se brûler
durant tout son trajet dans le fourneau, car le fer et le charbon décomposent l'eau au rouge, et l'oxyde de fer ne peut être
réduit par l'hydrogène à une température élevée ; c'est seulement au gueulard que la combustion de l'hydrogène pourrait se faire, et il est trop dilué dans les gaz et passe trop rapidement pour pouvoir agir utilement comme réducteur. En
tout cas, il y aurait toujours ce phénomène nuisible de refroidissement dans l'ouvrage et échauffement au gueulard,

échauffement provenant de ce que la réduction du fer par l'hydrogène s'opère avec dégagement de chaleur.

Quand une tuyère perd, les gaz du gueulard, plus riches en hydrogène, sont plus inflammables et brûlent avec plus de chaleur ; c'est un caractère qui peut à lui seul indiquer une fuite peu visible durant la marche.

CHAPITRE XI

On nomme *scorie* tout silicate à bases d'oxydes métalliques,
fer, manganèse, etc., avec ou sans bases terreuses : alumine,
chaux, magnésie, etc. Ainsi les scories de puddlage, mazéage
et réchauffage sont des silicates de fer souvent manganésifères
et toujours alumineux. Les scories de forges catalanes contiennent, outre les oxydes de fer, un peu d'alcalis, d'alumine et
de chaux. Celles qu'on obtient dans le haut fourneau proviennent de la fusion de la charge, sans réduction.

Les silicates de fer sont très-fusibles ; l'addition d'autres
bases ne diminue leur fusibilité que lorsque la proportion en
est considérable ; la chaux, l'alumine, la magnésie, etc., peuvent s'unir dans les silicates aux oxydes de fer en toutes proportions.

Si les silicates contiennent de fortes proportions de bases
terreuses, ils passent à l'état de laitiers scorifiés. On peut considérer comme laitier tout silicate ne contenant pas plus de
5 pour 100 de fer ; comme laitier scorifié, tout silicate contenant de 5 à 15 pour 100 de fer, et comme scorie, tout silicate
plus riche en oxydes métalliques.

Toutes les fois qu'on fond un minerai sans le réduire, on
produit une scorie ; si la réduction est partielle, on obtient un
laitier scorifié ; si elle est totale ou presque totale, on aura du
laitier. Comme le but de l'opération du haut fourneau est la
séparation *totale* du fer et des gangues, tout fourneau produisant des laitiers scorifiés est en mauvaise allure.

Les causes de marche en scories ou *allure froide* sont les suivantes :

1° *Insuffisance de combustible*. — Auquel cas la température n'est pas assez élevée dans le fourneau pour accélérer la réduction, qui s'opère d'autant mieux que la température est plus haute. En outre, le vent, ne rencontrant dans l'ouvrage que peu de combustible, frappe sur le minerai qu'il réoxyde. La formation de scories provient, dans ce cas, de l'extension trop grande de la région oxydante. L'oxydation a lieu aussi sur la fonte déjà produite, et tandis que celle obtenue à température élevée, riche en carbone et en silicium, attaqués les premiers, est préservée pendant un léger instant de l'oxydation, celle produite à basse température est de suite puddlée par le vent.

Enfin, les morceaux de minerai fondent plus bas dans le fourneau quand l'ouvrage est froid, et leur séjour devant les tuyères est plus prolongé lorsqu'ils s'y présentent en morceaux intacts que lorsque, déjà fondus, ils ruissellent à travers les morceaux de coke.

2° *Tuyères qui perdent*. — Nous avons vu, au chapitre précédent, les effets produits par l'introduction de l'eau dans les tuyères.

3° *Tuyères plongeantes*. — L'allure n'est pas froide dans ce cas, mais on n'obtient que des laitiers noirs et de la fonte mazée.

4° *Chutes et formation de blocs devant les tuyères*. — Quand une chute de minerais agglomérés ou de garnissages amène devant les tuyères un bloc à fondre, il peut y avoir insuffisance de combustible et formation de scories, surtout quand les blocs se composent de minerais mal réduits. D'autres fois il y a formation de scories par suite de mauvais travail du vent, arrêté par la masse à fondre et rejeté sur les parois ou sur le bain de fonte. La même perturbation est produite par les blocs qui se forment dans l'ouvrage quand les minerais sont trop peu fusibles. Enfin les chutes de garnissages ou de minerais agglomérés sont généralement accompagnées de descentes irrégulières des matières.

5. *Descentes irrégulières; classement et tamisage des minerais; couloirs*. — Quand les charges descendent plus d'un côté du fourneau et forment un *couloir* par l'effet d'accrochages, ou d'excentricité dans le fourneau, d'un chargement mal équilibré ou d'un vent inégal, les gaz traversent de préférence le côté où la descente est le plus rapide; les matières sont trop vite échauffées, et, saisies au gueulard, s'y scorifient; enfin elles arrivent trop tôt dans l'ouvrage sans avoir été réduites; tandis que celles dont la descente est ralentie séjournent un temps exagéré, leurs éléments réagissant de proche en proche et formant un laitier pâteux qui gêne le passage des gaz et favorise la formation de blocs et d'accrochages, le coke qui leur était mélangé se dissout dans l'atmosphère du fourneau, si bien que lorsque ces charges arrivent dans l'ouvrage, elles contiennent une proportion insuffisante de combustible.

D'autres fois, quand la descente est inégale, le coke et le minerai arrivent tour à tour devant les tuyères, il se produit alternativement des laitiers blancs et peu abondants, puis des scories. Le même phénomène se passe fréquemment quand on traite des minerais très-denses et menus, et surtout des minerais en grains qui ont une grande tendance à tamiser à travers les interstices du combustible et produire des *coulages de mine*.

La descente des minerais denses est toujours beaucoup plus rapide que celle du coke : si le phénomène a lieu régulièrement, l'allure du fourneau n'en est pas dérangée; mais s'il a lieu par saccades, la marche devient irrégulière et la production des scories est fréquente.

Enfin, les minerais argileux et mouillés forment facilement des conglomérats ou briques, dont la surface seulement est réduite.

Tous les minerais n'ont pas la même tendance à se scorifier;

il est des usines où les scories sont inconnues : ce sont celles
où l'on traite des minerais non siliceux et où le quartz est
ajouté comme fondant. En effet, un minerai sans silice ne peut
produire de silicate de fer, et, chauffés brusquement sans réduction, les éléments des minerais alumineux ou calcaires ne réagissent pas les uns sur les autres. Réciproquement, un minerai se transformera d'autant plus aisément en scorie que la
silice y sera plus intimement mélangée à l'oxyde de fer. Un lit
de fusion très-calcaire offrira avec les mêmes minerais plus
d'obstacle qu'un lit de fusion siliceux à la formation des scories ; sans perdre toute affinité, la silice saturée de bases est
presque sans action sur l'oxyde de fer. C'est pour la même
raison que la réduction des scories de forge dans le haut fourneau est d'autant plus facile que l'on traite simultanément
plus de minerais calcaires et moins de minerais siliceux.

Du travail du fourneau quand il marche en scories. — Dès
que l'allure d'un fourneau devient froide, les laitiers coulent
plus abondamment, puisque leur poids se trouve augmenté
de celui de l'oxyde de fer non réduit ; c'est surtout sensible
avec les lits de fusion riches qui, en bonne allure, font peu
de laitiers et beaucoup de fonte, et où la proportion se renverse quand l'allure se refroidit. En même temps, les tuyères
deviennent moins brillantes et soufflent dans la flamme ; cette
flamme est produite par de l'oxyde de carbone résultant de la
réaction des oxydes sur le combustible, et accompagne toujours l'arrivée d'oxydes métalliques dans l'ouvrage. Les morceaux de coke et de minerai enveloppés de buées cessent d'être
visibles devant les tuyères.

Outre la couleur noire ou rousse quand elles sont refroidies, les scories se distinguent des laitiers par leur densité
plus grande, leur cassure grenue ou lamelleuse. A la coulée,
elles ont la fluidité de l'eau, ne s'étirent pas en fils, se figent
brusquement sans passer par l'état pâteux, et deviennent noires
à peine figées. Elles se recouvrent de croûtes formées de

gouttes et de traînées irrégulières. Elles sont d'autant moins friables qu'elles sont plus riches en fer. Les laitiers, au contraire, coulent lentement, passent par l'état pâteux, restent longtemps rouges avant de se refroidir, et, à moins d'être très-peu fusibles, coulent à une grande distance du fourneau.

Si la marche en scories persiste, non-seulement il ne se fait plus de fonte, mais toute celle accumulée dans le creuset est décarburée par les oxydes; elle perd sa fusibilité et remplit le creuset d'une masse pâteuse analogue aux boules sortant des fours à puddler. Aussi il est utile, dès l'apparition des scories, de vider promptement le creuset pour sauver la fonte et éviter l'obstruction de l'avant-creuset.

Tant que tout le minerai fond sans réduction, la conduite du fourneau est facile; il suffit de laisser libre la sortie des crasses; mais quelquefois avant la marche en scories, et toujours après, a lieu la marche en laitiers scorifiés, durant laquelle une partie du fer des minerais est séparée et forme dans le creuset des morceaux de fer en éponge mêlé de fonte froide; alors l'avant-creuset s'obstrue et la sortie des crasses devient impossible; leur bain monte dans le fourneau, se fige devant les tuyères, et, si l'on tarde à dégager l'avant-creuset pour leur donner issue, elles entrent dans les tuyères, noyent les buses et bouchent les porte-vent.

Le travail du fondeur consiste donc, en cette période du dérangement, à donner issue aux scories en enfonçant des ringards sous la tympe, et même, si les tuyères sont sur le point d'être noyées, il doit crever la tympe ou chercher à couler par les embrasures de tuyères.

Il est toujours préférable d'écouler les scories par l'avant-creuset qui est ainsi maintenu chaud; on cherche aussi à laisser un passage assez large pour que la flamme puisse sortir avec les scories et élargir leur issue. Ce travail en face du jet de flamme est fort pénible et exige des ouvriers énergiques ayant l'habitude du feu.

Enfin, après une lutte plus ou moins longue suivant la gravité du dérangement, les tuyères s'éclaircissent, elles prennent un éclat de plus en plus vif, et on peut distinguer les morceaux de coke et de minerai; les laitiers apparaissent coulant plus lentement et mêlés de fonte qui, trouvant le creuset plein, coule au dehors à mesure qu'elle se forme. Il n'y a plus alors à craindre d'obstruction dans la sortie des crasses qui sont plus chaudes et élargissent les issues, tandis que la fonte plus fluide refond peu à peu les matières figées dans le creuset.

A cette dernière période, on arrête la fonte par des barrages en terre sur la dame, et on fait de fréquentes coulées, en perçant d'abord sous la plaque de dame, puis on perce de plus en plus bas, afin de dissoudre plus promptement les matières figées dans le creuset, que le fondeur détache avec son ringard dès qu'elles sont suffisamment ramollies. Il faut souvent plusieurs jours d'allure chaude pour que le creuset ait repris sa profondeur et ses dimensions intérieures.

DES DÉRANGEMENTS PRODUITS PAR INFUSIBILITÉ DES GANGUES.

Il faut un changement brusque dans la composition des minerais ou une grave erreur de dosage pour arriver à des laitiers infusibles avant d'avoir eu le temps de corriger la charge. Cependant il est des cas où, par économie ou pour obtenir des fontes spéciales, on cherche à composer un *laitier limite* très-peu fusible, que la moindre erreur de dosage rend tout à fait réfractaire. Ainsi, le traitement des minerais très-alumineux, qui exigent à la fois addition de castine et addition de silice, fait adopter le laitier le plus alumineux, qui sera dans ce cas particulier le plus économique. De même, lorsqu'on a des minerais très-pyriteux ou que l'on veut traiter beaucoup de scories, on surcharge en castine autant que possible pour obtenir de meilleurs produits; dans ce cas, une variation un peu brusque dans la composition des minerais peut amener un engorgement. C'est surtout quand on traite une forte proportion de minerais calcaires qu'on est exposé à ces accidents ; car de tous les minerais, ce sont les plus variables comme gangue.

Quand la charge devient trop peu fusible, c'est aux tuyères qu'on le reconnaît ; d'abord, elles se *musellent* ; le contact des tuyères froides et le jet de vent figent les laitiers autour de la tuyère ; il se forme un tube de laitier durci : ce tube ou *museau* conduit le vent à travers la masse des matières dont il gêne la descente, et comme il est fait de laitier réfractaire et constamment rafraîchi par le courant d'air, il ne fond pas et s'étend souvent jusqu'à la paroi opposée. Parfois le poids des matières fait baisser le museau, qui entraîne avec lui la tuyère et la rend plongeante.

Si cette allure se prolonge, le fourneau se garnit outre mesure dans toutes les parties qui ne sont pas soumises à l'action directe du vent, le creuset et l'ouvrage se rétrécissent et se remplissent de blocs infusibles provenant d'agglomérations où domine l'élément en excès dans le laitier mêlé de coke et de graphite. Il faut alors, au moyen du ringard et du ciseau, briser ces blocs et les extraire par l'avant-creuset : on doit travailler sans cesse le fourneau et faire continuellement des purges à la pelle pour empêcher l'obstruction de l'ouvrage et du creuset. Avec un travail énergique, on peut éviter l'engorgement, et rendre possible et régulière une allure en laitiers réfractaires, qui produit promptement un dérangement si le creuset n'est pas suffisamment travaillé et fréquemment déblayé.

Quand le laitier devient encore plus réfractaire, l'engorgement se produit, le laitier ne sort plus ou est tellement pâteux qu'on ne peut le faire couler qu'en ouvrant la tympe. Si les blocs empêchent le vent de pénétrer, il faut les attaquer avec le ciseau et le bélier, soit par la tympe, soit par les embrasures des tuyères. On doit éviter les arrêts qui refroidissent l'ouvrage ; le laitier se fige alors et la dureté des blocs s'augmente. En marchant à tympe ouverte, on facilite la sortie du laitier et des morceaux non fondus chassés au dehors par le jet violent des tuyères ; enfin, on doit, dans ces sortes de dérangements, souffler avec toute la pression dont on dispose, car le vent pénètre mal dans le fourneau, et une pression plus forte peut chasser au dehors les laitiers pâteux qui refusent de couler.

Dès qu'on est averti, par le manque de fluidité des laitiers ou le musellement des tuyères, qu'un engorgement est imminent, on doit modifier le lit de fusion, car les moyens mécaniques ne peuvent que retarder l'accident et permettre l'arrivée d'une charge fusible. Mais comme le vent passe mal et que la descente des matières devient très-lente, il est utile, au début de tout engorgement par excès de chaux ou d'alumine, de jeter dans le gueulard plusieurs charges de scories de forge ; elles fondent peu après leur arrivée dans la cuve et arrivent dans l'ouvrage bien avant les charges précédentes, apportant de la silice et de l'oxyde de fer, et rendant fusibles les laitiers les plus réfractaires. Par cet expédient, on peut débarrasser le fourneau plusieurs jours avant l'arrivée des charges corrigées. On essaye aussi dans le même but l'introduction dans l'ouvrage d'éléments siliceux ou calcaires, en jetant par les tuyères du sable ou de l'argile, suivant que l'engorgement vient d'excès d'alumine ou d'excès de chaux ; mais on ne peut introduire ainsi que de petites quantités de fondants. Le verre concassé ou le spath fluor agiraient plus énergiquement et seraient utilement employés en pareil cas. Il vaut mieux, dans le cas d'engorgement par infusibilité, marcher en laitiers noirs qu'en laitiers blancs, ils sont beaucoup moins réfractaires ; aussi doit-on chercher à les obtenir comme dernière ressource, en faisant plonger les tuyères et brûlant la fonte qui repasse à l'état d'oxyde et rend les laitiers plus fusibles.

A la suite de ces dérangements graves, plus rares aujourd'hui que l'analyse intervient davantage dans la conduite des hauts fourneaux, il faut parfois abandonner le creuset et l'ouvrage où le vent ne passe plus, et remonter les tuyères jusqu'aux étalages ; mais, comme les mêmes accidents se reproduiront dans ce nouvel ouvrage d'autant plus facilement qu'il est plus large et que, par suite, la température y est moins élevée, on ne peut considérer cet expédient *in extremis* que comme un moyen de marcher pendant quelques jours de plus jusqu'à l'arrivée d'une charge fusible, car si l'erreur de dosage persistait, il faudrait abandonner le fourneau plein d'un bloc compacte ou *loup*, souvent impossible à démolir.

Au contraire, dès l'arrivée d'une charge fusible, la sole se creuse, le vent reprend son libre passage, et quelques jours d'allure chaude et laitiers fluides permettent de remettre les tuyères à leur ancienne position, et de rentrer en possession du creuset promptement débarrassé dès qu'on peut abaisser le trou de coulée.

CHAPITRE XII

La mise en feu d'un haut fourneau se faisait jadis avec d'incroyables précautions et des pratiques qu'on serait aujourd'hui tenté de nommer superstitieuses. Elles avaient en partie leur raison d'être dans l'extrême fragilité au feu des pierres siliceuses dont on construisait la sole, le creuset et l'ouvrage, et dont il fallait opérer l'échauffement avec une grande lenteur. Aujourd'hui que les briques sont partout employées à la construction des fourneaux, la mise en feu ne dure pas plus de cinq à six jours.

Après le séchage du fourneau, qui doit durer plusieurs semaines quand la maçonnerie est neuve, mais qui peut n'être que de huit jours quand on n'a refait que la chemise réfractaire, on remplit le creuset de bois et l'ouvrage de coke également réparti, puis on met le feu. Après une heure, on bouche l'avant-creuset avec du fraisil et on mure les embrasures de tuyères.

Dès que le feu apparaît à la surface du coke, on verse la première charge de minerai qui doit être environ moitié d'une charge normale, et l'on fait une charge chaque fois que le feu apparaît.

Douze heures environ après la mise en feu, on fait la première grille. Pour cela, on pose une forte barre sur les crémaillères des gendarmes, et à 10 centimètres en contre-bas de la tympe, puis on enfonce sous la tympe des barres jusqu'à ce qu'elles touchent la rustine, formant ainsi une grille qu'on soutient en l'étançonnant contre la voûte de l'embrasure de coulée. On débarrasse ensuite avec des pelles et des râbles

le creuset plein de fraisil et de coke en partie brûlé, dont les
cendres en fondant produiraient l'agglomération. Pendant ce
temps, l'air pénètre vivement et régulièrement à travers la
grille et propage l'ignition dans le fourneau. Si on observe
du gueulard un point où le feu soit en retard, on pique la grille
de ce côté, et on écarte les barreaux de manière à y faire entrer
plus d'air. Après trois quarts d'heure de feu, on abat l'étançon
et on retire les barres : toute la masse descend et remplit le
creuset de coke destiné à être enlevé à l'opération suivante.
On bouche alors l'avant-creuset avec du fraisil, et on laisse le
feu dormir jusqu'à la grille suivante, que l'on fait douze heures
après. Si on veut accélérer l'allumage, on peut faire une grille
chaque six heures.

Si l'on a versé dans le fourneau quinze tonnes de coke avant
la première charge de minerai, on voit celui-ci apparaître vers
la huitième grille, qui peut être faite trois à quatre jours après
l'allumage. A ce moment, on pose la dame et les tuyères, et
on commence à souffler avec des buses de 4 à 5 centimètres,
et au vent froid, sous une pression de 5 à 6 centimètres de
mercure que l'on porte dès le lendemain à 7 centimètres,
en augmentant très-graduellement. On augmente aussi peu à
peu le diamètre des buses, de manière à ce qu'elles aient
atteint leur dimension normale sept ou huit jours après la
mise du vent. Dès qu'on a mis le vent, on charge continuellement jusqu'à ce que le fourneau soit rempli. Si la première
charge de minerai a été de 500 kilogrammes de minerai
pour 500 de coke, la dixième charge sera de 525 kilogrammes,
la vingtième de 550, et ainsi de suite, jusqu'à ce qu'on se rapproche de la charge normale, en restant cependant un peu
au-dessous pendant les premiers jours de marche.

On commence à souffler du vent froid pour ne pas saisir les
briques de l'ouvrage; après quelques heures, on peut allumer
l'appareil à air chaud; mais on doit élever lentement la température, en se laissant guider par l'aspect des laitiers qui

passent promptement au blanc. Comme les briques ne sont pas encore recouvertes de garnissages, elles se rongeraient promptement si, en présence de l'excès de combustible des premières charges, on cherchait par du vent très-chaud à obtenir une température très-élevée dans l'ouvrage. Il faut aussi que les charges arrivent de plus en plus fortes à mesure qu'elles sont mieux élaborées, et que le fourneau devient plus chaud.

Cette méthode de mise en feu ne présente aucune difficulté ni chance d'insuccès; il n'en est pas ainsi de l'ancien procédé, consistant à remplir de coke tout le fourneau qu'on vide ensuite à force de faire des grilles, opération très-longue et laborieuse qui offre, en outre, l'inconvénient de favoriser les descentes obliques et la mauvaise répartition de la chaleur dans le fourneau.

Une autre méthode très-hardie qui a été récemment préconisée consiste à souffler dès l'allumage sans faire de grilles et le fourneau étant plein de matières; après une marche en scories d'une douzaine d'heures, les charges arrivent suffisamment élaborées et produisent de la fonte et du laitier; mais c'est un étrange procédé que de commencer la marche d'un fourneau par un dérangement durant lequel il y a déformation de l'ouvrage, scorification des matières échauffées avant d'être réduites, et grand danger de former des accrochages. La formation d'accrochages est, en effet, à craindre lors des mises en feu où l'on a à échauffer des minerais non encore réduits, et qu'un coup de feu peut agglomérer et rendre adhérents aux parois.

Les mises en feu sont plus faciles quand les minerais chargés sont pauvres; alors il y a plus à fondre et moins à réduire; aussi, quand on en a le choix, on réserve pour l'allumage les minerais les plus pauvres, attendant, pour enrichir le lit de fusion, que le fourneau soit en marche régulière.

MISE HORS.

L'extinction d'un haut fourneau ne présente aucune difficulté quand le fourneau est en bonne allure et que cette mise hors n'est amenée par aucun accident de machines ni éboulement des parois.

Autant que possible, on fait précéder la mise hors d'une allure chaude avec laitiers très-fusibles qui nettoient la sole et les parois du creuset; on doit chercher en même temps à abaisser le trou de coulée, pour vider plus complétement le fourneau lors de la dernière coulée.

Quand le creuset est bien net et sans fonte figée sur la sole, on enlève les prises de gaz et tous les appareils métalliques du gueulard que la flamme pourrait détruire; puis on cesse de charger et le fourneau se vide complétement sans aucun incident; et lors de la démolition, on n'y trouve d'autre fonte que celle qui était en contre-bas du trou de coulée.

On doit diminuer la pression du vent à mesure que les matières baissent dans le fourneau et laissent un plus libre accès à l'air. Quand il ne reste plus rien devant les tuyères, on fait la dernière coulée le plus bas possible, puis on noie le creuset en y envoyant pendant plusieurs jours l'eau des tuyères qui concasse la fonte et les briques, désagrége les garnissages et rend la démolition très-facile.

On profite souvent de l'extinction des fourneaux pour y refondre tous les blocs volumineux, *loups*, grosses pièces que leur volume ou leur mauvaise qualité rend impropres à tout traitement de forge ou de fonderie. Dans un fourneau en bon état, la chose est facile, mais elle serait imprudente dans un fourneau dégradé où le passage des blocs pourrait produire des éboulements. Si on a de fortes quantités de fontes à repasser ainsi dans le fourneau, il ne faut pas les charger mélangées au coke qui doit les fondre, mais au moins vingt-quatre heures après, car elles arrivent dans l'ouvrage bien avant les charges qui les précédaient au gueulard ; elles fondent étant encore dans la cuve et coulent dans le creuset sans séjourner dans les autres parties du fourneau. Il ne faut pas non plus en charger consécutivement de trop grandes quantités, qui pourraient arriver toutes ensemble dans l'ouvrage sans y trouver le combustible qui doit les suréchauffer, et se figeraient dans le creuset. On peut, en diminuant les charges vingt-quatre heures à l'avance, passer sans danger 50 tonnes de bocages par jour.

Quand la mise hors est nécessitée par la dégradation de la chemise réfractaire, on fait suivre la dernière charge de minerai par plusieurs charges blanches, car il est possible qu'un éboulement se produise après la descente des matières dont la pression ne soutient plus les parois, et il est bon d'avoir dans l'ouvrage un excès de coke, soit pour fondre, soit pour diviser les matières qui resteront dans le fourneau, et les empêcher de s'agglomérer en un bloc difficile à briser.

Dans les usines où il n'y a qu'une seule machine soufflante, si un accident grave survient dans la soufflerie et oblige à un arrêt de plus d'une semaine, on n'a d'autre parti à prendre que de vider le fourneau à la pelle, opération longue et pénible. Aussi, même pour un seul fourneau, est-il prudent d'avoir une machine de secours, ou au moins un ventilateur et une machine locomobile.

DES ARRÊTS.

Les arrêts sont toujours préjudiciables à l'allure du fourneau ; tout arrêt prolongé est suivi d'un refroidissement qui peut même aller jusqu'à production de scories. La cause n'est pas le refroidissement extérieur, qui peut être considéré comme nul, ni l'introduction d'air froid, car on évite avec soin toute rentrée d'air.

Un fourneau arrêté momentanément et hermétiquement bouché par le bas continue à émettre une notable quantité de gaz, mais alors c'est de l'oxyde de carbone à peu près pur produit par la réaction de l'oxyde de fer sur le combustible. Cette réaction, nous l'avons vu, produit un refroidissement considérable qui n'est plus compensé par l'excès de température des gaz de l'ouvrage. En outre, dans un fourneau arrêté, il n'y a plus formation d'acide carbonique ; le combustible est donc aussi mal utilisé que possible : telles sont les deux causes du refroidissement.

Pendant l'arrêt, les matières fusibles réagissent lentement les unes sur les autres ; et, dans les parties basses du fourneau, il y a fusion lente et production de fonte blanche. Dans la cuve et au ventre, ces réactions incomplètes donnent naissance à des silicates pâteux, qui tendent à former des voûtes, des accrochages et des agglomérations pouvant déterminer des accidents lors de la descente des charges.

Le phénomène de refroidissement par suite d'arrêt est tellement admis dans la pratique, que lorsqu'on prévoit l'arrêt on s'y prépare par une diminution de charge proportionnée à la durée de l'arrêt ; on a pu ainsi, dans certaines usines, suspendre la marche pendant huit jours sans accident ni dérangement grave.

RÉPARATIONS DURANT LE FONDAGE.

Suivant le profil originaire, la nature des matériaux employés à la construction, le mode de chargement et de prise de gaz, la pression du vent, la position des tuyères, la nature des laitiers et la régularité d'allure, un fourneau conserve plus ou moins longtemps sa forme intérieure. Peu de jours après sa mise en feu, les angles se sont adoucis et les formes courbes ont remplacé les lignes droites ; plus tard, l'usure se porte de préférence sur le voisinage des tuyères et les parties de l'ouvrage

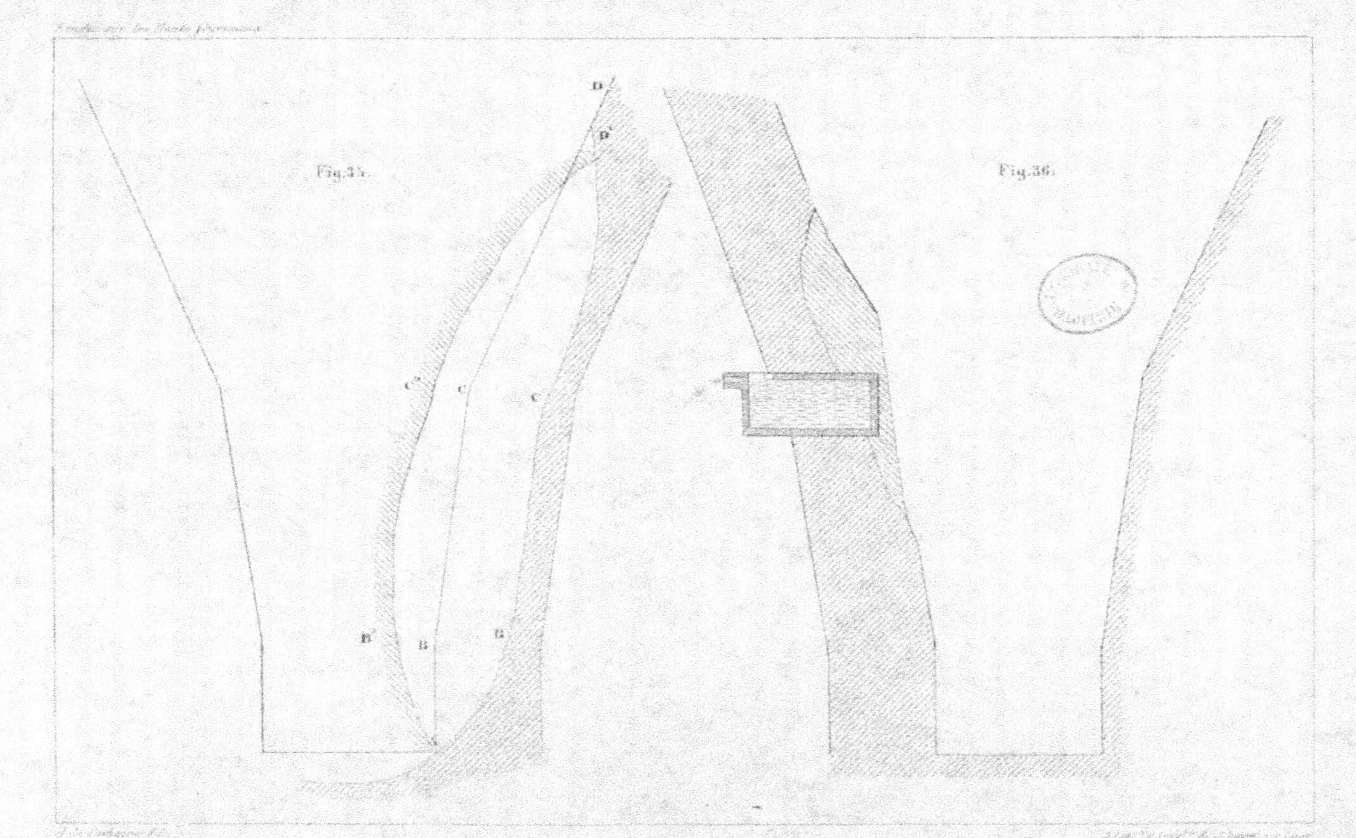
Fig.35.
Fig.36.

avoisinant la région oxydante ; les laitiers rongent les briques qui ne sont pas recouvertes de garnissages, et si la descente des matières et le courant gazeux ascendant se localisent d'un côté du fourneau, il s'use et s'excentre promptement de ce côté.

Dès qu'un fourneau est déformé, la même fonte ne peut s'obtenir qu'avec une charge plus faible, et l'on arrive ainsi à une marche onéreuse et très-irrégulière ; il faut alors, par une réparation, rectifier le profil déformé et combler les excavations et les couloirs qui iraient toujours en s'augmentant. C'est surtout l'ouvrage qu'il faut réparer fréquemment, car c'est la région la plus promptement déformée et celle dont les dimensions ont le plus d'influence sur la consommation du combustible et l'allure du fourneau.

Tous ceux qui ont dirigé des hauts fourneaux ont l'habitude de ces réparations et savent exécuter ces barrages, suspendant sur une voûte en terre toute la masse incandescente qui remplit le fourneau. Nous décrirons rapidement l'opération.

Supposons qu'un fourneau ayant à l'origine le profil A B C D se soit déformé suivant A' B' C' D' (fig. 35), et qu'il faille lui rendre sa forme primitive ; on commencera en s'attaquant à la plus haute des assises usées, et si, comme il est fréquent dans les fourneaux d'ancienne construction, les embrasures sont basses, on démolira d'abord l'assise voisine des marâtres. Quand le ciseau frappé par la masse ou le bélier fait une brèche suffisante, on tire avec un crochet quelques morceaux de coke ou de minerai qui laissent un vide ; on jette dans cette excavation des *boulets* ou boules d'argile pétrie avec de la brique pilée, et plastiques sans être molles. Ces boulets refoulés avec un râble, doucement d'abord, puis avec force, pénètrent dans la masse incandescente, remplissent les interstices du coke et du minerai, qu'ils empâtent, et en se durcissant forment un mur dont le coke et le minerai seraient les pierres et l'argile le ciment. On refoule les boulets d'autant plus profondément qu'on veut donner plus de résistance à ce mur et que la réparation doit être plus longue à exécuter.

On fait de même après la démolition de l'assise suivante et on continue ainsi jusqu'au bas de la partie usée. Il est bon dans ces barrages de bourrer des morceaux de briques en même temps que des boulets ; on obtient ainsi un mur plus résistant. Il est essentiel de donner au barrage la forme d'une voûte $AbcD'$, pour qu'il puisse résister à la poussée des matières du fourneau.

On peut rarement avec un premier barrage gagner assez de terrain, surtout à la partie supérieure, pour pouvoir poser des briques neuves de 70 à 80 centimètres de longueur ; il faut alors, quand on a rebâti la partie inférieure, reprendre le barrage par le haut, en le démolissant par partie et repoussant les matières plus loin qu'on n'avait pu le faire la première fois.

Le barrage doit être imperméable à l'air et on doit boucher avec du coulis les fentes qui pourraient s'y produire ; car l'introduction de l'air brûle le coke et fond les matières, et il se produit du laitier qui, en s'écoulant, gêne les ouvriers ; puis des excavations suivies d'éboulements, et une poussée inégale qui peut renverser la voûte en terre.

Les réparations d'ouvrage et d'étalages ne peuvent se faire que dans les fourneaux dégagés du massif à partir des étalages. Dans les anciens fourneaux, dont le bas est entièrement emprisonné dans le massif, on ne peut faire que des réparations de creuset.

Les réparations de creuset peuvent être partielles ; et, dans ce cas, on procède comme nous venons de l'indiquer ; si on veut refaire la sole, il faut, si on ne peut percer assez bas, épuiser le laitier accumulé au-dessous du trou de coulée ; on y arrive en le tirant avec un râble et projetant de l'eau en petite quantité pour l'épaissir. Les cavités sont ensuite comblées en y damant un béton d'argile réfractaire gâchée avec du quartz.

Quand le creuset doit subir une réparation complète dans un fourneau qui n'est pas dégagé de son massif, on opère de la manière suivante : on introduit une forte barre par les deux tuyères latérales, et sur cette barre formant chenet, on enfonce des barres perpendiculaires formant grille. On abat la dame ; on déblaye le creuset, et par les embrasures de tuyères et la tympe, on refoule des boulets au-dessus de la grille qui porte les matières incandescentes. On forme ainsi une voûte complète ou dôme en argile, sous lequel on peut travailler à l'aise, démolir et reconstruire. La démolition est rendue facile en noyant le creuset dans un bain d'eau durant douze ou vingt-quatre heures. Une réparation complète de creuset par cette méthode dure au moins trois jours, tandis qu'avec un creuset dégagé, on pourrait la faire en moins de vingt-quatre heures.

Un fourneau, dont on a réparé l'ouvrage, peut encore fournir une longue campagne, même quand les étalages très-usés n'auraient pu être réparés. En effet, les briques neuves, ou mieux les bâches à eau en saillie dans le fourneau, arrêtent au-dessus d'elles des matières qui s'y fixent et produisent un garnissage factice ; la cavité ainsi comblée, le profil du fourneau redevient régulier (fig. 36). D'autres fois, il s'y produit des accrochages très-nuisibles à l'allure du fourneau ; enfin, les briques neuves en saillie sont parfois détruites en peu de jours, et on est obligé pour conserver l'ouvrage, quand les étalages sont trop usés, de recourir à l'emploi des bâches à eau.

Réciproquement, l'usure de l'ouvrage entraîne celle des étalages qui ne peuvent être en saillie dans le fourneau ; on ne doit jamais laisser se former d'excavations dans l'ouvrage, si l'on veut conserver les étalages intacts.

Quand un fourneau doit subir une réparation importante, il faut l'y préparer par une diminution de charge faite au moins deux jours à l'avance, afin que la réparation soit faite sur un fourneau en allure chaude et contenant un excès de combustible pour compenser le refroidissement qui résulte de l'arrêt. Malgré cela, il est rare, quand la réparation a duré une douzaine d'heures, qu'elle ne soit pas suivie d'une marche en laitiers scorifiés.

CHAPITRE XIII

La chemise réfractaire des hauts fourneaux se construisait autrefois jusqu'aux étalages en quartz ou pierres siliceuses. Ces pierres, dont la Belgique fournissait les plus estimées, résistaient longtemps à l'usure ; mais leur prix, les énormes frais de taillage, les grandes précautions qu'elles exigeaient lors de la mise en feu pour ne pas éclater, enfin l'impossibilité de faire en marche les réparations, les ont fait abandonner presque partout et remplacer par des briques, surtout depuis qu'en isolant du massif le creuset et l'ouvrage, on peut suppléer par des réparations à la moindre durée des matériaux.

Les briques résistent moins à l'usure que le quartz pur et compacte ; mais elles sont très-différentes entre elles comme propriétés réfractaires. Examinons donc la question souvent posée : Quelles sont les meilleures briques de haut fourneau ?

La silice et les bases terreuses prises isolément sont infusibles. Chacune de ces substances pourrait donc être utilisée comme matière réfractaire ; mais on n'emploie guère que la silice et l'alumine, sauf dans quelques hauts fourneaux au bois (Sainte-Colombe, près Châtillon-sur-Seine ; Bigny, près Châteauneuf), où l'on a obtenu, dit-on, des campagnes de cinq ans avec des chemises réfractaires en chaux.

Les propriétés plastiques de l'alumine la rendent indispensable à la fabrication des briques, qui se rapprochent toutes d'un des trois types suivants :

1° Briques d'alumine, contenant plus de 40 pour 100 d'alumine ;

2° Briques silico-alumineuses ;

3° Briques siliceuses, contenant le minimum d'alumine nécessaire pour l'agglomération, ou plus de 80 pour 100 de silice.

PREMIER TYPE. *Briques alumineuses*. — L'alumine acquiert par la cuisson une dureté presque égale à celle de la silice, et une densité supérieure se rapprochant de celles du rubis et de l'émeri, qui sont de l'alumine pure. Elle n'est pas même ramollissable aux plus hautes températures. Malheureusement la rareté de l'alumine pure fait qu'on n'emploie que ses silicates, qui sont très-répandus dans la nature, mais n'ont pas les mêmes qualités réfractaires.

Aucun silicate d'alumine n'est complétement fusible aux températures les plus élevées des foyers industriels ; mais il en est qui se ramollissent au point de devenir plastiques et malléables, et dans ce cas subissent promptement dans les fourneaux l'usure mécanique produite par le frottement des matières ; ces silicates sont ceux compris entre les deux composés :

$$\text{Al}^2\text{O}^3.\,2(\text{SiO}^2) \begin{cases} \text{Alumine} \dots \dots \dots & 36,2 \\ \text{Silice} \dots \dots \dots & 63,8 \end{cases} 100$$

et :

$$\text{Al}^2\text{O}^3.\,3(\text{SiO}^2) \begin{cases} \text{Alumine} \dots \dots \dots & 27,4 \\ \text{Silice} \dots \dots \dots & 72,6 \end{cases} 100$$

On diminue leur fusibilité en ajoutant au premier de l'alumine, au second de la silice. Il s'agit donc, dans la fabrication des briques, de s'éloigner le plus possible des compositions de ces silicates. Une brique contenant 45 pour 100 d'alumine et 55 pour 100 de silice sera déjà très-réfractaire, et *à fortiori* celles plus alumineuses.

DEUXIÈME TYPE. *Briques silico-alumineuses*. — Celles comprises entre les composés précédents ou s'en rapprochant doivent être considérées comme insuffisamment réfractaires, et ne doivent pas être employées dans l'ouvrage et les étalages. Ce sont malheureusement les plus répandus dans la nature, puisqu'ils proviennent de la décomposition des feldspaths, se dédoublant tous en silicate alcalin et silicate alumineux $Al^2O^3.3(SiO^3)$.

Les feldspaths ont en effet pour composition :

$$Al^2O^3, 3SiO^3 + Ko. SiO^3 \qquad \text{Orthose.}$$
$$Al^2O^3, 3SiO^3 + NaO. SiO^3 \qquad \text{Albite.}$$
$$Al^2O^3, 3SiO^3 + LiO. SiO^3 \qquad \text{Triphane.}$$

Le silicate alcalin, en se séparant, laisse le silicate d'alumine $Al^2O^3.3SiO^3$ à 27,4 pour 100 d'alumine ; sauf dans le cas où un ou plusieurs équivalents d'eau ont remplacé le même nombre d'équivalents d'alumine, comme dans le kaolin, $SiO^3.Al^2O^3, 2HO$, silicate très-réfractaire.

TROISIÈME TYPE. *Briques siliceuses.* — L'abondance du quartz pur dans la nature permet de l'employer pour rendre réfractaires tous les silicates d'alumine. Suivant la nature physique et la plasticité des terres, on peut atteindre des teneurs en silice variant de 80 à 92 pour 100. Mais ces dernières ne sont pas assez plastiques pour qu'on puisse les cuire sans qu'elles se fendent, si leur volume dépasse deux ou trois décimètres cubes. Il y a, en effet, antagonisme entre la dilatation de la silice au feu et la contraction de l'alumine, d'où résulte la rupture par la cuisson de toutes les briques volumineuses et trop maigres. On échappe à cet inconvénient en construisant les hauts fourneaux en petites briques, toutes les fois que le volume des matériaux devient un obstacle à la qualité.

Les alcalis, l'oxyde de fer et la chaux accompagnent presque toujours les silicates d'alumine et nuisent à leurs qualités réfractaires.

Les briques employées en Angleterre à la construction des hauts fourneaux ont généralement d'assez fortes teneurs en alumine. En France, les briques siliceuses sont d'un emploi plus général.

Analyse de briques et terres réfractaires.

		EAU.	SILICE.	ALUMINE.	CHAUX ET MAGNÉSIE.	OXYDE DE FER.	POTASSE ET SOUDE.	USAGE.
1	Argile de Belin (Ardennes)	9,91	63,57	27,45	0,55	0,15	»	Creusets.
2	» Condé (Seine-et-Oise)	29,55	44,50	55,00	1,94	1,91	tr.	Cazettes à porcel.
3	» Dourdan (Seine-et-Oise)	9,20	60,60	26,59	0,84	2,50	»	Idem.
4	» Gaujac (Landes)	14,92	46,50	58,10	tr.	»	»	Idem.
5	» Hayanges (Moselle)	7,50	66,10	19,80	tr	6,70	»	Briques.
6	» La Malaise (Hte Vienne)	16,55	72,55	26,30	4,50	0,55	»	Cazettes.
7	» Retourneloup (Seine-et-Marne)	20,23	42,00	58,96	1,21	0,85	»	Cazette de Sèvres
8	» Salavas (Ardèche)	12,50	58,76	25,10	2,51	2,50	tr.	Creusets à acier.
9	» Gross-Almerode (Hesse-Cassel)	14,43	47,50	34,57	1,50	1,24	tr.	Creusets de Hesse
10	» Schildort (Bavière)	16,55	45,79	28,10	2,00	6,55	»	Creus. de Passau.
11	» Stourbridge (Worcester-shire)	9,28	65,10	22,22	0,52	1,92	0,18	Pots de verrerie.
12	» Poole (Dorsetshire)	11,96	48,99	52,11	0,65	2,54	3,51	Creusets.
13	» Dowlais	11,43	44,25	34,76	1,52	7,41	1,38	Briques.
14	» Glascow (Ecosse)	12,07	46,52	39,74	0,80	0,27	»	Porcelaine.
15	» Irlande	5,20	79,40	12,25	0,50	1,50	»	Creusets.
16	Briques de Dowlais	»	65,09	29,09	1,08	2,88	2,23	
17	» du Flintshire	»	88,10	4,50	1,20	6,10	»	
18	» du Lysnewydd (Pays de Galles)	»	84,00	14,10	0,70	0,50	»	
19	» de Pembroke	»	88,43	6,90	3,10	1,50	»	
20	» du Creuzot	»	69,50	28,50	»	2,00	»	
21	» de St-Victor près Uzès	»	84,50	16,4	0,70	tr.	»	
22	» maigres de Saint-Victor	»	90,00	9,85	0,15	»	»	

Nos 1, 2, 3, 4, 6, 7, 8, 9, 10, Salvetat, *Traité des arts céramiques.* — Nos 5, 19, 20, Berthier, *Traité des Essais.* — Nos 11, 12, 13, 14, 15, 16, 17 et 18, Percy. — Nos 21 et 22, laboratoire de Besèges.

On se demandera peut-être pourquoi la silice peut fournir d'aussi bonnes briques que l'alumine, en présence de l'oxyde de fer qui, dans les hauts fourneaux, doit se combiner à la silice et produire une scorie fusible, tandis qu'il est sans action sur l'alumine.

C'est en effet cette affinité de la silice pour l'oxyde de fer qui rend très-inférieures les briques siliceuses pour la fabrication des creusets, pour les fours à puddler et à réchauffer, et tous les foyers où la silice est en contact avec les oxydes métalliques. Mais il n'en est pas ainsi dans les hauts fourneaux ; dans la région où la température est élevée, il n'y a plus d'oxyde de fer, il n'y a que du fer réduit, sans action sur la silice ; ce n'est que dans les fourneaux en dérangement que le contact peut avoir lieu, soit par échauffement du gueulard, soit par descente des oxydes dans l'ouvrage ; mais alors il est très-vrai que les fourneaux se corrodent promptement, et qu'un jour de cette allure use plus le fourneau que plusieurs mois de bonne marche. Il serait plus rationnel de construire la cuve en briques alumineuses, et la moitié inférieure du fourneau en briques siliceuses. Enfin, entre deux types également réfractaires, le type alumineux sera préférable, comme moins attaquable par les laitiers et inattaquable par les oxydes.

En réalité, il n'y a pas de matière capable de résister dans les hauts fourneaux à l'action combinée de la chaleur et des laitiers ; il n'y a que les garnissages qui puissent préserver les briques d'une rapide usure ; mais, comme les garnissages ne se forment pas dans la région oxydante, il faut préserver les parois en faisant avancer les tuyères dans le fourneau, et, lorsque les garnissages ne se forment pas régulièrement, recourir à l'emploi des bâches à eau.

On attachait jadis une grande importance à la pose des briques : il fallait des joints invisibles. Ce soin minutieux entraîne à une grande dépense de main-d'œuvre et n'est pas justifié ; il suffit, en effet, que le mortier réfractaire soit de même matière que les briques pour devenir identique par la cuisson. Il en est de même du degré de cuisson : il est sans importance, au moins dans la partie basse du fourneau, où la cuisson s'achève à la mise en feu. Enfin, la dimension des briques est sans importance, et les petites briques sont plus économiques et permettent d'atteindre des limites de composition impossibles avec les blocs volumineux.

Le frottement des matières, qui, durant des années, suivent les parois, finit par les user mécaniquement ; aussi des bri-

ques dures, non friables et bien comprimées, auront, pour la
même composition, une durée plus grande. Mais c'est rarement par l'usure de la cuve que les fourneaux deviennent hors
d'usage ; à moins de marche très-irrégulière, la partie basse
est usée la première.

DU GARNISSAGE DES FOURNEAUX.

Après peu de jours de marche, un haut fourneau s'enduit intérieurement d'une croûte d'épaisseur variable, infusible et
résistante. Cette croûte, qui va de la sole au milieu des étalages, est faite d'un mélange de coke, de graphite, de grenailles
de fonte, agglomérés par du laitier rendu peu fusible par excès
de l'élément qui domine dans le lit de fusion ; ainsi, en allure
calcaire, le ciment du garnissage sera un laitier extra-calcaire
mélangé de morceaux de chaux ; en allure de laitier alumineux, le ciment du garnissage sera un laitier à excès d'a-
lumine.

Le phénomène du garnissage peut s'expliquer ainsi : au moment où les éléments terreux du lit de fusion réagissent l'un
sur l'autre, ils forment un silicate peu fusible ; le silicate fusible ne s'obtient que plus tard, par la combinaison de tous les
éléments terreux qui doivent former le laitier, et non par des
réactions partielles sans dosage. Les silicates ainsi formés par
la réaction immédiate des éléments voisins sont pâteux et
s'attachent aux parois du fourneau en englobant des morceaux
de coke. Lorsqu'un attachement s'est ainsi produit, la portion
qui touche les briques se trouve éloignée du foyer ; elle subit
peu à peu le refroidissement extérieur du fourneau et augmente de dureté ; pendant ce temps, l'élément terreux non
dissous, en excès dans l'agglomérat, chaux ou alumine,
réagit sur les molécules voisines et forme un silicate moins
fusible encore, qui cimente plus fortement les morceaux

de coke, de chaux ou d'alumine dont se compose le garnissage.

Les fourneaux se garnissent d'autant plus facilement que leur laitier est moins fusible; mais l'élément dominant dans les garnissages est toujours le coke ou le graphite; aussi ils ne peuvent se former dans la région oxydante, et sont détruits par les allures en scories ou l'arrivée dans l'ouvrage d'oxydes qui brûlent leur carbone et les désagrége; de telle sorte que les dérangements dans l'allure sont fréquemment compliqués par la chute des garnissages en blocs ou leur destruction lente, qui change le diamètre du fourneau et les conditions de marche et laisse à nu les briques promptement rongées par les laitiers et les scories.

C'est le phénomène du garnissage qui, seul, prolonge la durée des campagnes; un fourneau non garni perd par jour plusieurs centimètres d'épaisseur au contact de la fonte et surtout des laitiers dans le creuset et dans l'ouvrage. Au contraire, un fourneau usé peut reprendre un bon profil en se tapissant de garnissages dont on peut presque à volonté faire recouvrir les parties les plus usées.

Avec les lits de fusion donnant des laitiers très-fusibles, la formation des garnissages a lieu moins facilement, surtout si les éléments terreux sont très-intimement mélangés. Aussi l'usure des hauts fourneaux est plus rapide : c'est une considération qui doit entrer en ligne de compte dans le choix à faire du lit de fusion, et souvent l'augmentation apparente de prix de revient, due à une surcharge en castine, sera plus que compensée par la moindre usure et le rétrécissement de l'ouvrage, qui permet de porter une plus forte charge en produisant de meilleure fonte.

Chutes de garnissages. — Il n'est pas sans inconvénient qu'un fourneau se garnisse outre mesure, comme cela arrive par une longue marche en laitiers peu fusibles; il arrive alors que des garnissages se détachent et descendent par blocs volumineux ; ils obstruent le passage du vent et encombrent l'ouvrage. Plusieurs causes peuvent produire la chute des garnissages, savoir :

1° L'arrivée dans les régions inférieures de scories et de minerais mal réduits, qui brûlent le carbone et liquéfient les silicates agglomérants ;

2° Une surélévation dans la température du fourneau, comme celle résultant de l'arrivée dans l'ouvrage d'une charge blanche, ou du passage d'allure de fonte blanche à allure de fonte grise, ou changement brusque dans la température de l'air. Les silicates cimentant le garnissage, infusibles à une température moindre, peuvent alors se ramollir, et celui-ci peut se détacher des parois et descendre dans l'ouvrage ;

3° Un changement de charge, faisant passer d'un laitier calcaire à un laitier siliceux, produit généralement la dissolution du garnissage. C'est dans ce but qu'on emploie fréquemment les scories pour *laver* un fourneau trop garni ; on peut ainsi, par l'addition de minerais siliceux à la charge ou la diminution des minerais calcaires, dissoudre les garnissages en partie ou en totalité.

L'allure froide dégarnit le fourneau soit par l'effet des scories qui se produisent, soit par extension de la région oxydante par défaut de combustible, soit enfin parce que la chaleur se déplace dans le fourneau. Aussi rien n'est-il plus préjudiciable à la durée des briques que l'allure froide.

Chaque fois qu'un fourneau se dégarnit, on voit sortir par les joints des briques, dans les parties dénudées, de la fumée ou de petites flammes bleues d'oxyde de carbone. La même filtration de gaz a lieu lors de la mise en feu. Leur disparition coïncide avec la formation d'un nouvel enduit sur la paroi intérieure.

DES ACCROCHAGES.

Ils ont la même origine que les garnissages ; mais, autant ceux-ci sont utiles à la conservation du fourneau, autant ceux-là sont préjudiciables à la bonne marche et à la régularité d'allure.

Dans un fourneau où les matières sont fondues dans l'ouvrages et ramollies aux étalages, supposons qu'un refroidissement survienne : elles se coaguleront en blocs, et, le talus des étalages aidant, la masse refroidie au contact des parois, rendue réfractaire et dure par le mélange de coke et de silicates peu fusibles, restera adhérente aux briques, fera saillie dans le fourneau et portera la perturbation dans la descente des charges.

Un accrochage n'est donc qu'un garnissage local et trop volumineux. Il peut aussi s'en produire dans le fourneau chaque fois que la température s'élève dans la cuve, surtout dans les arrêts trop prolongés. Quand ils se forment près du gueulard et contiennent de l'oxyde de zinc, on les nomme *cadmies*.

La dureté des accrochages et leur adhérence peuvent encore s'expliquer par ce fait, que, si le silicate qui en est le ciment était à base d'oxyde de fer, il deviendra réfractaire par suite de la réduction de cet oxyde.

La formation d'accrochages est caractérisée par les irrégularités dans l'allure, les mauvaises réductions, les chutes, les formations de voûtes, les descentes obliques et par saccades, enfin la vitesse inégale de coulée du laitier, tantôt rare et blanc, tantôt abondant et noir, ce qui provient du mélange incomplet du coke et du minerai, tantôt celui-ci, tantôt celui-là arrivant devant les tuyères. Ce caractère est commun aux fourneaux qui sont accrochés et dans lesquels les matières s'échafaudent, aux fourneaux dont le mode de chargement est vicieux, et à ceux où le traitement des minerais lourds ou en grains occasionne des descentes de mine.

Un accrochage peut résister dans le fourneau à plusieurs mois de marche ; d'autres fois il a peu de durée et se termine par une chute ou par désagrégation successive. Quand il a lieu près du gueulard, il est plus tenace ; dans ce cas, on peut le détacher en laissant baisser le fourneau : il fond et se brûle dès qu'il est dans la flamme. S'il s'est formé près du ventre et persiste pendant plusieurs jours, le meilleur parti à prendre dans l'incertitude où l'on est de sa durée est de laisser baisser les charges jusqu'aux étalages ; puis on remplit le fourneau d'une charge très-faible et la plus pauvre possible, et l'on remet le vent sous faible pression et avec des buses très-étranglées. Les premières charges saisies par la chaleur se scorifient ; mais, après douze à vingt-quatre heures, le fourneau reprend sa marche régulière.

C'est principalement lors des arrêts prolongés que se forment les accrochages, surtout si la température était déjà élevée au gueulard. Les accrochages aux étalages se produisent plus aisément si ceux-ci sont brusquement évasés. Ils sont plus rares et moins tenaces dans les fourneaux ovoïdes. Quand on met hors un fourneau où se sont formés de fréquents accrochages, on observe des arrachements sur la surface des briques, auxquelles ils s'étaient fixés et qu'ils ont détachées dans leur chute.

Quand les accrochages ont lieu dans l'ouvrage, on peut les détruire par tous les moyens qui détruisent les garnissages ; s'ils ont lieu plus haut, l'action dissolvante des scories et les changements de température seront moins efficaces. On peut cependant remédier à la descente inégale des charges en reculant la tuyère et élargissant les buses du côté où la descente est retardée, et avançant la tuyère opposée. Quand le fourneau a repris son aplomb, on remet les tuyères à leur première position et on égalise le vent, sans quoi le fourneau finirait par s'excentrer et les charges descendraient obliquement en sens inverse.

CHAPITRE XIV

Les minerais sulfureux, phosphoreux, cuivreux, arsénicaux,
zincifères, etc., laissent dans la fonte une partie de leurs impu-
retés, et le produit subit toujours plus ou moins l'influence
nuisible de ces corps étrangers ; mais ici il s'agit d'examiner
si la nature minéralogique et la richesse des minerais modifient
la nature de la fonte.

1° *Influence du type minéralogique et du gisement.* — Ils
n'ont d'influence sur le mode de traitement des minerais que
celle provenant des propriétés physiques caractéristiques du
type minéralogique. Comme qualité des produits, leur influence provient des corps accompagnant les minerais. Ainsi,
les minerais du lias, issus de pyrites décomposées, renferment
du soufre, du zinc, de l'arsenic, etc., qui les rendent impropres à la fabrication de la fonte blanche, obtenue à température relativement basse et peu épurante.

Si les minerais oolithiques donnent des fontes de forge d'un
travail facile et produisant au puddlage du fer à grain, c'est
au phosphore, et peut-être au titane, qu'ils en sont redevables.
Les hématites brunes et l'oxyde magnétique sont, en général,
des minerais purs et manganésifères ; c'est de là que vient leur
qualité.

2° *Influence de la richesse des minerais.* — Il est généralement admis que les minerais riches sont difficiles à traiter
seuls ; on se demande même encore aujourd'hui si du minerai

sans gangue pourrait être fondu sans addition de minerai pauvre ou d'éléments terreux pour fournir du laitier.

L'action du laitier est épurante, surtout s'il est très-basique. Plus il y aura de laitier, et plus le soufre contenu dans les minerais et le combustible sera facilement éliminé. Avec des minerais très-riches, il n'y a presque pas de laitier, et pour le même poids de minerai, il faut plus de combustible; il y aura donc pour le même lit de fusion plus de matière impure et moins de matière épurante, et comme il y a antagonisme entre le soufre et le carbone, on peut admettre que, *avec des cokes et des minerais sulfureux*, la richesse du lit de fusion est un obstacle à la pureté et à la carburation des fontes.

On attribue au laitier une action préservatrice contre l'oxydation de la fonte dans l'ouvrage sous le vent des tuyères. Il est douteux que le laitier mouille la fonte et la recouvre d'un vernis préservateur; les gouttes de fonte et les gouttes de laitier semblent se séparer dès leur formation et cheminer isolément dans l'ouvrage à travers le coke et le minerai.

Enfin, il est généralement admis que les minerais trop riches sont trop fusibles, et que les minerais réfractaires peuvent seuls donner des fontes graphiteuses.

Les minerais fusibles sont ceux qui portent en eux les éléments d'un silicate fusible et se liquéfient, sans addition de fondant, à une température peu élevée, abandonnant le fer réduit et carburé, très-fusible lui-même. Les minerais riches sont dans la même catégorie. Tous ces minerais fondent avant leur arrivée dans l'ouvrage; ils n'y séjournent pas et ne font qu'y passer à l'état de gouttes, sans se surchauffer et se charger de carbone et de silicium. Les minerais très-riches et très-fusibles pourront produire de très-bonnes fontes blanches, mais moins facilement des fontes graphiteuses. On y arrive cependant par l'emploi de combustibles en menus morceaux et un vent peu tendu, lancé par de larges buses. Il se passe, en effet, dans le traitement des minerais fusibles, un fait remarquable:

le fourneau prend le vent avec une grande facilité, et sa vitesse s'accélère ; cela tient à l'absence de minerai au niveau des tuyères, et la masse, au lieu d'être pâteuse et peu perméable au vent, n'est plus formée que de coke *sec*, tout le minerai ayant fondu plus haut ; le jet d'air y circule avec une grande facilité et la région oxydante s'élargit ; aussi, pour obtenir des fontes grises, doit-on chercher à éviter le mazéage en circonscrivant la région oxydante par l'emploi d'un vent faible et de combustibles menus.

Les minerais siliceux produisent plus aisément des fontes grises que les minerais calcaires.

Sauf avec les silicates de fer, dont la réduction produit du siliciure, on n'obtient l'alliage de fer et silicium que par la réaction du carbure de fer sur la silice libre ; la réaction sera d'autant plus complète que le mélange de fer et de silice sera plus intime dans les minerais ; la silice, ajoutée comme fondant, réagit peu sur le fer en éponge, et celle combinée dans le laitier n'est plus susceptible de réduction par le carbure de fer. De là vient la propension des minerais siliceux à donner des fontes noires et la difficulté qu'on éprouve à obtenir ces mêmes fontes avec certains minerais calcaires.

C'est encore par le fait du contact intime de la silice et de l'oxyde de fer dans les minerais siliceux que les fourneaux qui les traitent sont, ainsi que nous l'avons déjà dit, fort sujets à la marche en scories, inconnue dans les fourneaux où l'on n'élabore que des minerais calcaires. Dans le premier cas, tout suréchauffement du minerai avant réduction en fait du silicate de fer ; un minerai calcaire ou alumineux ne produira rien d'analogue ; tout au plus la silice ajoutée comme fondant pourra-t-elle donner lieu à quelques réactions partielles d'autant moins faciles qu'elle sera en plus gros morceaux. Le grillage des minerais siliceux n'a souvent d'autre effet utile que de peroxyder le fer et de diminuer son affinité pour la silice ; mais si l'oxydule et le protoxyde sont d'un traitement moins facile en présence de la silice, ils exigent bien moins de combustible que le peroxyde, et l'on ne saurait conseiller le grillage dans le but unique de peroxyder le minerai.

Avec les minerais très-riches, la conduite du fourneau est plus difficile, et le moindre écart dans le poids de la charge et la température de l'air chaud produit de grandes irrégularités dans la marche.

Si nous reprenons en effet les chiffres de consommation de calorique établis chapitre VII, nous avons en nombres ronds, pour lit de fusion à 40 pour 100 :

> Chaleur employée à la fusion de 1 000 kilogrammes de fonte. . . . .   330 000 calories.
> Chaleur employée à la fusion de 622 kilogrammes de laitier. 355 000
> Chaleur emportée par les gaz du gueulard. .   599 000
> — nécessaire à la réduction de Fe^2O^3. .   1 744 000
> $$\overline{}$$
> 3 028 000

Prenons maintenant un lit de fusion à 70 pour 100, nous aurons, en négligeant, comme ci-dessus, le calorique employé à la réduction de la vapeur d'eau et sans tenir compte de la différence dans la quantité de vent soufflée :

> Chaleur employée à la fusion de 1 000 kilogrammes de fonte   330 000
> — emportée par les gaz du gueulard. 599 000
> — nécessaire à la réduction de Fe^2O^3. . . . .   1 744 000
> $$\overline{}$$
> 2 673 000

Dans le premier cas, la quantité de chaleur nécessaire à la réduction n'était que de 58 pour 100 du calorique total employé; dans le second cas, il est de 65 pour 100.

Supposons maintenant qu'un refroidissement aux appareils ou une charge de coke trop faible en poids ou à trop forte teneur en cendres nous prive de 40 000 calories, avec le lit de fusion à 40 pour 100 ces 40 000 calories pourront se gagner sur la température de la fonte et des laitiers qui, moins chauffés, pourront encore fondre et couler hors du fourneau; il n'en résultera qu'une allure un peu moins chaude. Mais, dans le deuxième cas, ces 40 000 calories devront être gagnées entièrement sur la température de la fonte ; il n'y aura plus fusion, ou la réduction ne sera plus complète : il y aura formation de laitiers noirs ou de scories.

D'autre part, 1 tonne de coke pouvant traiter un poids donné de minerai à 70 pour 100 traitera un poids double de minerai à 18 pour 100. Les erreurs de pesée et les variations dans la richesse des minerais auront donc un effet nuisible plus considérable avec les minerais riches. Il en sera de même des erreurs dans le dosage des fondants, bien plus préjudiciables quand elles se répartissent sur une moindre quantité de laitier. Enfin les minerais riches, généralement plus denses, ont plus de tendance à devancer le coke durant la descente. Mais si les minerais très-riches exigent des fourneaux réguliers et des soins extrêmes, leur traitement est toujours possible et leur valeur considérable.

TRAITEMENT DES SCORIES DE FORGE.

La fusibilité des silicates de fer limite la dose de scories à 30 pour 100 environ du lit de fusion. Employées en plus forte proportion, elles fondent dans la cuve et coulent directement dans l'ouvrage ; leur temps de séjour dans le fourneau devient insuffisant, elles corrodent les parois, rendent la fonte impure et pauvre en carbone ; enfin, il est inutile et nuisible de charger dans le fourneau un minerai qui y fond sans se réduire.

Les scories séjourneront plus longtemps dans le fourneau si les matières qui les accompagnent sont en morceaux menus se mouillant de scories fondues, et en retenant par capillarité une quantité proportionnelle à la somme de leurs surfaces ; mais c'est la nature des gangues qui a surtout de l'influence sur la quantité de scories que peut porter un lit de fusion.

L'affinité du protoxyde de fer pour la silice diminue à mesure qu'on sature celle-ci de bases terréuses ; il arrive même un point où l'oxyde de fer n'est plus dans le silicate terreux à l'état de base, mais à l'état de dissolution, d'où il peut s'isoler et se séparer en cristaux d'oxyde de fer pur. A cet état, il est dérobé à l'influence de la silice et se trouve dans les mêmes conditions que dans les minerais non silicatés. On comprend dès lors que les scories soient plus faciles à traiter quand les minerais calcaires sont abondants dans le lit de fusion que lorsque les minerais siliceux y dominent, car la castine ajoutée comme fondant ne peut jamais offrir autant de surfaces que celles présentées par des minerais calcaires.

C'est dans le but d'obtenir le déplacement de l'oxyde de fer avant sa réduction que l'on emploie les briquettes de scories broyées, puis gâchées avec de la chaux éteinte. Sous cette forme on pourrait peut-être traiter les scories seules dans le haut fourneau. On ne saurait trop recommander ce mode d'emploi des scories ; la confection des briquettes ne peut être une opération bien coûteuse, et la fonte obtenue de scories intimement mêlées de chaux sera toujours préférable à celle obtenue du traitement direct dans le haut fourneau.

Liquation des scories. — Les scories chauffées lentement jusqu'au rouge se dédoublent en silicate tribasique de protoxyde de fer qui s'écoule et en peroxyde de fer mêlé de silice libre et restant sous forme d'une éponge réfractaire, employée en Angleterre pour la confection des cordons de four à puddler et connue sous le nom de *bull-dog*. On peut donc, par une opération très-simple et peu coûteuse, puisqu'elle se fait à peu près de la même manière que le grillage des minerais en bâche, obtenir à la fois un minerai très-riche et peu siliceux, et un résidu réfractaire d'une valeur qui seule paye l'opération. La liquation n'est pas encore usitée en France, mais elle s'y propagera certainement en même temps que l'emploi des scories.

Coke-scories de MM. Minary et Soudry. — Pour éviter la fusion des scories dans les parties hautes du fourneau, M. Minary les incorpore pulvérisées dans la houille menue avant le chargement des fours à coke. Durant la carbonisation, les scories sont réduites, et il reste finalement un mélange intime de fer ou fonte et de carbone. A cet état, les scories peuvent certainement être introduites à forte dose dans le lit de fusion sans aucune influence nuisible sur la marche du fourneau ; mais on ne saurait nier qu'elles doivent donner de la fonte très-siliceuse ; car, s'il est vrai que les scories réduites par le carbone à basse température ne produisent pas de siliciure de fer, mais du fer métallique à peu près pur, celui-ci, se retrouvant incorporé dans le coke au contact de la silice, dont il s'est séparé, doit, lorsqu'il atteint les hautes températures du fourneau, réagir et produire du siliciure de fer. Le coke-scorie peut donc faciliter le traitement des scories, mais non améliorer le produit ; s'il y a désulfuration par le contact du carbone, elle est certainement moindre que par le contact des bases alcalino-terreuses, et les briquettes calcaires sont préférables.

Grillage des scories. — Au lieu de liquater les scories, on peut les griller en élevant plus lentement la température en présence d'une atmosphère oxydante. Comme le peroxyde de fer a très-peu d'affinité pour la silice, un grillage suffisamment prolongé transformera les scories en peroxyde de fer mélangé de silice libre. Le soufre partira en totalité à l'état d'acide sulfureux, et l'on aura produit ainsi un minerai suffisamment pur et non silicaté. Toute la difficulté consiste dans la lenteur avec laquelle l'oxydation s'opère et dans la fusibilité des scories se liquatant avant de s'oxyder. L'opération ne pourrait se faire régulièrement que sur la sole d'un four à réverbère, et je ne sache pas qu'elle ait été faite industriellement.

CHAPITRE XV

Les gaz qui s'échappent du gueulard des hauts fourneaux contiennent toujours assez d'oxyde de carbone et d'hydrogène pour être facilement combustibles et utilisés comme tels au chauffage des chaudières et des appareils à air chaud. Quand les appareils et la soufflerie sont dans de bonnes conditions, et que la combustion des gaz y est bien faite, ils dispensent de tout combustible étranger et même ils sont surabondants, et l'on dispose d'un excédant de force motrice utilisable aux autres travaux de l'usine.

L'analyse des gaz du gueulard donne le moyen d'évaluer exactement leur puissance calorifique. On sait que chaque kilogramme d'oxyde de carbone dégage par sa combustion 2 478 unités de chaleur et chaque kilogramme d'hydrogène 34 742 ; de plus, nous savons comment déterminer la quantité de gaz sortant d'un haut fourneau par vingt-quatre heures.

En admettant l'analyse précédemment citée (chap. VII), on trouve que ces gaz peuvent dégager par leur combustion 3 808 492 unités de chaleur par tonne de coke consommé dans le fourneau. C'est la quantité de chaleur que dégagerait la combustion de 616 kilogrammes de coke. Il reste donc dans les gaz 61 pour 100 du combustible chargé dans le fourneau. Si le fourneau consomme par jour 30 tonnes de coke, ses gaz brûlés sous des chaudières fourniraient la vapeur d'une machine de 257 chevaux, quand 80 chevaux suffisent amplement pour sa soufflerie. La quantité de gaz restant pour ses appareils est donc surabondante. Si, dans beaucoup d'usines, on est réduit à brûler dans les appareils et sous les chaudières un combustible additionnel, c'est que la combustion des gaz est mal faite, que les appareils, les chaudières ou les machines utilisent mal la chaleur, ou enfin que la fermeture du gueulard est imparfaite et laisse perdre une partie des gaz.

Le pouvoir calorifique des gaz est d'autant moindre que le haut fourneau utilise mieux le combustible en produisant plus d'acide carbonique. Toutes choses égales d'ailleurs, les gaz seront moins combustibles si les lits de fusion sont plus pauvres, plus chargés d'humidité et d'acide carbonique, toutes causes qui tendent à délayer l'oxyde de carbone dans les gaz inertes. Pour la même raison, les gaz des fourneaux en fonte blanche sont plus combustibles que ceux des fourneaux en fonte grise dont la charge en coke est plus forte, et où la combustion par l'air intervient davantage, laissant un résidu d'azote qui ne se retrouve pas après la combustion par l'oxygène des oxydes.

Il faut, pour bien utiliser la puissance calorifique des gaz, admettre dans les foyers la quantité d'air suffisante pour les brûler complétement, mais sans en introduire un excès qui abaisserait la température de combustion. L'analyse des gaz du gueulard vient encore nous aider dans cette évaluation.

Si 100 kilogrammes de gaz du gueulard contiennent : oxyde de carbone 61,60 et hydrogène 0,07, il nous faudra $25^k,53$ d'oxygène pour brûler l'oxyde de carbone et 0,56 pour brûler l'hydrogène ; soit en tout, pour 100 de gaz supposés secs, 26,09 d'oxygène correspondant à 65,55 d'air atmosphérique.

Les gaz arrivent dans les foyers sous des pressions trop variables à chaque instant pour qu'on puisse régler exactement par le calcul la dimension des orifices d'admission d'air ; l'inspection de la flamme, la couleur des carneaux permettent d'arriver par tâtonnement à la proportion d'air qui fournit le plus d'effet utile ; mais il est bon aussi de s'aider de l'analyse des gaz recueillis dans les cheminées. Sans faire une analyse complète, on peut s'assurer rapidement si l'oxygène est en excès : il suffit, pour cela, de recueillir du gaz dans un tube qu'on renverse sur le mercure ; on y introduit une solution de potasse caustique, on agite ; on note le niveau du mercure, puis on introduit quelques flocons d'acide pyrogallique qui colore en noir la lessive de potasse en absorbant l'oxygène et permet, d'après le volume d'oxygène absorbé, de mesurer l'excès d'air.

Il est moins nuisible d'admettre un peu trop d'air que de le laisser en défaut ; la combustion des gaz ne peut même être complète qu'avec un léger excès d'air.

Quand le gaz à brûler arrive dans de vastes chambres à parois incandescentes, la combustion des gaz est toujours facile et complète si la quantité d'air admise est suffisante ; mais si le gaz aboutit dans un foyer à parois sombres, dans des carneaux froids ou dans une chaudière tubulaire, il faut un mélange très-intime des gaz combustibles et comburant pour que la flamme ne s'éteigne pas et que la réaction soit entière. Pour obtenir une combustion complète, il faut qu'elle soit rapide et que les gaz soient déjà brûlés quand ils arrivent au contact des parois froides, où ils doivent échanger leur température. On y parvient en commençant le mélange d'air et de gaz avant leur admission dans le foyer, où ils entrent à l'état de mélange explosif : la flamme produite est courte et sa température très-élevée.

Le mélange intime de gaz et d'air s'obtient bien par la disposition représentée dans la figure 38, où l'air s'introduit par lames minces plongeant à diverses profondeurs du courant gazeux, et placées en quinconce pour ne pas rétrécir le passage des gaz. Une grille chargée de combustible menu sert à allumer les gaz lors de la mise en train, et on ferme le cendrier quand on doit marcher au gaz seul.

La haute température développée dans le foyer par le jet de gaz enflammé accélère la combustion des plus mauvais charbons, qui peuvent être utilisés avec le gaz.

Quand on a déterminé par l'analyse la quantité d'air à admettre, il s'agit de la maintenir proportionnelle à l'arrivée du gaz dont le débit varie à chaque instant; on y parvient au moyen d'un régulateur analogue à ceux employés dans les usines à gaz, et représenté figure 39. La cloche communiquant au conduit qui amène les gaz au foyer se soulève ou s'abaisse suivant la pression résultant de leur plus ou moins grande abondance. On rend l'admission d'air solidaire des mouvements de la cloche en faisant commander la plaque obturatrice par un balancier relié à la cloche par une de ses extrémités. Une fois réglé par tâtonnement, l'appareil n'exige aucune surveillance, et permet de retirer de la combustion des gaz le maximum de son effet utile.

Les gaz des hauts fourneaux ne sont pas tous également combustibles, ainsi qu'on le verra par les diverses analyses citées à la fin de ce chapitre. Les hauts fourneaux marchant à la houille crue, si fréquents en Angleterre, rendent des gaz riches en hydrogène et hydrogènes carbonés qui ne se trouvent pas en quantité sensible dans les gaz des hauts fourneaux au coke. Si les minerais sont très-mouillés, les gaz sont plus chargés de vapeur d'eau qui les rend moins inflammables et retient une forte proportion de la chaleur provenant de leur combustion. L'abondance de carbonates dans le lit de fusion donne lieu à une plus forte proportion d'acide carbonique, qui agit comme la vapeur d'eau, quoique moins nuisible, car sa capacité calorifique est plus faible. Quand une tuyère perd, les gaz deviennent plus inflammables par la présence de l'hydrogène ; ce caractère suffit souvent pour indiquer au gueulard une fuite d'eau inaperçue par les fondeurs.

Presque tous les dérangements d'allure sont accompagnés d'une production de gaz plus inflammables, soit par suite de l'échauffement du gueulard, soit parce que le fourneau utilise mal le combustible et produit moins d'acide carbonique et plus d'oxyde de carbone.

Les poussières abondantes qui accompagnent les gaz du

gueulard sont fort gênantes et nuisibles à la bonne utilisation des gaz ; elles sont d'une ténuité extrême et accompagnent les gaz jusque dans l'atmosphère au sortir des cheminées, après s'être partiellement déposées dans les conduites, dans les carneaux, sur les tuyaux d'appareils et les chaudières, où elles s'attachent comme de la neige, et isolent de la flamme les corps à échauffer. Très-mauvais conducteurs de la chaleur, elles s'opposent à la pénétration du calorique dans les surfaces de chauffe, et ne tardent pas à encombrer les carneaux et les conduites ; aussi tous les appareils où circulent les gaz des fourneaux doivent-ils être disposés de manière à être facilement et fréquemment nettoyés.

Les poussières en suspension dans les gaz du gueulard proviennent principalement de la combustion du charbon ou du coke dans la cuve. Leur composition se rapproche toujours de celle des cendres du combustible employé. En voici deux analyses :

	Poussières recueillies dans une conduite de gaz de Dowlais (M. Riley).	Poussières recueillies dans les conduite des gaz des fourneaux de Clarence. Analyse de M. Lowthian Bell.	Analyse de M. Brivet (1).
Silice.	30,33	34,82	11,00
Sesquioxyde de fer. . .	47,05	8,20	7,73
Peroxyde de manganèse.	1,77	»	Zinc et cuivre : 1,00
Alumine.	8,43	16,00	4,98
Chaux.	4,36	12,15	5,86
Magnésie.	1,13	0,57	0,92
Oxyde de zinc..	»	4,60	11,79
Potasse.	1,80	0,40	4,60
Soude.	0,36	6,85	15,13
Acide sulfurique. . . .	2,59	8,80	2,57
Acide phosphorique. . .	0,52	Chlore : 1,56	Chlore : 3,75
Eau, perte au feu et matières organiques. . .	0,93	5,60	30,67
	99,27	99,55	100,00

(1) L'analyse de M. Brivet a été faite sur les matières abandonnées par les gaz refoulés dans l'eau d'un appareil de Wolf. L'eau et les poussières recueillies ont été ensuite évaporées à siccité ; l'analyse est la composition du résidu ainsi obtenu.

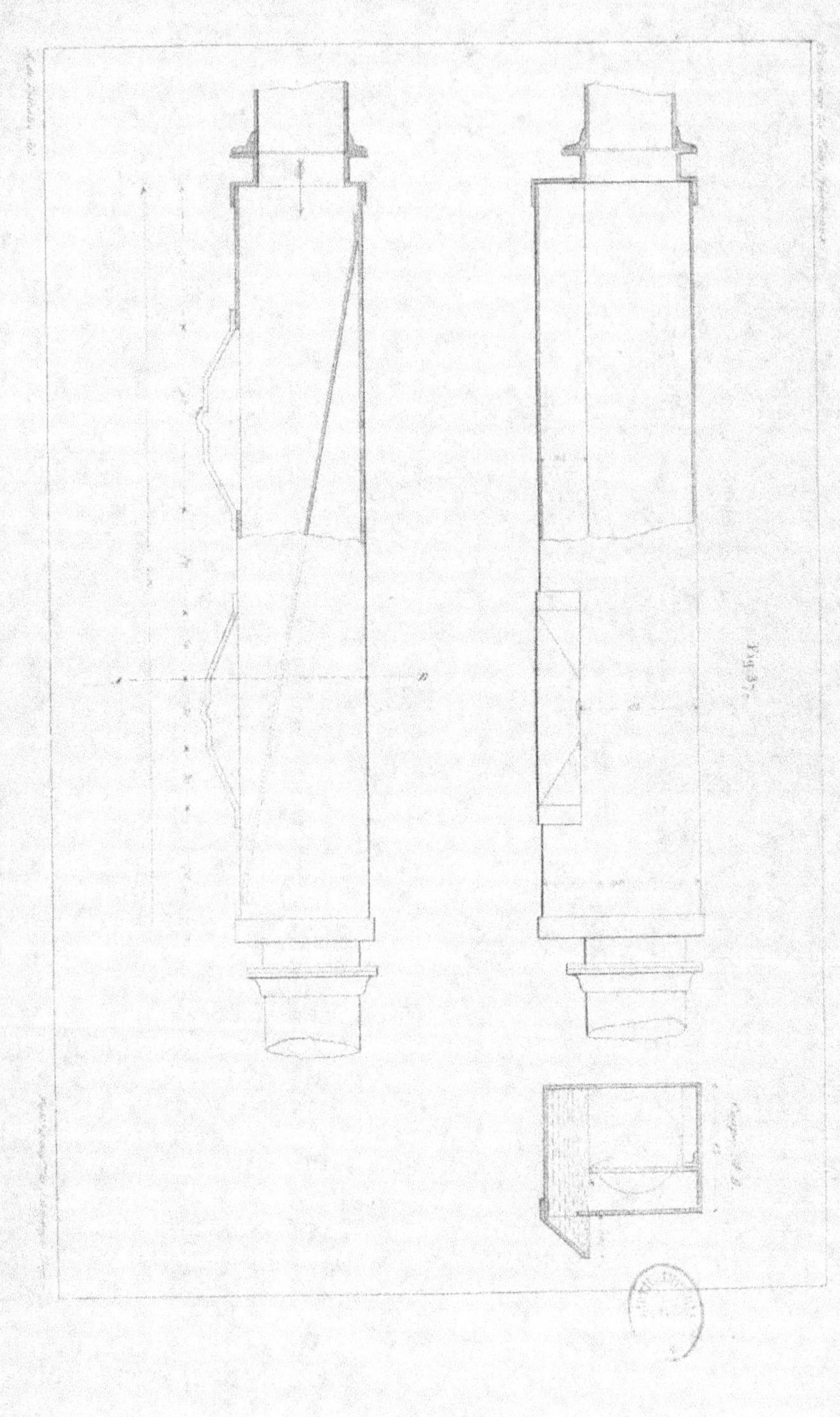

On se débarrasse plus ou moins complétement des poussières de gaz en faisant traverser à ceux-ci des laveurs ou des tambours.

Les tambours sont des renflements dans la conduite de gaz où la vitesse du courant se ralentit par suite de l'augmentation de section ; cette stagnation relative permet aux poussières de se déposer en partie ; les moins ténues tombent dans la partie basse et s'y accumulent. Il est bon d'aider le dépôt par un changement de direction dans la conduite, ainsi que le représente la figure 1. Le nettoyage des tambours se fait facilement en marche par des registres et des clapets, qui sont en même temps des soupapes de sûreté en cas d'explosion.

Les laveurs sont des caisses disposées sur le parcours des gaz, qui y rencontrent soit la pluie d'une pomme d'arrosoir, soit un diaphragme rasant la surface de l'eau ; cette pluie, ou ce passage du gaz en lame mince sur la nappe liquide, mouille et agglomère la poussière qui, rendue plus lourde, se dépose promptement. Il y a, de plus, refroidissement du gaz et condensation d'une partie de sa vapeur d'eau. La disposition représentée figure 37 peut s'adapter facilement sur les conduites, et, présentant une grande longueur, lamine le gaz en couche très-mince sans exercer une pression notable au gueulard.

Les conduites qui portent le gaz des gueulards aux foyers doivent être à large section, pour débiter facilement les gaz sans grande pression au gueulard, et ne pas s'obstruer trop promptement. Elles doivent être munies d'un grand nombre de registres et clapets de sûreté et de nettoyage ; on doit pouvoir les balayer sans y entrer.

Pression des gaz au gueulard. — Elle se compose de toutes les résistances que les gaz rencontrent depuis leur entrée dans la trémie ou les carneaux jusqu'aux foyers, où ils sont brûlés ; elle augmente avec le rétrécissement des orifices de sortie du fourneau, les étranglements, les coudes et les changements de section de la conduite, la longueur de la canalisation, et quand ils doivent descendre à un niveau inférieur, ce qui est le cas le plus fréquent, leur différence de densité avec l'air atmosphérique est encore une cause de pression au gueulard.

Les gaz secs et froids ont une densité peu différente de celle de l'air atmosphérique. En effet, si on admet l'analyse déjà citée, on verra que leur densité, qui est la moyenne de celles des gaz composants, est presque celle de l'air. Ainsi nous aurons :

Composition en poids pour 100 de gaz.		Densité par rapport à l'air.		Volume du gaz.
Acide carbonique.	12,80	: 1,529	=	8,38
Oxyde de carbone..	25,53	: 0,967	=	26,50
Hydrogène.	0,07	: 0,069	=	1,01
Azote..	61,60	0,972	=	64,20
	100,00			100,19

Mais la température des gaz à leur sortie du fourneau varie de 200 à 400 degrés, admettons 300 degrés ; leur densité deviendra, à cette température :

$$\frac{1}{1 + 1,1} = 0,476$$

le nombre 1,1 (1) étant la dilatation des gaz de 0 à 300 degrés.

Si les foyers sont situés à 14 mètres au-dessous des prises de gaz, la pression résultant de cette différence de poids entre les deux colonnes d'air et de gaz de même hauteur sera en colonne d'eau :

$$14^m \times (0,001293 \times 0,476) = 0^{cent},95 ;$$

c'est donc près de 1 centimètre d'eau. Mais les gaz sont très-

---

(1) Dilatation des gaz sous pression constante de 0 à 100 degrés, d'après M. Régnault :

Air atmosphérique.	0,36650
Acide carbonique.	0,36896
Oxyde de carbone.	0,36667
Hydrogène.	0,36678
Azote.	0,36682

chargés de vapeur d'eau, et celle-ci est d'une densité très-inférieure à celle de l'air ; à 300 degrés, la densité de la vapeur
d'eau, sous la pression $0^m,76$, n'est que les 5/8 de celle de
l'air à la même température, soit 0.30 de la densité de l'air
atmosphérique. En moyenne, la pression au gueulard résultant de la différence de densité entre la colonne gazeuse et
l'atmosphère est celle d'une colonne d'eau de $1^{cent.},50$ de hauteur. Avec des cheminées à fort tirage, on peut arriver à faire
dans les foyers un vide au moins égal ; on peut même obtenir
une succion au gueulard, si la canalisation est courte et à large
section, et, dans ce cas, il deviendrait inutile de fermer le
gueulard ; mais mieux vaut une légère pression au gueulard
qu'une succion d'où pourraient résulter des rentrées d'air et
des explosions.

Certaines usines, surtout en Angleterre, n'emploient qu'une
partie des gaz, et l'on marche à gueulard ouvert, avec prises de
gaz centrales ou latérales. On ne comprend pas ce gaspillage
d'un combustible précieux, même dans un pays où la houille
est à bas prix.

La pression des gaz au gueulard a-t-elle une influence sur
l'allure du fourneau ? Évidemment non, quoi qu'on en ait dit.
Jamais on n'a reconnu que les variations barométriques eus-
sent aucun effet sur la marche des hauts fourneaux quand la
soufflerie continue à refouler la même quantité de vent ; si la
pression atmosphérique peut varier de 5 à 6 centimètres de
mercure sans affecter l'allure du fourneau, comment les différences de pression au gueulard, qui ne sont que de quelques
millimètres de mercure, pourraient-elles influencer les réactions ? Le mouvement des gaz dans le fourneau résulte *de la
différence* de pression du vent à l'entrée et des gaz à la sortie,
sans que la pression absolue intervienne. Si les phénomènes
chimiques sont autres dans l'air comprimé que dans l'air
dilaté, il faut pour cela des différences de pression qui se
comptent par atmosphères. Enfin, si le rétrécissement du

gueulard ou le mode de prise de gaz ont une influence incontestable, nous savons que c'est à d'autres causes qu'il faut l'attribuer. Il en est de même de la ridicule croyance qu'un
gueulard étroit renvoie la chaleur dans le fourneau.

DES EXPLOSIONS DE GAZ.

Les explosions de gaz dans les conduites proviennent toujours de rentrées d'air qui forment, avec les gaz du fourneau,
des mélanges détonants. Celles qui se produisent dans les appareils ou les carneaux des chaudières ont lieu quand on
néglige d'entretenir du feu sur les grilles : alors l'inflammation qui devait avoir lieu à l'arrivée du gaz dans les foyers se
produit quand les carneaux sont déjà remplis de gaz mêlé
d'air. Comme il est difficile d'éviter toujours toute cause d'explosion, surtout lors des arrêts, on doit chercher à les rendre
inoffensives en multipliant les clapets de sûreté. Il faut aussi
entretenir du feu sur les grilles.

Quand une même conduite de gaz dessert plusieurs foyers,
il peut se faire que, le gaz étant peu abondant, lorsqu'on ouvre
le gueulard, ou lorsqu'on arrête le vent, il y ait appel d'un
foyer sur l'autre dont la cheminée jouit d'un plus fort tirage ;
il y a alors rentrée d'air dans les conduites, inflammation et
souvent explosion. Aussi est-il indispensable de fermer, lors
des arrêts, toutes les admissions de gaz aux foyers.

Il s'est produit aussi quelquefois des explosions dans la conduite de vent avec rupture des appareils, du régulateur et
même des cylindres soufflants. C'est toujours à la suite d'arrêts dans la soufflerie que ces accidents ont eu lieu et pour
avoir négligé de fermer les vannes des appareils à air chaud.
La compression de l'air dégage de la chaleur, et le vent, au
sortir des cylindres soufflants, a une température supérieure
de 10 degrés environ à celle de l'atmosphère. Si les machines

s'arrêtent, l'air contenu dans le régulateur se refroidit et se contracte : le gaz des fourneaux rentre par les buses et vient se mêler à l'air du régulateur, et ce mélange explosif détone, soit au contact des tuyaux rouges des appareils, soit en s'enflammant aux tuyères lorsqu'on remet les machines en marche.

Enfin, des détonations ont quelquefois eu lieu dans le fourneau lui-même, projetant la fonte et le laitier par l'avant-creuset, et les matières incandescentes par le gueulard. Ces accidents, très-rares heureusement, semblent avoir été toujours occasionnés par l'introduction dans le fourneau de l'eau des tuyères ou des bâches, et les explosions seraient produites soit par caléfaction, soit parce que l'eau aurait passé sous le bain de fonte.

On se demande comment l'eau, qui est moins dense, peut plonger dans la fonte : ce ne peut être que par suite de circonstances exceptionnelles, soit que la fonte ait noyé les tuyères ou des bâches à eau, soit que, repoussée par des matières solides ou par une croûte figée, elle ait pu revenir en nappe recouvrir une poche remplie d'eau ; toujours est-il que la vaporisation instantanée de l'eau ainsi submergée par le bain de fonte peut produire une explosion terrible sans qu'il soit nécessaire de supposer la décomposition de l'eau par le fer ou le charbon.

COMPOSITION DES GAZ DES HAUTS FOURNEAUX.

Terminons ce chapitre par quelques tableaux représentant la composition des gaz pris à diverses profondeurs dans les hauts fourneaux.

Haut fourneau au charbon de bois de Veckerhagen (Hesse-Cassel).
(Analyse de Bunsen.)

GAZ POUR 100 EN POIDS.	HAUTEUR AU-DESSUS DES TUYÈRES.						
	5m,41	4m,97	4m,49	4m,04	3m,58	2m,66	1m,44
	PROFONDEUR AU-DESSOUS DU GUEULARD.						
	0m,91	1m,35	1m,83	2m,28	2m,74	3m,66	4m,88
Azote..................	60,58	60,42	67,50	63,20	64,40	59,70	63,80
Acide carbonique........	13,45	17,02	4,20	6,40	5,60	11,59	9,15
Oxyde de carbone........	23,42	21,48	26,10	30,20	29,30	26,12	25,81
Hydrogène protocarboné..	1,87	1,70	2,56	1,30	0,62	2,15	1,06
Hydrogène..............	0,09	0,08	0,64	0,12	0,17	0,01	0,97
Total.....	99,59	100,70	101,20	101,22	100,00	99,57	99,89

Le fourneau n'avait que 6^m,40 de hauteur, une seule tuyère avec buse de 58 millimètres, et une pression de 0^m,435 à 0^m,465 d'eau, avec vent chauffé de 243 degrés centigrades à 313 degrés. La consommation de charbon était de 1625 kilogrammes par tonne de fonte.

Cette analyse et les suivantes sont données en volumes dans divers ouvrages de métallurgie : j'ai trouvé préférable de les traduire en poids, les réactions sont ainsi plus saisissables et les comparaisons plus faciles.

Haut fourneau au charbon de bois de Baerum (Norvège).
(Analyses de Scheerer et Langberg.)

GAZ POUR 100 EN POIDS.	HAUTEUR AU-DESSUS DES TUYÈRES.					
	7m,01	6m,16	5m,48	4m,65	3m,96	3m,05
Azote..................	58,75	58,16	61,55	65,76	66,00	64,90
Acide carbonique..........	31,75	26,75	19,14	6,67	13,32	8,90
Oxyde de carbone.........	7,30	14,52	18,00	28,70	20,10	26,20
Hydrogène protocarboné.....	2,02	0,68	0,72	0,69	0,68	»
Hydrogène	0,10	0,17	0,32	0,07	0,28	0,32
Total......	99,92	100,08	99,73	99,89	100,58	100,32

Fig. 3a.
Fig. 4b.

Le charbon employé était du charbon de sapin ; le lit de fusion était de 40 à 42 pour 100 ; le haut fourneau avait 8^m,533 de hauteur. Le vent était chauffé à 230 degrés centigrades, et sa pression était de 0^m,832 de mercure ; il n'y avait qu'une seule tuyère avec buse de 0^m,072.

Haut fourneau au charbon de bois, de Clerval. (Analyse d'Ebelmen.)

GAZ POUR 100 EN POIDS.	PROFONDEUR AU-DESSOUS DU GUEULARD.						A 0^m,44 au dessus de la tuyère.
	Au gueulard.	1^m,33	2^m,67	4^m,00	5^m,33	5^m,67	
Azote................	56,25	56,16	56,55	57,59	62,00	64,50	57,50
Acide carbonique.......	19,75	21,36	21,00	13,60	3,58	»	0,50
Oxyde de carbone......	22,75	21,51	22,00	27,30	34,25	35,70	42,15
Hydrogène............	0,35	0,42	0,38	0,28	0,26	0,14	0,10
Total.....	99,10	99,45	99,93	98,77	100,09	100,34	100,05

La hauteur du fourneau était de 8^m,67 ; le vent était chauffé de 175 à 190 degrés ; sa pression était de 0^m,015 à 0^m,018 de mercure ; il n'y avait qu'une tuyère ; la buse avait 0^m,065. La consommation de charbon était de 1480 kilogrammes par tonne de fonte grise. La composition du lit de fusion était :

Eau.	12,5
Carbonate de chaux.	21,0
Peroxyde de fer.	39,2
Oxyde de manganèse.	0,7
Silice.	20,0
Alumine.	6,6
	100,0
Fer métallique pour 100. .	27,2

La composition du lit de fusion peut se représenter par :

Fer métallique.	27,2	27,2
Oxygène.	12,0	
Eau.	12,5	Matières volatiles. 33,7
Acide carbonique.	9,2	
A reporter.	60,9	60,9

                    Report. . . .   60,9   60,9
        Silice.. . . . .   20,0 ⎫
        Alumine. . . . .   6,6 ⎪
        Chaux. . . . .   11,8 ⎬ Laitier.   39,1
        Oxyde de manganèse. . . . .   0,7 ⎭
                                         ─────   ─────
                                         100,0   100,0

Le charbon de bois renfermait 8 pour 100 d'humidité, et
calciné au blanc perdait 13 pour 100 de son poids. Sa composition était :

                Carbone..   87,68
                Hydrogène..   2,83
                Oxygène..   6,43
                Cendres..   3,06
                                               ───────
                                               100,00

On peut, d'après ces données, calculer la quantité de chaleur nécessaire à la fusion, et comparer s'il y a concordance
avec celle fournie par la combustion des 1480 kilogrammes de
charbon par tonne de fonte ; on verra qu'il y a un rapport remarquable, sinon égalité, ce qui vient à l'appui des idées développées chapitre VII.

Haut fourneau de Clerval, au charbon de bois.
(2ᵉ analyse d'Ebelmen, 1848.)

GAZ POUR 100 EN POIDS.	PROFONDEUR AU-DESSOUS DU GUEULARD.							
	1 mètre.		3 mètres.		6 mètres.		8ᵐ,55	À la tympe.
Azote.	56,56	57,75	61,70	61,20	64,10	64,11	62,10	58,80
Acide carbonique.	18,66	18,66	6,56	6,70	0,70	0,11	»	1,46
Oxyde de carbone.	24,18	23,75	31,71	31,90	35,50	35,70	37,80	40,22
Hydrogène protocarboné. . .	0,26	0,75	0,20	0,44	0,21	0,19	0,06	0,15
Hydrogène.	0,57	0,50	0,22	0,20	0,07	0,08	0,08	0,05
Total.	100,03	100,71	99,99	100,53	100,67	100,19	100,04	100,68

Le fourneau marchait à l'air froid ; buse de 0ᵐ,063 et une
seule tuyère ; pression du vent, 0ᵐ,033 de mercure ; production
journalière, 2800 à 2900 kilogrammes de fonte. La hauteur du

fourneau était de $9^m,60$ au-dessus de la tuyère. Ebelmen n'a pas trouvé de cyanogène dans les gaz des étalages ni dans ceux de l'ouvrage.

Haut fourneau de Seraing, au coke. Allure de fonte blanche.
(Analyse d'Ebelmen, 1848.)

GAZ POUR 100 AU POIDS.	PROFONDEUR AU-DESSOUS DU GUEULARD.						
	$0^m,50$	$1^m,22$	$2^m,74$	$3^m,05$		$3^m,66$	$13^m,72$
Azote....................	55,42	53,76	57,25	62,90	62,40	62,25	62,70	54,88
Acide carbonique..........	17,42	17,42	14,78	2,44	1,72	1,81	0,16	»
Oxyde de carbone.........	27,68	27,95	26,75	33,80	35,49	35,70	36,90	44,78
Hydrogène protocarboné...	0,11	»	0,81	0,85	0,19	0,17	0,15	0,05
Hydrogène...............	0,19	0,21	0,07	0,05	0,12	0,15	0,12	0,02
Total.....	100,80	90,34	99,66	100,02	99,92	100,08	100,05	99,75

Le vent était chauffé à 100 degrés centigrades et lancé dans le fourneau par deux tuyères avec buses de $0^m,05$; la hauteur du fourneau était de $13^m,24$; la profondeur du creuset, $0^m,81$. Le gaz de la dernière colonne était donc pris à $0^m,61$ au-dessus des tuyères. La composition de la charge était :

Coke. . . 800 kilogrammes correspondant à carbone pur. . . . . . . 728^k

Castine. . 450 { Acide carbonique. 200 { Carbone. 54
               { Chaux. . . . . . 250 { Oxygène. 146

Minerais. 1,300 { Scories de forge. 650 } Contenant { Oxygène de FeO. . 78
                { Minerai. . . . . 650 }   { — de Fe^2O^3. 117

D'où on déduit :

Carbone total. 782

Oxygène { de la castine. . . . 146 }
        { des scories. . . . 78 } 341
        { du minerai. . . . 117 }

Ebelmen remarque que la quantité d'oxygène contenue dans les gaz du gueulard n'est pas à la quantité de carbone dans le rapport de $\frac{341}{782}$, après qu'on en a déduit l'oxygène provenant de l'air et dont le poids est donné par celui de l'azote ; le rapport est d'environ 3 : 4. Il attribue cette différence à un manque d'homogénéité des gaz du gueulard qui, pris en un seul point, ne représenteraient pas la moyenne ; mais il ne tient pas compte du carbone retenu par la fonte, de celui sorti par les purges, ni de l'oxygène fourni par la réduction de la silice et de la chaux, dont un poids notable est dans les laitiers à l'état de sulfure de calcium ; enfin, de celui provenant de la décomposition de la vapeur d'eau : toutes causes qui tendent à augmenter le poids de l'oxygène par rapport au carbone.

Haut fourneau d'Alfreton (Derbyshire), marchant à la houille crue.
(Analyse de Bunsen et Playfair.)

GAZ POUR 100 EN POIDS.	PROFONDEUR AU-DESSOUS DU GUEULARD.								
	$1^m,52$	$2^m,44$	$3^m,35$	$4^m,27$	$5^m,18$	$6^m,10$	$7^m,01$	$7^m,92$	$10^m,36$
Azote................	57,30	37,05	56,00	56 20	56,30	60,70	58,65	57,18	60,00
Acide carbonique.......	12,72	15,44	15,80	15,70	20 20	17,11	13,00	15,92	»
Oxyde de carbone......	16,80	20,84	24,20	21,19	18,80	19,54	27,05	25,26	39,10
Hydrogène protocarboné	2,24	4,93	2,76	4,17	2,33	2,31	0,95	1,34	»
Hydrogène.............	0,49	0,49	0,70	0,96	0,50	0,34	0,55	0,40	0,25
Gaz oléfiant..........	0,45	0,91	1,01	1,78	1,43	»	»	»	»
Cyanogène.............	»	»	»	»	»	»	traces	traces	2,49
Total.....	100,00	99,66	100,47	100,00	99,84	100,00	100,00	100,00	101,82

Le haut fourneau d'Alfreton, sur lequel ont expérimenté MM. Bunsen et Playfair, ne cubait que 43 mètres cubes ; sa hauteur était de $12^m,20$, et la dernière colonne du tableau représente les gaz recueillis à $0^m,837$ au-dessus de la tuyère. Il n'y avait qu'une tuyère, et la buse avait $0^m,063$. La pression du vent était de $0^m,20$, et sa température 330 degrés. La houille crue chargée rendait 67,45 pour 100 de coke. On consommait 2 800 kilogrammes de houille par tonne de fonte, soit 1 880 kilogrammes de coke par tonne de fonte. Le lit de fusion avait une teneur de 42 pour 100 de fer.

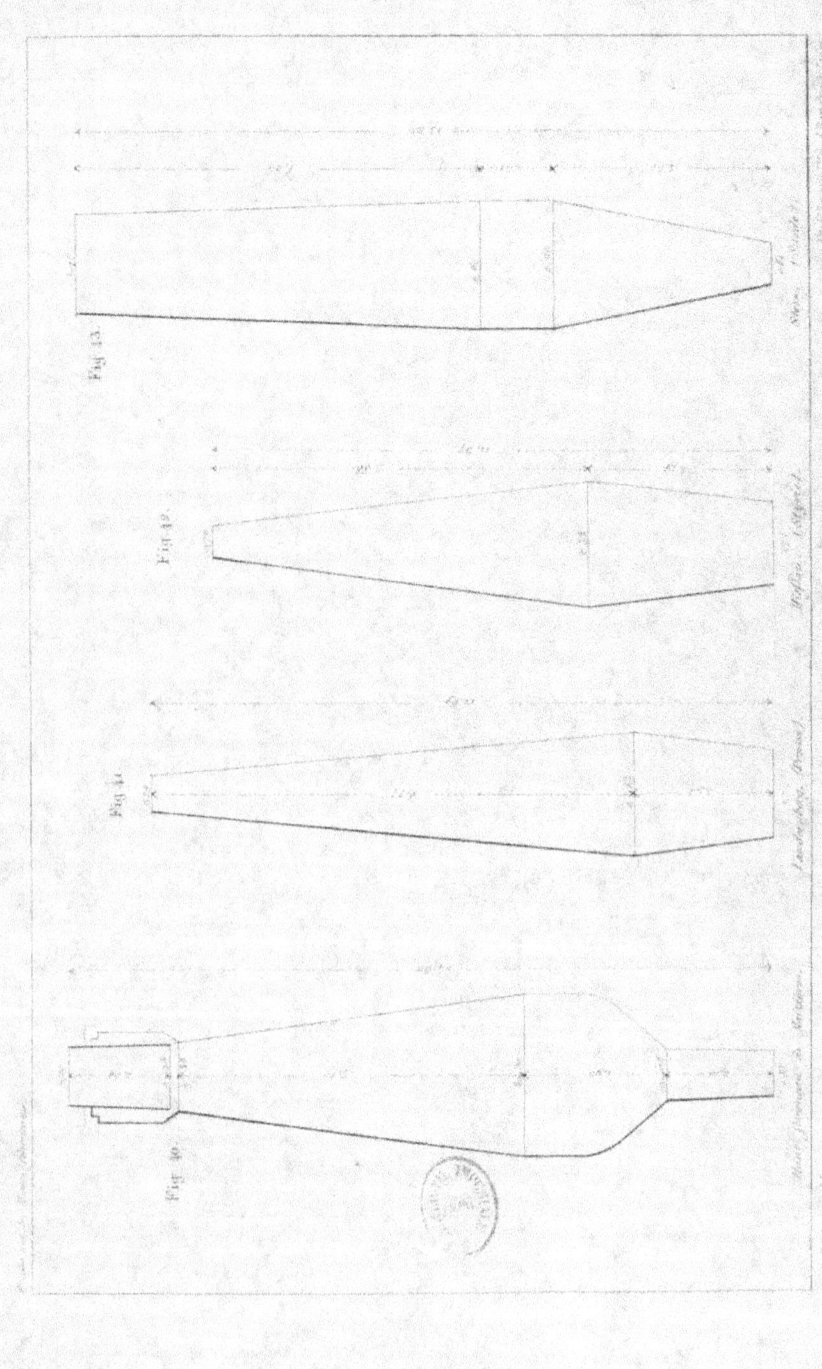

CHAPITRE XVI

1° *Profils anciens.* — Tous les hauts fourneaux contenaient autrefois les cinq régions : cuve, ventre, étalages, ouvrage et creuset, parfaitement distinctes, et le profil était formé de lignes brisées, dont les angles avec l'horizontale passaient pour avoir une influence capitale sur l'allure du fourneau. Nous avons vu ce qu'a de puéril cette prétention d'obtenir telle réaction dans telle région du fourneau, circonscrite entre deux plans déterminés, et nous pouvons réduire l'influence du profil à celle de quatre dimensions :

1° *Largeur du gueulard*, en ce qu'elle influe sur le classement des matières dans le haut fourneau ;

2° *Largeur du ventre*, en ce qu'elle a de l'influence sur la descente des matières. Dans un tube étroit, les matières se suivent, comme le plomb et les bourres dans un canon de fusil ; elles ne peuvent ni se devancer ni se bouleverser. Dans un fourneau très-large, la tendance aux couloirs est favorisée, surtout avec des matières de densités très-inégales ; il peut y avoir séjour trop prolongé de certaines charges et descente trop rapide de certains minerais. C'est la seule objection à l'élargissement du ventre au delà du tiers de la hauteur du fourneau, encore est-ce un maximum, et il est plus sûr, quand on traite des minerais denses, de ne pas dépasser 4^m,50 pour un fourneau de 16 mètres de hauteur ;

3° *Largeur à l'ouvrage*, ou distance entre les tuyères opposées. — Nous avons vu, chapitre VI, l'influence de la largeur de l'ouvrage sur la nature de la fonte. Comme dépense de combustible, il est fort douteux qu'il y ait corrélation, à moins que les dimensions du fourneau en ce point ne soient disproportionnées avec la quantité de vent et la pression dont on dispose. La distance à donner entre les tuyères opposées dépend aussi de leur nombre. Pour une pression de 10 centimètres de mercure mesurée aux buses avec busillons de 8 centimètres et deux tuyères, un écartement de 1^m,20 est convenable pour fonte grise, et 1^m,30 pour fonte blanche.

Pour la même pression et le même diamètre de busillons, on peut donner, avec trois tuyères, 1^m,30 pour fonte grise, et 1^m,50 pour fonte blanche.

Avec six ou neuf tuyères et une pression de 14 à 16 centimètres de mercure aux buses, on atteint et on dépasse même 2 mètres dans les grands hauts fourneaux d'Angleterre ;

4° Enfin, le cube intérieur du fourneau a, comme effet, une production proportionnelle. On reconnaît généralement que les grands hauts fourneaux sont moins sensibles aux influences accidentelles et d'une allure plus régulière. On peut encore admettre une certaine relation entre la largeur de l'ouvrage et le cube du haut fourneau. Nous avons vu, en effet, qu'il existe une limite maxima et une limite minima pour le temps de séjour des matières dans le fourneau ; elles ne doivent pas y séjourner outre mesure ni arriver trop tôt dans l'ouvrage. Cette vitesse convenable s'obtient en réglant la quantité de vent lancée par minute ; si un grand haut fourneau est pourvu d'un ouvrage trop étroit, on n'arrivera à lui donner sa vitesse normale qu'en remplissant l'ouvrage d'air oxydant qui mazera la fonte ; si l'ouvrage est trop vaste pour un fourneau de faible capacité, le jet d'air sera insuffisant et la zone froide, celle à oxyde de carbone, prédominera : condition avantageuse pour fonte blanche, mais s'opposant à la production de fontes très-grises.

Les figures 46, 47, 51, montrent quelques profils de hauts fourneaux à ouvrage. Nous ne traçons ici que des profils ra-

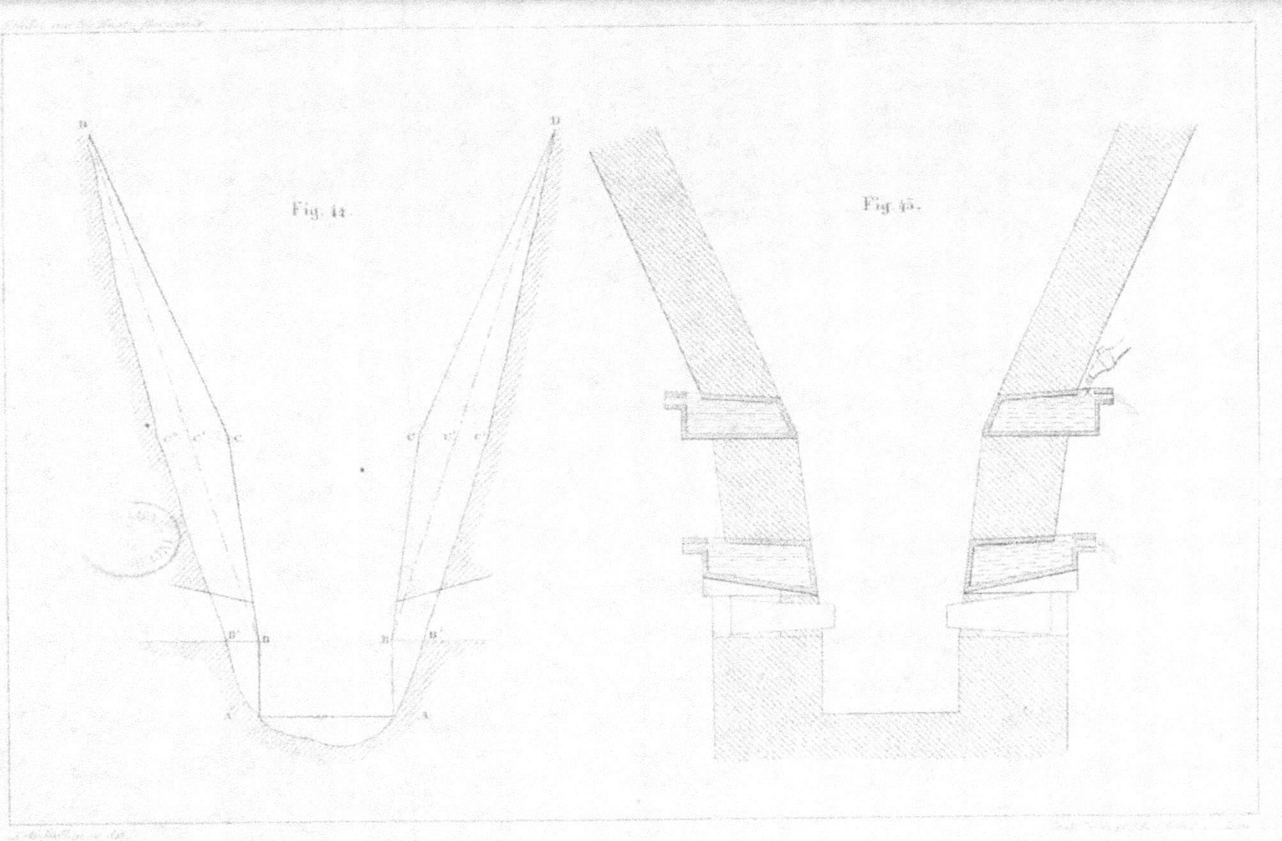

Fig. 44.
Fig. 45.

tionnels, sans nous arrêter à d'anciens types auxquels on a renoncé presque partout.

Hauts fourneaux ovoïdes. — Du fait déjà connu des praticiens, qu'un fourneau est meilleur après quelques mois de marche, Gibbons, métallurgiste anglais, a le premier déduit une conclusion bien évidente et qui, jusqu'à lui, n'était venue à la pensée de personne : savoir, que si le fourneau marche mieux, c'est que sa forme modifiée par l'usage est préférable à son profil primitif. Ayant donc observé les modifications qu'avaient subies des hauts fourneaux après de courtes campagnes, il a reconnu que leurs angles rentrants ou saillants avaient toujours disparu, que l'ouvrage s'était agrandi, et que la forme définitive se rapprochait toujours de celle d'un ellipsoïde. Ayant construit des fourneaux d'après cette idée, il reconnut qu'ils atteignaient, au bout de peu de jours de marche, la production et l'allure des anciens fourneaux améliorés par l'usage.

Aujourd'hui la plupart des hauts fourneaux anglais sont construits d'après le principe de Gibbons, sans ouvrage, avec profils ovoïdes, soit qu'une seule courbe s'étende du gueulard à la sole, soit que, formés d'éléments rectilignes pour faciliter l'épure et la coupe des briques, ils présentent des angles peu accusés, promptement effacés par l'usure. Ces deux types, un peu différents lors de la construction, se réduisent donc à un seul.

On peut même dire que pratiquement la distinction de hauts fourneaux à ouvrage et hauts fourneaux sans ouvrage est illusoire. Supposons, en effet, deux hauts fourneaux, l'un $ABCD$ (fig. 44), l'autre $ABC'D$. Après un mois de marche, l'un et l'autre par l'usure auront pris la forme $AB'C''D$. C'est donc bien gratuitement qu'on avait spéculé sur le rétrécissement de l'ouvrage, qui devait produire des fontes plus chaudes avec moins de combustible ; à moins de maintenir le profil à l'aide de bâches à eau (fig. 45), la forme qu'il prendra sera toujours celle qui correspond à ses conditions de marche, et non celle qu'on lui a donnée en le construisant.

La hauteur à donner aux fourneaux dépend de la nature des minerais à traiter, des combustibles qu'on doit employer, de la production journalière qu'on veut atteindre et de la pression de vent dont on dispose.

Avec des minerais spongieux ou terreux, le diamètre du ventre peut être le tiers de la hauteur, sans qu'on s'expose à des descentes inégales et à des bouleversements dans les charges; mais il n'en est plus ainsi avec les minerais denses qui devancent les charges et descendent verticalement, laissant le combustible suivre le renflement des parois, ni avec des minerais en grains qui tamisent à travers le coke; pour ces sortes de minerais, il faut des fourneaux élevés, qui seuls peuvent procurer un séjour prolongé des matières dans le fourneau, sans obliger à un ralentissement d'allure.

Des fourneaux élevés exigent un vent plus pressé, surtout s'ils sont étroits et si le combustible est menu. Avec l'anthracite qui tombe en poussière et obstrue le passage du vent, on emploie des fourneaux larges et bas, et encore le vent doit-il atteindre une pression de 20 centimètres de mercure.

Les dimensions les plus fréquentes sont 15 à 18 mètres de hauteur; on trouve cependant en Angleterre quelques fourneaux de 20 mètres; c'est aussi la hauteur du haut fourneau de Fraisans (Jura).

HAUTS FOURNEAUX EN PLAINE ET HAUTS FOURNEAUX ADOSSÉS.

Les fourneaux de construction ancienne sont toujours adossés à la montagne; on recherchait les emplacements se prêtant à cette disposition et l'on faisait même des dépenses considérables de terrassements et murs de soutènement pour adosser les fourneaux qui, reliés à la montagne par un pont, avaient leurs approvisionnements au niveau du gueulard. Le grillage et les fours à coke étaient au même niveau quand l'emplace-

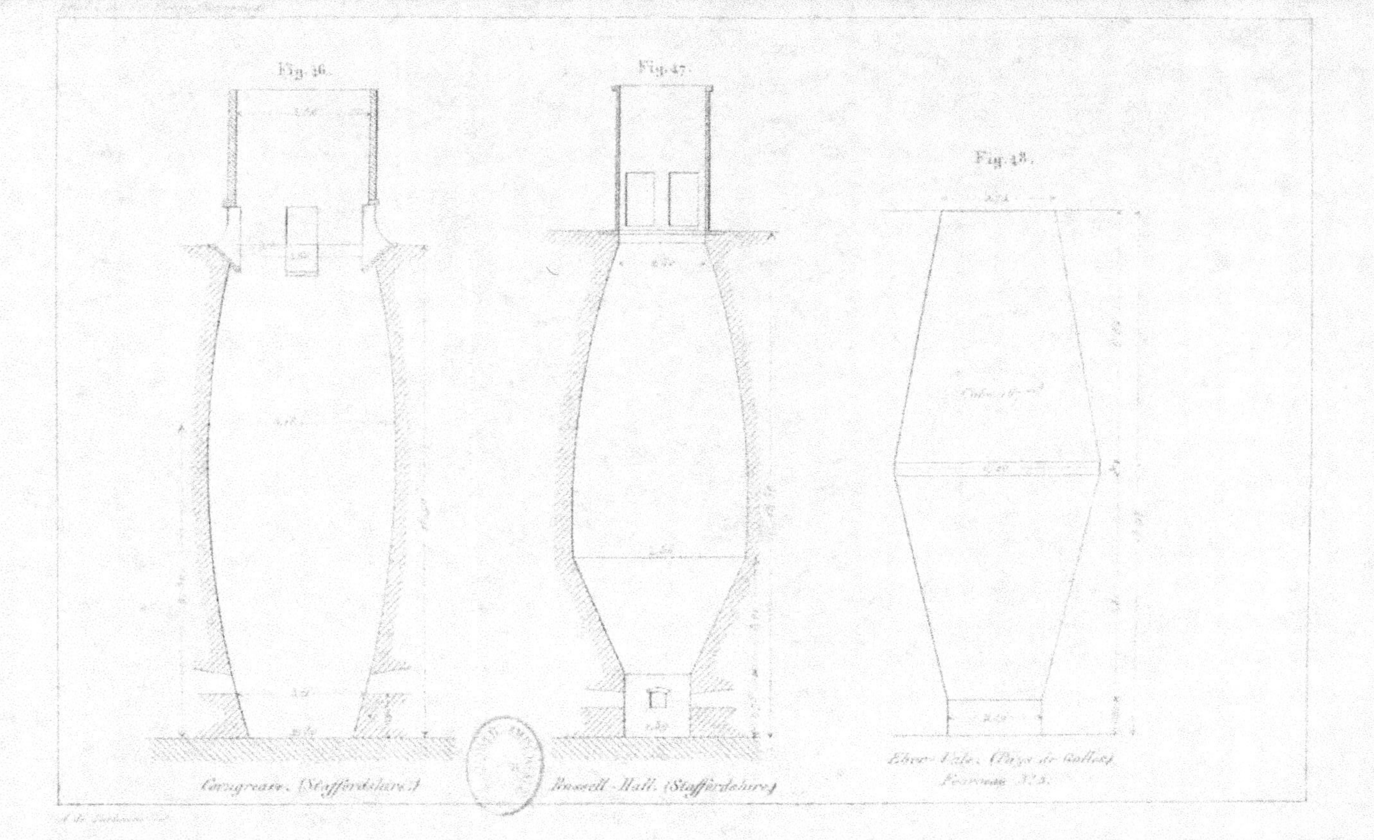

Fig. 46.
Fig. 47.
Fig. 48.
Congreave. (Staffordshire)
Russell-Hall. (Staffordshire)
Ebbw-Vale. (Pays de Galles)

ment le permettait ; les voitures y arrivaient par une rampe, et les wagons par un plan incliné.

Aujourd'hui on préfère les hauts fourneaux en plaine. On préfère aussi les monte-charge aux plans inclinés, qui sont plus coûteux de premier établissement et d'entretien, et plus sujets aux accidents. Le grand avantage des hauts fourneaux en plaine est de ne pas diviser la surveillance ; les approvisionnements, le grillage, la carbonisation, le pesage des charges, etc., se font au niveau de la halle de coulée ; les chargeurs ne peuvent mettre dans le fourneau que ce qu'on leur monte tout pesé, leur rôle se réduit à maintenir le fourneau plein, et si la charge se fait par wagon et si le contrôle de l'intervalle des chargements se fait au moyen d'un compteur, comme à Fraisans, la surveillance du gueulard devient presque nulle.

Le monte-charge hydraulique et le monte-charge pneumatique sont préférables à la traction directe par machine. Le monte-charge hydraulique n'est pas sans inconvénients durant les gelées ; les monte-charge pneumatiques semblent à l'abri de toute critique. Il est singulier qu'ils soient presque inconnus en France, où on ne cite que ceux de Commentry.

Hauts fourneaux cubilots. — Les lourds massifs de maçonnerie des anciens hauts fourneaux sont aujourd'hui abandonnés dans les constructions neuves ; on remplace les quatre piliers de cœur par des colonnes ou des groupes de colonnes en fonte ; le creuset et l'ouvrage sont ainsi complétement isolés, abordables et réparables en marche. Les constructions sur colonnes ne pourraient cependant être adoptées prudemment sur un terrain susceptible de tasser, car le moindre affaissement renverserait l'édifice. A Fraisans, on a remplacé avec avantage les colonnes par des piliers ou flasques en fonte à base divergente ; ce type réunit la solidité à l'élégance et laisse le fourneau très-dégagé aux abords.

Sur les colonnes ou les piliers reposent des jantes en fonte qui forment entablement et remplacent les marâtres usitées dans les fourneaux à piliers en maçonnerie ; ces couronnes en fonte portent tout le massif, elles se font en deux pièces concentriques ou superposées, ou en plusieurs segments solidement assemblés.

La maçonnerie extérieure qui enveloppe la chemise réfractaire est actuellement réduite à une tour en briques de 40 à 50 centimètres d'épaisseur au maximum, solidement cerclée comme un baril, ou enveloppée d'une chemise en tôle, comme on fait pour les cubilots. Les massifs de maçonnerie dont on entourait les anciens fourneaux, dans le but d'empêcher le refroidissement, ont été reconnus inutiles, la faible conductibilité des briques rendant nulle la déperdition de calorique par l'extérieur.

Aux forges d'Alais, on vient de construire un haut fourneau sur colonnes où la tour est complétement supprimée ; la chemise réfractaire est appliquée sans maçonnerie intermédiaire contre l'enveloppe métallique, qui consiste en plaques de fonte évidées ou cadres circulaires assemblés par des boulons et pouvant s'enlever à volonté, l'un après l'autre ; on peut ainsi réparer le haut fourneau par parties sur toute sa hauteur. Les boulons ne sont pas serrés à fond avant la mise en feu, pour éviter la rupture des plaques, lorsque l'échauffement dilate la chemise réfractaire.

Halles de coulée. — Un des faits qui frappent le plus le voyageur en Angleterre est la présence de hauts fourneaux isolés dans la plaine, sans halles de coulée ni bâtiments aux abords. Le climat brumeux, mais sans pluies torrentielles, permet cette absence d'abri qui ne serait pas possible en France. Aussi tous les fourneaux du continent sont-ils pourvus de halles de coulée, et même les plates-formes des gueulards sont généralement couvertes. Ces halles sont utilisées pour le moulage des pièces coulées en première fusion et munies de grues servant à la fois au fourneau et à la fonderie.

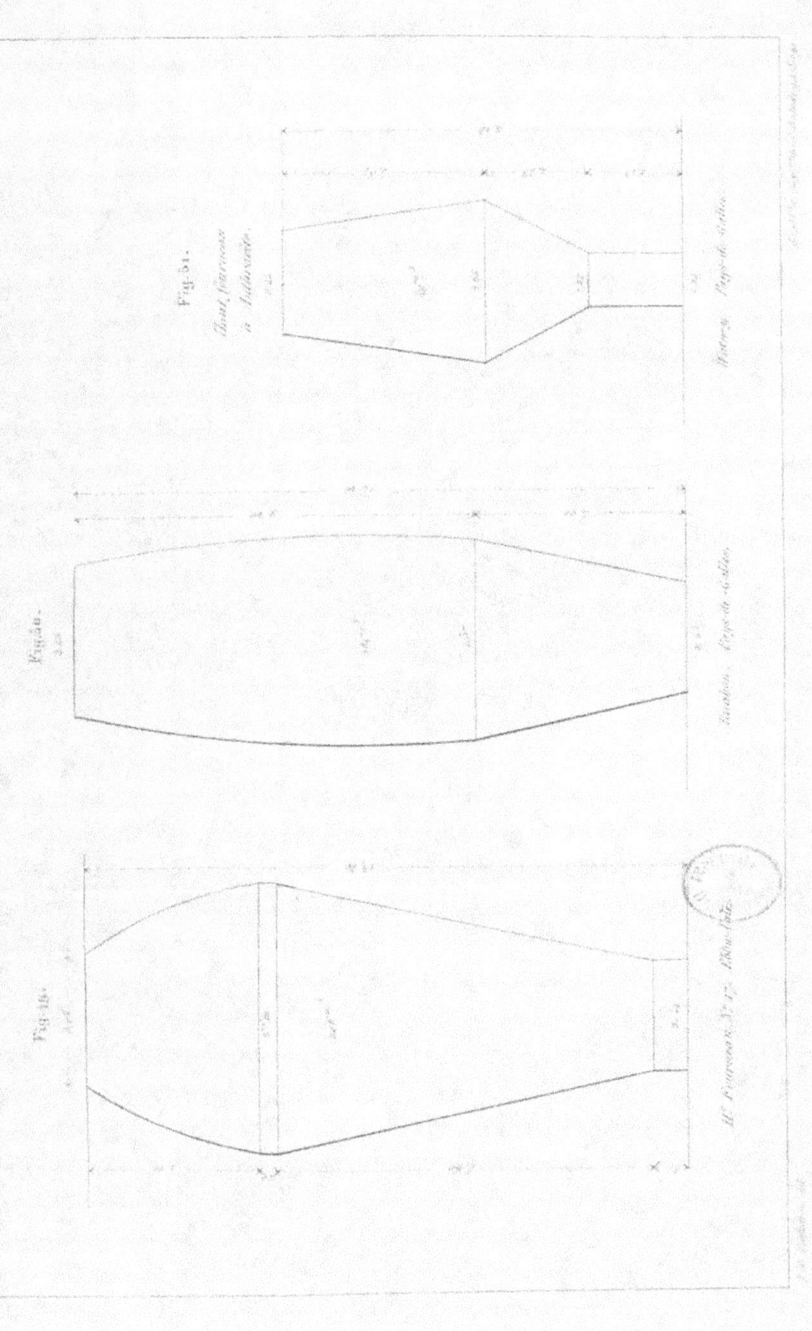

RELATION ENTRE L'ALLURE DU HAUT FOURNEAU
ET LA QUALITÉ DE LA FONTE.

Dans un fourneau en marche régulière on peut, sans changer
la qualité des minerais, faire varier à volonté la nature de la
fonte obtenue. On dispose pour cela des éléments suivants :

Poids de la charge de minerais ;

Teneur du laitier en silice et en bases ;

Pression du vent ;

Quantité de vent lancée ;

Nombre de tuyères ;

Température du vent ;

Diamètre de l'ouvrage (distance entre les tuyères opposées).

On sait que, toutes choses égales d'ailleurs, la fonte sera
plus chargée de carbone et de silicium si le poids de la charge
en minerai est moindre ; puisque la température de l'ouvrage
s'élève à mesure que la proportion de matières à fondre diminue, et converge vers la chaleur maxima obtenue en soufflant
sur le combustible pur.

On peut, en augmentant la charge, faire passer la fonte par
tous les degrés de carburation, jusqu'à la fonte froide caverneuse, produit inévitable d'une surcharge en minerais. Mais
on ne peut pas réciproquement, par une diminution progres-
sive dans le poids de la charge, faire toujours remonter la
teneur en carbone jusqu'à produire de la fonte n° 1 ; celle-ci
exige, en outre, pour prendre naissance, que toutes les conditions suivantes soient satisfaites :

Laitier peu siliceux, du moins quand le combustible et les
minerais sont sulfureux, et assez réfractaire pour ne pas fondre trop haut dans le fourneau.

Ouvrage étroit par rapport au volume et à la pression du
vent, afin que la zone à oxyde de carbone soit la plus res-

treinte et que la zone intermédiaire prédomine dans le plan passant par les tuyères ; car c'est dans cette zone seulement que les fontes chaudes prennent naissance. Si l'ouvrage est large, on y obvie en multipliant le nombre des tuyères et augmentant la pression sans trop accélérer la descente des matières, dont le séjour dans le fourneau doit être prolongé jusqu'à leur complète réduction.

Il faut la réunion de toutes ces conditions pour que la fonte soit noire et à gros grain cubique.

Avec charge réduite et laitiers siliceux, la fonte est toujours peu carburée, mais très-chargée de silicium ; le grain est serré ou plat et étoilé. Cette nature de fonte n'a aucune valeur pour affinage, elle manque complétement de résistance ; mais, comme elle est fluide et rebelle à la trempe, elle peut être employée au moulage de pièces délicates qui n'exigent pas de la ténacité.

Un lit de fusion très-calcaire permet d'augmenter considérablement le poids de la charge sans que la fonte cesse d'être graphiteuse et à gros grain. On peut, dans les conditions habituelles, augmenter la charge de 4 à 5 pour 100 quand la teneur en chaux dans le laitier s'accroît de 1 pour 100. Ainsi, un fourneau qui produit de la fonte n° 2 avec une charge de 750 kilogrammes, minerais et castine et laitier à 43 pour 100 de chaux, portera 800 à 825 kilogrammes de la même charge rendue plus calcaire et formant un laitier à 45 pour 100 de chaux.

En même temps qu'un dosage calcaire économise le combustible, il produit une fonte moins sulfureuse, première cause de carburation, à laquelle viennent s'ajouter la formation de cyanures en présence de la chaux en excès et la moindre fusibilité du laitier, d'où résulte un plus long séjour des minerais dans les régions chaudes.

Les fontes obtenues avec laitiers très-calcaires sont les meilleures pour affinage ; elles contiennent peu de silicium ; si la

teneur en chaux est supérieure à 46 pour 100, la teneur de la
fonte en silicium est inférieure à 2 pour 100 ; aussi ces fontes
ont une grande propension à tremper, nuisible à leur emploi
comme moulages ; elles sont peu tenaces, mais plus que celles
obtenues par dosage siliceux. Ici l'absence de résistance semble due à la grosseur du grain et au volume des lames de graphite intercalées ; aussi, débarrassées de l'excès de graphite
par une seconde fusion, elles peuvent devenir tenaces. ce qui
n'a pas lieu avec les fontes siliceuses.

La fonte provenant de dosage très-calcaire est rarement
gris clair ; presque toujours elle est noire ou blanche, ou c'est
un mélange de fonte noire et de fonte blanche connu sous le
nom de *fonte rubanée* ou *fonte de Siegen*. Cette fonte est très-
différente de la fonte truitée, où le mélange est plus homogène et formé de mouches gris clair sur fond blanc ou d'étoiles
blanches sur fond gris clair. Ici, au contraire, le gris est généralement très-foncé, souvent complétement isolé du blanc,
les deux fontes s'étant liquatées dans le creuset ; ou encore, le
blanc se trouve sous forme de lames, rubans ou hachures sur
fond noir.

Les fontes rubanées sont très-recherchées pour l'affinage,
notamment pour la fabrication de l'acier puddlé. Elles se
comportent comme le spiegeleisen. étant comme lui riches
en carbone et pauvres en silicium. Elles s'obtiennent par
toutes les allures qui carburent énergiquement et produisent
peu de silicium ; ainsi, avec allure très-chaude et surcharge
de castine, si on force la pression du vent de manière à mazer
la fonte par extension de la région oxydante ; ou si la fonte
graphiteuse est partiellement exposée au jet des tuyères par
suite d'embarras dans l'ouvrage ; celle qui aura subi l'action
du vent aura blanchi en perdant du silicium, le premier oxydé,
mais pourra rester riche en carbone, dont elle était surabon-
damment pourvue ou que lui cédera le bain de fonte graphiteuse.

Quelques morceaux de minerai non réduit, arrivant dans le creuset, peuvent parfois changer en fonte rubanée la fonte graphiteuse antérieurement formée ; mais souvent aussi ils la blanchissent complétement.

L'emploi d'un laitier à trois bases, alumine, chaux et magnésie, est favorable à la production des fontes rubanées, car il permet d'augmenter considérablement la proportion des bases, élément carburant, et de diminuer la dose de silice libre, seule susceptible de réduction ; la silice, en présence de toutes ces bases durant sa descente dans le fourneau, leur est déjà combinée quand elle arrive dans l'ouvrage.

Enfin, les minerais très-manganésifères, comme ceux employés au pays de Siegen, produisent toujours des fontes très-carburées et peu siliceuses ; la fonte rubanée s'obtiendra donc très-aisément avec ces minerais.

La teneur en silicium des fontes rubanées est généralement inférieure à 1 pour 100 ; elle diminue à mesure que la fonte blanche y domine. Leur teneur en carbone total atteint souvent 5 pour 100 et même dépasse ce chiffre quand elles sont très-manganésifères.

Fontes de première fusion. — Destinées à être coulées dans les moules à leur sortie du fourneau, elles doivent être *chaudes, fluides, non limailleuses, tenaces, exemptes de soufflures* et *peu retassées.*

On dit qu'une fonte est chaude quand elle possède une capacité calorifique et une chaleur latente de liquéfaction suffisantes pour permettre le transport à distance par petites poches, les transvasements, les retards, sans se figer contre les parois des chaudières ou à l'entrée des moules. Les fontes chaudes sont toujours peu sulfureuses et riches en carbone. Des charges un peu réduites et un lit de fusion assez calcaire pour être désulfurant doivent être recommandés pour obtenir des fontes chaudes.

La fluidité s'obtient dans les mêmes conditions, mais exige

un dosage moins calcaire, pour éviter que les fontes ne soient limailleuses. La présence du manganèse est favorable; la présence du soufre n'exclut pas la fluidité.

Les fontes qui retassent sont celles qui subissent un retrait en passant à l'état solide; elles sont toujours sulfureuses. L'emploi de lits de fusion plus calcaires et l'allure plus chaude font disparaître la tendance au retassement; mais alors on rencontre d'autres dangers, la tendance à la trempe ou la surcharge en graphite. Avec des combustibles et des minerais impurs, il devient très-difficile de se maintenir entre ces écueils, et la première fusion n'est plus possible que si les gangues sont invariables et permettent de maintenir fixe la composition du laitier. Celui à 42 ou 43 pour 100 de chaux est alors le plus convenable; il permet l'allure chaude sans rendre la fonte limailleuse et il désulfure suffisamment. Il est aussi le plus favorable pour obtenir des fontes tenaces. Les laitiers très-alumineux (20 à 23 pour 100 d'alumine) et peu calcaires sont très-avantageux quand on marche en première fusion; pour la même température de fabrication ils fournissent moins de graphite. L'alumine est sans affinité pour le soufre; mais en saturant la silice elle permet aux autres bases d'exercer plus librement leur action désulfurante.

Quand la fonte retasse, la surface des pièces de moulage est déprimée dans les régions qui ont été le plus tard solidifiées. Si l'intérieur de la pièce n'a pas été suffisamment abreuvé par la masselotte, ou si, la pièce étant très-massive, la masselotte s'est figée avant l'intérieur de la pièce, il se forme une caverne au sommet de la zone qui était encore liquide quand la masselotte a cessé d'abreuver. Cette caverne diminue ou disparaît si le refroidissement rapproche les molécules de la croûte extérieure et diminue le volume de la pièce avant que la partie centrale soit entièrement figée; dans le cas contraire, elle persiste et est souvent volumineuse. Ainsi, la même pièce présentera une caverne centrale si elle est coulée avec des fontes sulfureuses promptes à se figer, et sera saine et massive si la fonte, se prenant lentement, a permis au refroidissement extérieur de compenser le retassement par le retrait.

Le phénomène du retassement peut produire une ou plusieurs cavernes dans une pièce volumineuse, mais ne rend pas la fonte spongieuse. La texture spongieuse ou soufflée semble provenir d'un dégagement gazeux durant la solidification. Il est incontestable que la fonte et l'acier abandonnent des gaz en passant à l'état solide. Sans rechercher quels sont ces gaz, constatons que les fontes sulfureuses sont généralement soufflées. Les fontes froides émettent, durant leur solidification, des flammèches nombreuses. Le gaz combustible qui se dégage alors doit être de l'oxyde de carbone produit par la réaction d'oxydes incomplétement réduits sur le carbone de la fonte.

J'ai reconnu que les fontes caverneuses étaient généralement pauvres en silicium. Des fontes grises soufflées n'en contenaient que 5 millièmes et n'étaient pas assez sulfureuses pour que la texture caverneuse pût être attribuée à la présence du soufre. Plusieurs faits industriels viennent à l'appui de cette opinion.

1° Avec les minerais calcaires qui ne sont ni phosphoreux ni manganésifères, il est très-difficile d'obtenir des fontes blanches naturelles qui ne soient pas soufflées, et nous savons que les minerais calcaires donnent des fontes peu chargées de silicium.

2° Le fine-metal est caverneux toutes les fois que le mazéage a été poussé assez loin pour enlever la presque totalité du silicium tout en laissant assez de carbone pour que la fonte soit bien fluide. La même opération a enlevé une partie du soufre, et la fonte qui était compacte est devenue caverneuse.

La température de formation de la fonte grise est assez élevée pour que la fonte grise soit rarement caverneuse par défaut de silicium; mais dans les fontes blanches il n'en est plus ainsi et beaucoup sont soufflées par insuffisance de silicium, et cette texture les déprécie en les faisant ressembler aux fontes froides. Au lieu de les rendre plus siliceuses en éliminant les minerais calcaires, rapprochant les tuyères et marchant à dosage siliceux et charges réduites, il est préférable de recourir à l'emploi de minerais phosphoreux ou manganésifères. Ces derniers surtout améliorent la qualité en même temps que l'aspect de la fonte blanche, qui devient lamelleuse.

CHAPITRE XVII

Le grillage, employé dans certaines usines pour tous les minerais, est rejeté dans certaines autres pour toutes les qualités de mine indistinctement. Aucun de ces extrêmes n'est rationnel ; il est des natures de minerai qu'il faut griller, mais elles sont peu nombreuses.

Le grillage a un triple effet : épurer, enrichir et désagréger. On pourrait encore ajouter qu'il sert à rendre le triage facile en colorant en rouge l'oxyde de fer, qui se distingue alors plus aisément des gangues.

Comme épurant, il est employé avantageusement pour tous les minerais pyriteux, il change les sulfures et arséniures en oxydes ; le soufre part en totalité ou en partie à l'état d'acide sulfureux, l'arsenic à l'état d'acide arsénieux. Il est sans effet sur les sulfates terreux, plâtre et baryte sulfatée.

On ne doit griller pour enrichir que les minerais perdant au moins 15 pour 100 par calcination, encore faut-il un atelier bien aménagé, pour que dans ce cas l'opération soit avantageuse. C'est un calcul à faire en s'appuyant sur les considérations développées chapitres VI et VII, et variable suivant chaque usine, d'après le coefficient de P dans la formule empirique. Le grillage, pour enrichir, est surtout avantageux sur le carreau de la mine, parce qu'il fait bénéficier de la différence des frais de transport des matières volatiles.

L'emploi du grillage pour enrichir doit aussi se discuter, pour les minerais carbonatés et magnétiques, à un autre point de vue.

Nous savons que 1 kilogramme de peroxyde de fer absorbe pour sa réduction 1209 unités de chaleur, et 1 kilogramme de protoxyde, 962 calories. Nous savons, en outre, comment déterminer le prix des 1000 calories dégagées dans le haut fourneau; ainsi, la tonne de coke coûtant 22 francs, comme dans l'exemple cité chapitre VI, et produisant 2080000 calories dans le haut fourneau, les frais d'industrie étant de 12 francs par tonne de coke consommé, les 2080000 calories coûteront 34 francs, et les 1000 calories $0^{fr}.016$.

D'autre part, 1000 kilogrammes de protoxyde de fer deviennent par le grillage 1110 kilogrammes de peroxyde. C'est donc marcher à reculons que de peroxyder un protoxyde avant de le réduire.

Dans le cas des minerais carbonatés, il pourra y avoir avantage à griller quand la teneur en matières volatiles dépassera 40 pour 100; le compte sera facile à établir dans chaque cas particulier, connaissant la valeur du coefficient de P et le prix des 1000 unités de chaleur.

Enfin, on grille certains minerais pour les rendre plus facilement traitables; ainsi des minerais très-denses deviennent plus volumineux par le grillage et se comportent mieux dans le chargement et dans la descente; mais comme le grillage est toujours onéreux, il vaut mieux, lorsqu'on le peut, surmonter la difficulté par le mode de chargement et la forme du fourneau.

C'est une opinion très-accréditée que les minerais sont plus facilement réductibles après grillage. On abuse beaucoup des mots *minerais réfractaires* et *minerais peu réductibles*. Dès qu'un minerai atteint dans le haut fourneau la température rouge, il commence à se réduire, et en progressant de la surface au centre, la réduction rend le minerai poreux par le départ de l'oxygène et des corps volatils. La seule différence entre un minerai grillé et un minerai cru est que le premier est déjà poreux en entrant dans le fourneau. Si, dans le second cas, il

peut en résulter un léger retard dans la réduction, mieux vaut
le compenser par un cassage plus menu ou une augmentation
dans la capacité du fourneau que de recourir à l'opération
coûteuse du grillage.

En résumé, le grillage des minerais peut être nécessaire à
la qualité des produits quand les minerais sont très-pyriteux ;
mais il est presque toujours onéreux ; aussi, après en avoir
abusé, l'abandonne-t-on de plus en plus.

UTILISATION DES BOCAGES. — LEUR REFONTE
DANS LE HAUT FOURNEAU.

On est souvent embarrassé dans les usines pour tirer
parti des bocages et des fontes que leur volume et leur nature
rendent invendables. Leur refonte dans le haut fourneau donnera le meilleur profit. Voici quelques faits qu'il importe de
signaler.

La fusion des bocages dans le haut fourneau emploie une
très-faible quantité de chaleur. On peut compter qu'en augmentant la charge de 100 kilogrammes de bocages, c'est comme
si on l'augmentait de 20 kilogrammes de minerai de richesse
moyenne, et rien ne sera changé dans l'allure du fourneau,
si on compense l'addition de 100 kilogrammes de bocages par
une diminution de 20 kilogrammes dans la charge en minerai.

On peut passer de très-gros blocs sans nuire à la descente
des charges ni érailler les briques du fourneau. Celles-ci vont
en s'évasant du gueulard au ventre, et les blocs de fonte suivent
la verticale et quittent les parois pour ne les rencontrer qu'aux
étalages où ils arrivent fondus ou assez ramollis pour que leur
frottement ne puisse entamer les briques.

La fonte chargée au gueulard arrive dans le creuset quinze
à vingt heures avant les charges contemporaines.

Les bocages gris chargés dans un fourneau en fonte blanche

tendent à rendre grise la fonte du creuset ; mais les bocages blancs ou brûlés chargés dans un fourneau en allure graphiteuse produiront de la fonte graphiteuse. On comprend tout l'intérêt qui s'attache à cette question, quand on sait que les fontes blanche et gris-clair et les bocages se vendent, en moyenne, 80 à 90 francs la tonne, et les fontes n°s 1 et 2, 110 à 130 francs, et que cette transformation n'entraîne qu'à des frais insignifiants.

Cette transformation de grain, inverse de celle qui se produit dans la refonte au cubilot ou au réverbère, se comprend aisément. Dans un fourneau en allure graphiteuse, la fonte fabriquée est sursaturée de carbone qu'elle abandonne en pure perte dans le creuset et sur le sable du chantier de coulée. Si à cette fonte on mélange *très-intimement* de la fonte pauvre en carbone, il y aura absorption par celle-ci du carbone en excès, et amélioration dans le grain et la qualité. Je ne sais quelle serait la limite à laquelle il faudrait s'arrêter pour ne pas dénaturer la fonte provenant de la fusion des minerais : cela dépend beaucoup de la quantité de graphite dont elle est surchargée ; mais je puis affirmer que, dans un fourneau produisant de la fonte limailleuse, on peut, sans changer le grain de la fonte obtenue, charger un poids de bocages égal au tiers du poids de la fonte obtenue des minerais.

Si les bocages introduits dans le fourneau étaient très-sulfureux, il est possible que le grain de la fonte fût modifié par l'incompatibilité qui existe entre le soufre et le carbone ; aussi je juge prudent de faire une réserve pour ce cas particulier, ne l'ayant pas expérimenté.

DES COMBUSTIBLES EMPLOYÉS DANS LES HAUTS FOURNEAUX. — NOTES SUR LA FABRICATION DU COKE.

Le seul combustible employé autrefois dans les hauts fourneaux était le charbon de bois ; c'est seulement son prix élevé qui le fait abandonner de plus en plus, à mesure que s'abaisse le prix des fontes et des fers.

La supériorité du charbon de bois sur tous les autres combustibles est due à l'absence du soufre dans ses cendres et à la présence des alcalis. De ces deux faits résulte une grande pureté dans les produits, exempts de soufre et peu chargés de silicium. La formation de cyanures par le carbone et l'azote de l'air en présence des alcalis détermine une carburation énergique, et permet de marcher à basse température avec laitiers très-fusibles. Ces avantages sont tels que les fontes au bois ont pour le même grain une valeur presque double de celle des fontes au coke.

La cherté toujours croissante du charbon de bois a fait adopter l'emploi du combustible mixte. On mélangeait habituellement poids égal de coke et de charbon de bois. Sauf pour quelques produits spéciaux, on doit considérer cette pratique comme un procédé de transition : la fonte obtenue n'est guère meilleure qu'au coke seul et coûte beaucoup plus.

La houille crue s'emploie beaucoup en Angleterre ; si elle est grasse, on lui fait subir une demi-carbonisation qui la rend non collante, l'empêche de se ramollir et de se désagréger dans le fourneau, et lui fait perdre un peu de soufre. Il est douteux que l'emploi de la houille crue s'introduise jamais en France. En effet, la houille qu'on charge dans le fourneau doit être en gros morceaux qui coûtent en France les trois quarts de ce que coûte le coke ; or, dans les hauts fourneaux, la houille perd par distillation un quart de son poids : l'économie est donc nulle : ce serait même onéreux, si l'on considère que la distillation des matières volatiles emprunte de la chaleur au fourneau. D'autre part, les houilles françaises sont très-schisteuses et pyriteuses : le lavage est indispensable, mais en même temps très-efficace, et le coke obtenu de menus lavés contient moins de cendres et moins de soufre que les mottes : considération importante qui milite encore en faveur de l'emploi du coke.

Le coke de tourbe ne peut s'employer dans les hauts fourneaux qu'à la condition très-rarement remplie d'être peu
chargé de cendres; quant au lignite, il est toujours tellement
sulfureux qu'il n'y a pas à y songer.

L'anthracite est consommé dans plusieurs districts d'Angleterre et d'Amérique. S'il ne décrépite pas, il se comporte comme
la houille maigre et est un excellent combustible métallurgique; mais, s'il éclate au feu et tombe en poussière, on ne peut
l'employer qu'à petites doses dans les hauts fourneaux ordinaires où, si on marche à l'anthracite seul, il faut élargir considérablement les fourneaux, et recourir à des pressions de
vent d'au moins 20 centimètres de mercure. Le meilleur parti
à en tirer, quand on peut le faire, est de le mélanger intimement
à de la houille grasse et de le charger dans des fours à coke,
où il s'agglomère suffisamment pour ne pas tomber en poussière dans le fourneau. Cette pratique est suivie au Creuzot. On
y recourt fréquemment pour l'utilisation des menus maigres
incapables de s'agglomérer seuls dans le four à coke.

NOTES SUR LA FABRICATION DU COKE.

La carbonisation de la houille se fait, soit en introduisant
dans la masse échauffée une quantité d'air insuffisante pour sa
combustion complète, soit en la distillant en vase clos.

Suivant le premier des deux procédés, on allume la houille
entassée sur une aire ou introduite dans un four, et on règle
l'admission de l'air, en cherchant à brûler surtout les matières
volatiles. On ne peut y arriver convenablement que dans un
four où on localise la combustion dans l'espace libre entre la
fournée et la voûte, dont le rayonnement échauffe la masse à
carboniser. Si l'on opère en meules ou en bâches, comme dans
la fabrication du charbon de bois en forêt, il est impossible
d'empêcher la combustion d'une partie du carbone fixe; aussi

le rendement dans ce cas atteint-il rarement 40 pour 100. Dans les fours dont le four à boulanger est le type, on arrive à 58 pour 100, rarement à 60. Quand le départ des matières volatiles est complet, ce qui est indiqué par la couleur de la flamme qui cesse d'être fuligineuse, on arrête l'opération en divisant le saumon et éteignant le coke avec de l'eau ou en l'étouffant dans les cendres : la première méthode est préférante, car le contact de l'eau désulfure, mais le coke est d'un aspect un peu moins argentin.

Si le four est muni d'une cheminée d'appel et que les gaz de la combustion passent au sortir du four dans des carneaux ménagés sous la sole et dans les parois, le temps de l'opération sera considérablement abrégé, et le rendement s'augmentera de tout le coke qui se serait brûlé par un séjour plus prolongé dans le four. Tel est le principe du four Talabot et des fours belges, les uns cylindriques, les autres rectangulaires, voûtés en berceau et munis de deux portes aux deux extrémités, permettant de sortir mécaniquement le saumon, soit à l'aide d'un treuil, soit à l'aide d'un repoussoir à la main ou à vapeur. La rapidité du défournement est encore une cause d'augmentation de rendement, tant par le séjour moins prolongé de la fournée au contact de l'air que par l'utilisation de la chaleur du four encore rouge lors du chargement, ce qui abrége l'opération suivante. Aussi le rendement dans ces fours n'est-il que de 6 à 8 pour 100 inférieur au rendement théorique, et la main-d'œuvre est bien moindre qu'avec les anciens procédés.

Distillation en vase clos. — Les appareils où l'on obtient la distillation de la houille en vase clos sont les fours Appolt, les cornues à gaz et les fours Pauwels et Dubochet, vulgairement appelés fours Knab (du nom de la compagnie propriétaire des brevets aujourd'hui périmés).

Sans nous arrêter à la description des appareils, dont les dessins se trouvent dans un grand nombre d'ouvrages et de revues de métallurgie, continuons à analyser rapidement ce qui caractérise les divers procédés.

Four Appolt. — Un vaste massif, solidement armé, contient douze compartiments qui ne sont autres que des cornues à gaz posées verticalement. Ces compartiments sont à section rectangulaire de $1^m.24 \times 0,37$; leur hauteur utile est de $3^m,70$. Ils sont complétement entourés de carneaux découpant les murs extérieurs et les murs de séparation des compartiments. Le chargement se fait par la partie supérieure, en ouvrant la portière d'un wagon qui vient se placer sur l'orifice du four. On rebouche soigneusement le four quand il est chargé. C'est vers la partie inférieure du compartiment que se trouvent les ouvreaux par où les gaz s'échappent dans les carneaux et y rencontrent la quantité d'air nécessaire à leur combustion. Le four est ainsi complétement enveloppé de flamme, et la distillation est très-rapide : vingt-quatre heures suffisent. Le défournement se fait par le bas des compartiments fermé par des portes en fonte qui, en s'ouvrant, laissent tomber le saumon dans les wagons qui circulent dans les soubassements du massif.

Les avantages de ce système de four sont les suivants :

Cuisson rapide, à température élevée et égale dans tous les points de la fournée, grâce à la disposition des ouvreaux au bas du four ; la tendance des gaz les plus chauds à occuper la partie supérieure produit dans le compartiment un courant isotherme ; en outre, le peu d'épaisseur du saumon le rend promptement perméable à la chaleur, et la quantité de surfaces rouges en contact avec la houille accélère la carbonisation ;

Densité remarquable, due à la pression que la colonne de houille exerce sur elle-même durant l'agglomération qu'elle facilite avec les houilles maigres ;

Économie dans la main-d'œuvre, chargement et défournement faciles ;

Enfin, rendement égal au rendement théorique.

Cornues à gaz. — Nous dirons peu de chose des cornues à gaz ; la houille y est chargée en couche mince et la distillation est brusquée, dans le but d'obtenir le rendement maximum en gaz d'éclairage. L'opération est conduite à ce point de vue, et le coke résidu est friable, spongieux et peu propre aux foyers métallurgiques. En outre, pour accélérer la distillation, on opère sur des houilles en morceaux qui se soudent mal étant étendus en couche mince. Ce n'est qu'aux hauts fourneaux de Saint-Louis, près Marseille, que l'on emploie le coke d'usines à gaz à la fabrication de la fonte ; mélangé à deux fois son poids de coke dur, il ne donne lieu à aucun accident dans le fourneau ; mais on a dû s'arrêter à ce maximum, sous peine d'encombrer de fraisil le creuset et l'ouvrage.

Four Pauwels. — C'est un four belge muni d'un orifice spécial pour le dégagement des produits de la distillation. Ils circulent, à leur sortie du four, dans une canalisation destinée à les refroidir et à condenser le goudron et les eaux ammoniacales, produits commerciaux d'une valeur importante qui vient en déduction du prix du coke (1). Le gaz ainsi dépouillé revient dans les carneaux, où il s'enflamme, produisant une chaleur suffisante pour distiller la houille contenue dans le four. Avec des houilles grasses et des carneaux bien répartis sous la sole, dans les pieds-droits et sur les voûtes du four, on se passe très-bien de grilles et de combustible additionnel. Il n'en est plus ainsi avec les houilles demi-grasses : il faut brûler du charbon

(1) Avec les houilles de Besseges rendant au creuset 72 pour 100 de coke, on obtient, en pratique, 30 à 35 kilogrammes de goudron par tonne de houille distillée, soit par tonne de coke :

45 kilogrammes de goudron, à 6 francs les 100 kilogrammes . .   2 fr. 70 c.
Eaux ammoniacales, valeur approximative, ...   »   40
                                                                          ———————
                                                                         3 fr. 10 c.

Le goudron est vendable sans autre opération ; mais il est plus avantageux de le chauffer à 110 degrés dans des chaudières munies de serpentins où se condensent l'eau, la benzine, les essences et les huiles légères. L'eau se sépare par décantation ; les essences et les huiles, soumises à une rectification, fournissent un premier produit distillant au-dessous de 90 degrés centigrades, et vendu comme benzine au prix moyen de 1 franc le kilogramme. L'emsur un certain nombre de grilles de la batterie, et comme, d'autre part, les produits pyrogénés sont moins abondants, l'avantage de ce système de four devient contestable, et le four Appolt peut être plus avantageux.

Comme le four en briques est loin d'être aussi étanche qu'une cornue à gaz, la moindre pression intérieure fait sortir les gaz par les joints et les fissures, et cause des détonations dans l'intérieur de la maçonnerie. Aussi est-il nécessaire d'aspirer le gaz à mesure qu'il se produit, et de maintenir dans les fours une dépression barométrique de 2 à 3 millimètres d'eau. Autrefois, on envoyait le gaz dans un gazomètre, où on le refoulait au moyen de cloches ou de pompes. Le gazomètre ayant été supprimé comme inutile, puisque le gaz est brûlé à mesure qu'il se produit, la pression dans les fours ne fut plus que celle provenant de la résistance qu'éprouve le gaz dans son trajet des fours aux carneaux en traversant des réfrigérants et des colonnes à coke.

On peut alors remplacer les exhausseurs mécaniques par le simple appel de la cheminée des fours ; le tirage existant dans les carneaux exerce une succion à l'extrémité de la canalisation qui y aboutit, succion qui se transmet jusque dans le four. On augmente encore l'appel en donnant à la canalisation la forme d'un siphon : les gaz sortent des fours à une température élevée et montent dans la première branche du siphon. Arrivés au point culminant, ils sont refroidis par l'arrosage des tuyaux et redescendent plus denses. De cette disposition

ploi restreint des huiles légères rend leur placement plus difficile et leur valeur très-variable. Elles s'utilisent pour le dégraissage. Quant aux huiles lourdes distillant au-dessus de 110 degrés, on en trouve difficilement l'écoulement. On peut cependant, par un brassage avec une solution de soude caustique, en séparer l'acide phénique, produit recherché du prix de 1 fr. 50 c. à 2 francs le kilogramme. On les emploie aussi à l'injection des traverses de chemins de fer. Mais l'absence de débouchés rend souvent préférable de les laisser dans le goudron qui, chauffé seulement à 110 degrés, est évacué dans des citernes et vendu, soit pour la fabrication des agglomérés, soit pour le goudronnage des bois et des pièces métalliques.

Enfin, les eaux ammoniacales, traitées par la chaux dans l'appareil Mallet, laissent dégager leur ammoniaque, qui condensée dans un appareil de Woolf, donne, par une seconde distillation, de l'ammoniaque à peu près pure.

en thermo-siphon résulte un appel qui, joint à celui dû au tirage de la cheminée, produit dans les fours une dépression barométrique de 20 millimètres d'eau, plus que suffisante pour vaincre les frottements du gaz dans la conduite, et plus régulière que l'aspiration mécanique.

Cette simplification, employée à l'usine d'Alais, où je l'ai inventée et établie en 1860, fait du four Knab un simple four belge, sur lequel on prélève, sans frais ni attirail coûteux, le goudron et l'ammoniaque qu'on laisse, dans tant d'usines, s'en aller en fumée. C'est ce type de fours qui donne le coke au plus bas prix.

INFLUENCE DE LA NATURE DES HOUILLES ET DU MODE
DE CARBONISATION SUR LA QUALITÉ DU COKE.

Toutes les houilles ne peuvent pas se carboniser indifféremment dans les mêmes appareils. Il existe un certain nombre de principes dont il est utile de se pénétrer avant de choisir le type et de fixer les dimensions des fours.

Les houilles maigres exigent une carbonisation plus rapide que les houilles grasses. Celles-ci, au moment du ramollissement, dégagent une quantité considérable de matières volatiles, et, lorsqu'elles font prise, restent à l'état d'éponge dont les cellules sont d'autant plus grandes que le dégagement des gaz était plus tumultueux. Les houilles un peu maigres tendent, pour la même raison, à donner du coke plus dense.

Le coke sera plus dense s'il a été carbonisé sur une plus grande épaisseur, de même qu'une éponge diminue de volume quand elle est comprimée.

Quand on donne un coup de feu durant la première période de la distillation, on diminue le rendement. L'oxygène, en présence du carbone et de l'hydrogène, se combinera à celui-ci si la température est inférieure au rouge vif, mais formera de l'oxyde de carbone aux températures plus élevées, où le charbon décompose l'eau. On doit donc chercher à ménager la chaleur tant que dure le départ de l'oxygène.

Le rendement s'élève et le coke est plus dur et plus argentin quand la seconde période de la distillation a lieu à une température très-élevée. — On sait que l'hydrogène bicarboné se décompose, au rouge cerise, en hydrogène protocarboné et carbone fixe qui se dépose. Le dépôt a lieu en partie sur les parois du four, qui s'enduisent de graphite, et en partie dans l'intérieur de la masse de coke, dont il augmente le rendement et la densité en incrustant les cellules. Ce phénomène est très-visible avec les houilles grasses carbonisées à haute température. Le graphite se dépose ainsi fréquemment dans l'intérieur des fissures du saumon de coke sous forme d'aigrettes et de cheveux très-déliés. Ils résultent de la tendance des corps qui se précipitent à se déposer sur les aspérités se prolongeant en linéaments par suite du dépôt continu du carbone sur la pointe.

Le saumon de coke est toujours formé d'aiguilles rayonnant des points les plus chauffés aux points les moins chauffés. Dans un four à boulanger, la chaleur vient de la surface du saumon ; la sole n'est pas chauffée : c'est donc de la voûte à la sole que s'étendront les aiguilles, qui seront des prismes ayant toute la hauteur du saumon.

Dans un four cylindrique chauffé par la voûte, la sole et les pieds-droits, l'axe du four est la partie la moins chauffée : les aiguilles seront pyramidales.

Dans un four à section rectangulaire, chauffé par la sole et la voûte, le plan de séparation des aiguilles sera horizontal et plus près de la sole, si elle est moins chaude que la surface du saumon.

Quand la distillation commence, l'eau et le goudron qui se volatilisent vont se condenser dans la partie la plus froide de la fournée, jusqu'à ce qu'elle soit suffisamment échauffée. Or,

14

le goudron une fois liquéfié ne se volatilise plus par la chaleur; il se décompose en huiles qui distillent et en un charbon spongieux. Ce dépôt bulleux, qui se produit toujours dans la partie la plus froide du four, nuit à l'aspect du coke dont les aiguilles se rompent à l'endroit où il s'est formé. Quand il y a des temps d'arrêt dans la distillation, il se fait autant de plans de rupture dans la longueur des aiguilles aux points où le goudron s'est condensé.

Le coke est toujours plus dur et plus dense dans la partie qui touche les parois chaudes du four : sans doute à cause du dépôt de graphite qui se produit surtout en ce point. Aussi pour la carbonisation de houilles à gaz, comme celles d'Aubin et de Commentry donnant du coke très-aiguillé et très-friable, doit-on chercher à multiplier les points de contact du saumon avec les parois, et employer des fours hauts et étroits.

La durée de la carbonisation est plus longue avec les houilles très-menues qui conduisent mal la chaleur ; mais le coke obtenu est à grain plus serré que lorsqu'il provient de houilles en morceaux ne se soudant entre eux qu'à leurs points de contact.

La teneur en cendres n'est pas modifiée par le procédé de carbonisation. — Soit une houille contenant 10 pour 100 de cendres et rendant au creuset 70 pour 100 de coke, la teneur en cendres du coke sera 14,29. — Si ce coke a été obtenu dans un four à boulanger ne rendant que 55 pour 100, sa teneur en cendres ne sera pas plus élevée. En effet, si le rendement est faible, c'est qu'une partie de la fournée a été brûlée : on trouvera au défournement des cendres et du mâchefer ; mais la partie non brûlée n'a pas subi l'action de l'air, elle est dans les mêmes conditions que le coke du creuset. Si on trouve une teneur en cendres un peu supérieure, elle est due à quelques schistes en saillie qui se détachent à la première manutention.

UTILISATION DES LAITIERS.

L'utilisation des laitiers est encore une question à résoudre. Les crassiers, qui frappent si désagréablement les yeux aux abords des usines et qui envahissent le plus souvent des terrains précieux, montrent par leur seule présence l'importance du problème. Il ne s'agit pas ici de tirer bénéfice d'un produit, mais seulement de s'en débarrasser à peu de frais.

La difficulté que l'on éprouve à trouver aux laitiers un emploi tient surtout à l'extrême variabilité de leur composition et de leurs propriétés physiques : tantôt se débitant à l'air, tantôt durs et compactes, tantôt spongieux, tantôt friables au moindre choc; et comme il s'agit ici d'un résidu, il n'est pas permis, même pour le rendre vendable, de lui sacrifier en rien la qualité de la fonte.

Citons cependant deux procédés d'utilisation.

Fabrication de pavés à l'usine de Couillet. — Au lieu de laisser sortir les laitiers d'une manière continue, M. Sépulcre, auteur du procédé, les évacue par lâchées et les reçoit dans un bassin d'une profondeur de 1ᵐ.10, pouvant recevoir quatre ou cinq lâchées. Après la première, il recouvre de cendres le gâteau pour empêcher le refroidissement et fait arriver les suivantes par le fond du bassin. On évite ainsi les reprises dans la masse maintenue liquide. On ne débite le gâteau qu'après quinze jours de refroidissement lent. Les prismes qui se sont produits naturellement par le retrait sont alors refendus sous forme de pavés, dont le prix de revient ne dépasserait pas 50 francs le mille.

En admettant que ces pavés soient d'une solidité suffisante pour être employés avantageusement, on peut objecter l'encombrement que cette fabrication apporte aux alentours du fourneau, la place qu'elle exige, et enfin l'irrégularité de la production, qui doit être interrompue aussitôt que le laitier n'est plus propice.

Procédé Minary. — M. Minary, auteur d'importantes études sur les hauts fourneaux, a imaginé un appareil ingénieux, destiné plutôt à faciliter le décrassage qu'à faire un produit utilisable.

Au sortir du fourneau, le laitier tombe avec un filet d'eau dans une rigole et de là est entraîné dans un bassin d'où il est repris et chargé dans les wagons par une chaîne à godets. En se trempant au contact de l'eau, le laitier se concasse en fragments ressemblant à du gros sable ou du sel de cuisine. Sous cet état, il peut être employé comme balast ; mais le principal avantage du procédé est la propreté qui règne autour du haut fourneau, et la conservation du matériel, si promptement détruit par les laitiers, quand on les y charge encore rouges.

CHAPITRE XVIII

Des hauts fourneaux où l'on traite des minerais divers à
gangues variables ne peuvent être habilement dirigés que si
des analyses exactes et fréquentes indiquent la teneur des
divers éléments, et tiennent au courant des variations qui sur-
viennent dans la composition chimique des minerais et des
laitiers ; sans laboratoire, on marche à tâtons et on subit les
effets sans les prévoir. Chaque changement dans la composition des minerais trouble l'allure du fourneau et cause des
dérangements qu'on eût pu devancer en modifiant à temps les
dosages.

De plus, la valeur réelle des minerais dépend de leur composition chimique, et l'on ne peut acheter un minerai en con-
naissance de cause que si l'on sait la nature et la proportion
des corps qui le composent.

Sans vouloir empiéter sur les ouvrages spéciaux de docimasie et d'analyse chimique, nous indiquerons sommairement
les procédés d'analyse les plus exacts ou les plus pratiques, en
y joignant les appréciations que nous suggère l'usage de ces
divers procédés.

Essais par voie sèche. — Ils n'ont pour objet que le dosage
du fer contenu dans les minerais ; ils peuvent en même temps
servir d'indications sur la gangue, d'après la nature et la proportion des fondants qu'il faut ajouter pour obtenir le laitier.
Il ne faut pas, d'après l'aspect et les propriétés de la fonte obtenue à l'essai, chercher à induire les qualités de la fonte du
haut fourneau ; on s'exposerait à de graves erreurs : le com-

bustible en contact, la température, le dosage des fondants, sont différents, et les produits ne sont pas assimilables.

Rien n'est plus facile à réussir qu'un essai par voie sèche ; avec un peu d'habitude on les réussit tous. Si l'on ignore quelles sont les gangues et qu'on veuille s'éviter des tâtonnements, il suffit de mélanger le minerai réduit en poudre avec son poids de verre blanc pilé, ou du borax ; si le minerai semble très-siliceux et pauvre, il exigera un peu plus de fondant. — Si l'on connaît approximativement la composition des gangues, on cherche à composer, par une addition convenable de fondants, l'un des laitiers suivants, ou leurs intermédiaires :

Silice	50	50	45	45	45
Alumine	20	16	20	18	16
Chaux	30	34	35	37	39
	100	100	100	100	100

Si l'on égalait la chaux à la silice, et surtout si on chargeait en chaux comme on le fait dans les hauts fourneaux, on aurait un laitier trop réfractaire. Si on mettait plus de 50 pour 100 de silice, le laitier, quoique fondu, serait trop visqueux, et les grenailles y resteraient en suspension, au lieu de s'agglomérer en un seul culot.

Les creusets brasqués contenant le mélange et fermés d'un couvercle luté d'argile sont soumis, pendant au moins deux heures, à la température du rouge blanc. Quand on n'a pas à sa disposition de foyers industriels donnant cette température (tels que les fours à réchauffer), on y supplée par un petit fourneau au coke pourvu d'une cheminée à fort tirage.

On ne doit considérer comme réussi qu'un essai où tout a fondu en un culot arrondi recouvert d'un laitier blanc ou incolore.

Quand on opère sur des minerais très-manganésifères, on obtient, en même temps que le culot, des grenailles de manganèse non attirables à l'aimant. Avec des minerais titanifères,

le laitier est recouvert d'une pellicule cuivrée : c'est une indication utile quand on attribue de l'importance à la présence
du titane.

VOIE HUMIDE.

Les minerais sont rarement complétement attaquables par
les acides. Quand on n'est pas sûr que le résidu soit de la silice pure, il est plus sûr et plus expéditif de faire précéder la
dissolution par une fusion avec le carbonate de soude au rouge
et dans une capsule de platine.

1° *Dosage de la silice*. — Le minerai fondu avec du carbonate de soude est traité par l'acide chlorhydrique étendu ; on
évapore ensuite à siccité dans une capsule de porcelaine, pour
rendre la silice insoluble ; cette évaporation doit être faite à
l'étuve et sans que la température dépasse 110 degrés, car la
silice se combinerait de nouveau avec les bases. On reprend
par l'acide azotique étendu, en prolongeant l'attaque jusqu'à ce
que la silice soit blanche ; on jette sur un filtre et on lave
abondamment. Le filtre séché est séparé du précipité, et l'un
et l'autre sont calcinés isolément dans une capsule munie de
son couvercle ; l'échauffement doit être très-lent, parce que la
silice hydratée est très-facilement entraînée par le dégagement de la vapeur d'eau et des gaz provenant de la combustion du filtre. On ne lève le couvercle du creuset que graduel-
lement, et quand le filtre est complétement charbonné. Le
résidu doit être blanc ; s'il était coloré par de l'oxyde de fer,
il faudrait le reprendre par l'eau régale.

2° *Séparation de la silice et du sulfate de baryte*. — Quand
le minerai contient du sulfate de baryte, ce sel insoluble reste
en entier avec la silice, soit qu'on attaque directement le
minerai par un acide, soit qu'on le fonde préalablement avec
du carbonate de soude. Il faut, dans ce cas, soumettre le précipité de silice et de sulfate de baryte à une ébullition prolongée

avec du carbonate de soude en solution peu concentrée, qui
transforme complétement le sulfate de baryte en carbonate,
et n'attaque pas sensiblement la silice ; le résidu, reçu sur un
filtre et lavé, est traité par de l'acide chlorhydrique qui entraîne
la baryte et laisse la silice.

3° *Dosage séparé de la silice libre et de la silice combinée.* —
Le traitement par le carbonate de soude donne le poids de la
silice totale, qui importe surtout dans le dosage des lits de fusion ; mais il est souvent utile de connaître le poids de silice
combinée à l'état d'argile ou de silicate métallique et le poids
de silice isolée ou quartz.

On a la silice combinée en attaquant le minerai par l'acide
sulfurique étendu ; après une ébullition prolongée, on étend
d'eau, on décante, et la silice combinée se trouve entraînée
dans la solution et les eaux du lavage par décantation ; on la
recueille en la rendant insoluble par l'évaporation à 100 degrés.
Il vaut mieux décanter que filtrer, à cause de l'incomplète solubilité de la silice gélatineuse et sa séparation imparfaite par
filtration.

Si le résidu paraissait gélatineux, on achèverait d'enlever la
silice en l'agitant avec une solution chaude de carbonate de
soude.

Le quartz pourrait s'obtenir par différence entre la silice
totale et la silice combinée ; mais il est bon, comme vérifica-
tion, de le doser par alcalisation dans le résidu insoluble.

Le dosage de la silice ne présente guère d'autre difficulté
que sa tendance à reformer des silicates lorsqu'on évapore les
solutions à siccité, et la ténuité du précipité mécaniquement
entraîné par les courants d'air de la moufle et la vapeur d'eau
qu'émet la silice en se déshydratant.

4° *Dosage du fer et de l'alumine.* — La liqueur dont on a séparé la silice et le sulfate de baryte est neutralisée *à chaud*
par de l'ammoniaque qui précipite le fer et l'alumine. Les
sels de protoxye de fer donnant un précipité trop volumineux

et souvent incomplet, il faut, s'il en existe dans la liqueur, les faire passer au maximum par l'addition d'un réactif oxydant. Le peroxyde de fer précipité à chaud à l'état d'hydrate par l'ammoniaque est suffisamment agrégé après une courte ébullition pour être facilement séparé et lavé sur le filtre.

Le précipité de fer et alumine est redissous sur le filtre par l'acide chlorhydrique et précipité de nouveau par l'ammoniaque ; recueilli et lavé sur le filtre, il donne par calcination le poids du peroxyde de fer et de l'alumine réunis. Une seconde précipitation était nécessaire pour les avoir complétement exempts des sels dont la liqueur peut être chargée, et que le lavage n'enlève jamais complétement aux précipités floconneux.

Reste à déterminer la proportion d'alumine et d'oxyde de fer contenue dans le précipité dont nous avons le poids. Pour cela, on le dissout dans l'eau régale et on y dose le fer par le procédé Margueritte. Ce procédé est d'une complète exactitude, à condition d'opérer de la manière suivante : le sel de fer est ramené au minimum par addition de sulfite de soude, et on prolonge l'ébullition longtemps après que toute odeur sulfureuse a disparu : la liqueur doit être alors légèrement acide, chaude, et assez étendue pour être complétement incolore. — La liqueur titrée d'hypermanganate doit être préparée avec de l'hypermanganate en cristaux ne contenant ni chlorate, ni azotate, ni aucun acide oxydant autre que l'acide hypermanganique. En observant toutes ces précautions, le procédé colorimétrique est d'une exactitude et d'une sensibilité parfaites, et, quand on a dosé le fer, l'alumine est déduite par différence plus exactement que par tout autre procédé direct.

La séparation du fer et de l'alumine par la potasse ne donne que des résultats peu exacts, à moins de précipiter plusieurs fois l'oxyde de fer par la potasse, et en dernier lieu par l'ammoniaque.

La méthode de M. Rivot, par réduction dans un courant

d'hydrogène et redissolution du fer métallique dans l'acide
azotique excessivement étendu, peut donner des résultats très-
exacts, mais demande beaucoup de temps et de précautions.

5° *Dosage de la baryte*. — La baryte à l'état de sulfate dans
les minerais reste mêlée à la silice. Nous avons vu comment
on en séparait de celle-ci ; mais la solution acide n'a pas été
précipitée ; il suffit d'y ajouter quelques gouttes d'acide sulfurique et de laver plusieurs fois par décantation et ébullition le
sulfate de baryte obtenu. — La baryte contenue dans les minerais à l'état de carbonate ou de silicate est restée dans la
liqueur dont nous avons déjà séparé la silice, l'alumine et
l'oxyde de fer. On rend cette liqueur légèrement acide en y
ajoutant quelques gouttes d'acide sulfurique, on fait bouillir,
et si la formation d'un précipité indique la formation de sulfate de baryte, on laisse déposer, on décante, on fait de
nouveau bouillir le précipité avec de l'eau pure, et on filtre.
Ces deux précipités de sulfate de baryte, calcinés et pesés
isolément, donnent le poids de la baryte totale contenue dans
le minerai et la portion qui s'y trouvait à l'état de sulfate.

6° *Dosage de la chaux*. — La liqueur, résidu des précipitations précédentes, est neutralisée par l'ammoniaque, puis ad-
ditionnée d'oxalate d'ammoniaque. Après quelques heures
d'ébullition, toute la chaux est précipitée ; on filtre et on cal-
cine le précipité d'oxalate de chaux au rouge vif dans un
creuset qu'on recouvre au sortir de la moufle, et qu'on pèse
encore chaud, si on veut doser la chaux à l'état caustique. On
peut encore la doser à l'état de sulfate, on évite ainsi la surcharge de poids qui peut résulter de l'affinité de la chaux pour
l'acide carbonique et l'humidité de l'atmosphère ; pour cela,
il suffit d'introduire dans le creuset quelques fragments de
sulfate d'ammoniaque, qui se volatilise au rouge, abandonnant
à la chaux son acide sulfurique.

7° *Dosage de la magnésie*. — Les sels ammoniacaux contenus dans la liqueur se sont opposés jusqu'ici à la précipitation

de la magnésie par les divers réactifs employés : il suffit, pour qu'elle se sépare à l'état d'oxalate, de chasser les sels ammoniacaux. Dans ce but, on peut ajouter de la potasse ou de la soude, et faire bouillir jusqu'à disparition complète de toute odeur ammoniacale ; l'oxalate de magnésie précipité sera dosé, comme l'oxalate de chaux, à l'état de magnésie caustique, ou de sulfate. Mais, si on veut continuer les recherches de corps qui pourraient rester dans la liqueur, il est préférable de ne pas employer la potasse ni les phosphates, et de chasser par calcination les sels ammoniacaux, après avoir évaporé à siccité la solution. Si l'on n'a employé jusqu'ici que des réactifs volatils, la magnésie seule doit rester comme résidu ; si donc, reprenant par l'eau acidulée le résidu pesé, on précipite la magnésie par l'oxalate, le phosphate ou le carbonate de soude, le poids de la magnésie obtenue sera le même que celui du résidu, si aucun autre corps ne s'y trouvait ; dans le cas contraire, on saura qu'on doit y rechercher d'autres corps, soit des oxydes métalliques précipitables par l'hydrogène sulfuré ou le sulfhydrate d'ammoniaque, soit des alcalis dont on dosera la potasse par le chlorure de platine et la soude par différence.

La chaux et la magnésie, se dosant toujours en dernier lieu, supportent toutes les pertes des opérations précédentes ; il est bon d'en faire l'objet d'une recherche spéciale, en attaquant directement le minerai par l'acide acétique qui dissout la magnésie et la chaux, et a peu d'action sur les autres éléments.

Si la chaux est dans le minerai à l'état de sulfate, on en fait facilement le dosage en porphyrisant 1 ou 2 grammes de minerai qu'on met en digestion pendant plusieurs jours dans autant de litres d'eau distillée, en ayant soin d'agiter fréquemment. La liqueur, décantée et filtrée, est traitée par le chlorure de baryum ou par l'oxalate d'ammoniaque, suivant qu'on veut doser l'acide sulfurique ou la chaux. Si l'acide sulfurique se trouve en excès sur son équivalent de chaux, on en conclut à la présence de sulfates solubles autres que le gypse.

Les recherches dont nous venons d'indiquer la marche n'ont pour but que la détermination des corps qui interviennent dans le lit de fusion. Il est encore d'autres éléments qui se rencontrent fréquemment dans les minerais, et qu'il est utile de reconnaître, parce que leur présence déprécie les minerais ou en augmente la valeur.

8° *Dosage du soufre dans les minerais et les laitiers.* — Le soufre contenu dans les minerais à l'état de sulfates solubles ou insolubles est reconnu et dosé par les méthodes précédentes. Celui qui se rencontre à l'état de pyrites se transforme en acide sulfurique par une ébullition prolongée avec l'acide azotique concentré. Quand l'oxydation est terminée, on étend d'eau et on sépare par filtration la partie insoluble, où le soufre peut se trouver à l'état de sulfates de baryte, chaux ou strontiane, que l'on décompose par l'ébullition dans une lessive de carbonate de soude, dans laquelle on dose l'acide sulfurique après filtration. Les sulfates qui sont restés en solution dans la liqueur azotique sont précipités par le chlorure de baryum.

Dans les laitiers, le dosage du soufre est plus complexe : si on les traite par un acide, une partie du soufre se dégage à l'état d'hydrogène sulfuré, une autre portion reste souvent dans la liqueur à l'état de soufre libre ; il peut même y rester à l'état de sulfates, quoique le cas soit rare. Pour ne pas avoir à doser le soufre sous ces différents états, le mieux est de mettre le laitier finement porphyrisé dans une solution chaude de potasse caustique, dans laquelle on fait passer à refus un courant de chlore ; ce procédé d'oxydation, le plus énergique de tous, transforme en sulfates tous les sulfures : il ne reste plus qu'à neutraliser la liqueur par de l'acide chlorhydrique, évaporer pour séparer la silice et faire bouillir le résidu avec du carbonate de soude, dont la lessive filtrée retient tout l'acide sulfurique, facile à séparer par le chlorure de baryum.

9° *Dosage du zinc dans les minerais.* — Quand le zinc est en faible proportion, et c'est le cas le plus général dans les minerais, il est difficile à reconnaître et surtout à doser. On y arrive pourtant d'une manière assez satisfaisante par la méthode suivante, qu'on peut nommer méthode par *approximations successives*.

Le minerai dissous dans les acides après fusion au carbonate de soude, s'il n'est pas complétement attaquable, est, après séparation de la silice, traité par l'ammoniaque en grand excès : les métaux autres que le zinc sont complétement précipités, ainsi que l'alumine; le zinc reste en partie dans la solution, en partie dans le précipité; on filtre et on sépare la liqueur. Le précipité redissous par l'acide chlorhydrique est de nouveau reformé par l'ammoniaque en excès; le zinc se comporte comme la première fois, et la liqueur filtrée est réunie à la précédente. Après deux ou trois précipitations, on peut s'assurer, en faisant passer un courant d'hydrogène sulfuré dans la dernière liqueur filtrée, si le zinc continue à se séparer en quantité appréciable; quand on ne recueille plus rien, on mêle toutes les liqueurs ammoniacales, dont on sépare le zinc à l'état de sulfure. Comme il n'est pas nécessaire de laver longtemps à chaque précipitation les oxydes restés sur le filtre, on peut en peu de temps précipiter quatre ou cinq fois et recueillir la presque totalité du zinc, malgré sa tendance à être entraîné dans la précipitation des autres métaux.

RECHERCHE ET DOSAGE DU MANGANÈSE DANS LES MINERAIS ET LES FONTES.

Les minerais contenant du manganèse dégagent tous du chlore quand on les traite par l'acide chlorhydrique, et donnent une liqueur vert émeraude quand, après fusion au carbonate de soude, on les dissout dans un acide étendu. Ces deux caractères rendent facile la recherche du manganèse.

Quant à son dosage en présence du fer et de l'alumine, on

n'y arrive que par la méthode colorimétrique employée par
Gay-Lussac pour le dosage du chlore. Elle repose sur la transformation de l'acide arsénieux en acide arsénique par le chlore
qui, lui-même, se transforme en acide chlorhydrique tant que
dure cette oxydation et décolore les matières organiques, telles
que l'indigo, dès que, la peroxydation de l'acide arsénieux
étant opérée, il reste dans la liqueur à l'état libre.

On connaît la quantité de chlore que dégagent les oxydes
de manganèse au contact de l'acide chlorhydrique : 1 gramme
d'oxyde rouge dégage $0^{gr},1493$ de chlore. Le bioxyde en dégage trois fois plus ; mais, comme on n'est jamais sûr du degré
d'oxydation du manganèse contenu dans le minerai, il est préférable de le calciner préalablement au rouge ; tout le manganèse est alors ramené à l'état d'oxyde rouge Mn^3O^4 ; on en introduit un poids connu dans un ballon muni d'un tube à
entonnoir et d'un tube de dégagement plongeant dans un
flacon rempli d'eau pure ou alcalisée par du carbonate de
soude, et l'on introduit de l'acide chlorhydrique dans le ballon.
Après une ébullition suffisamment prolongée pour l'attaque
complète du manganèse, la liqueur chlorée du flacon est versée
dans une éprouvette graduée ; il n'y a plus qu'à procéder à
l'essai décolorant, qui consiste à éprouver combien il faut de
centimètres cubes de la liqueur chlorée pour décolorer la
liqueur normale.

Cette liqueur est composée de $4^{gr},40$ d'acide arsénieux dissous
dans 300 à 400 grammes d'acide chlorhydrique ; le tout étendu
de manière à former 1 litre de liqueur. Il faut 1 litre de chlore
$3^{gr},17$ pour peroxyder les $4^{gr},40$ d'acide arsénieux contenus
dans 1 litre de liqueur normale. Pour l'essai, on la colore par
une goutte de sulfate d'indigo, et, du nombre de centimètres
cubes de liqueur chlorée employés à la décoloration, on déduit sa teneur en chlore, et, par suite, la teneur du minerai
en manganèse.

Dans les fontes, le manganèse est aussi difficile à doser par

précipitation que dans les minerais; la méthode colorimétrique est encore la meilleure; mais il faut au préalable dissoudre la fonte dans l'acide azotique, évaporer à siccité dans
une capsule, puis calciner à la moufle les azotates et traiter
les oxydes calcinés comme il a été dit pour les minerais.

DOSAGE DU PHOSPHORE DANS LES MINERAIS, DANS LES LAITIERS, DANS LES SCORIES ET DANS LES FONTES.

La présence de l'alumine est un obstacle au dosage du
phosphore dans les minerais et les produits d'art. L'aluminium
existe aussi dans les fontes. La présence d'une grande quantité
de fer augmente encore la difficulté. Quand il y a peu d'alumine, la méthode suivante, due à Frésénius, est la plus pratique et suffisamment exacte. Elle est fondée sur ce fait que
les oxydes de fer et d'alumine ne sont pas précipités par l'ammoniaque en présence des acides organiques, tels que l'acide
tartrique et l'acide citrique. Le dosage du phosphore se fait
de la manière suivante : Les minerais, scories, laitiers ou fontes
sont attaqués par l'eau régale; on sépare la silice par évaporation à siccité. On précipite ensuite par l'ammoniaque; le fer
et l'aluminium, à l'état d'oxydes et de phosphates, sont lavés
sur le filtre et redissous dans une solution d'acide tartrique en
grand excès. On rend ammoniacal, puis on ajoute un sel de
magnésie, et on abandonne pendant plusieurs jours la liqueur,
où se dépose, lentement mais à peu près complétement, le
phosphate ammoniaco-magnésien souvent impur, surtout si la
liqueur était concentrée. On décante le liquide, on redissout
le précipité par de l'acide tartrique, on étend d'eau, on rend
de nouveau la liqueur ammoniacale, et après quarante-huit
heures on recueille sur un filtre le phosphate ammoniaco-
magnésien qui, cette fois, est parfaitement pur, et donne
le poids du phosphore, dont le phosphate calciné contient
28 pour 100. Quand il y a peu de phosphore et beaucoup

d'alumine, il n'y a pas précipitation, ou le poids trouvé est trop faible. Il vaut mieux alors employer le procédé Rose, par le sous-azotate de mercure.

Dans les fers et les fontes où l'aluminium, s'il y existe, est négligeable, on sépare l'acide phosphorique du fer en précipitant celui-ci par le sulfhydrate. L'acide phosphorique reste dans la liqueur, où il est facilement dosé.

DOSAGE DU SOUFRE DANS LES FONTES ET LES FERS.

Le soufre, quand il est en quantité notable, se dose très-facilement par la méthode usuelle, consistant à le précipiter à l'état de sulfate de baryte, après avoir recueilli, dans du chlorure de cuivre ammoniacal, l'hydrogène sulfuré dégagé par la dissolution de la fonte dans l'acide chlorhydrique, puis reprenant le sulfure de cuivre par l'acide azotique. Mais, quand il n'est plus qu'à la dose de dix millièmes, comme dans les fontes très-pures et dans les fers, le poids seul des cendres des filtres suffit à masquer les nuances et la balance cesse d'être assez sensible.

On peut, par le moyen suivant, reconnaître la présence du soufre en proportion infinitésimale, et comparer la pureté des fontes, des aciers et des fers.

Ces métaux en limaille mis dans un verre recouvert d'une feuille de papier blanc imbibée d'acétate de plomb, et traités par l'acide sulfurique étendu, donnent lieu à un dégagement d'hydrogène sulfuré qui colore en noir le sel de plomb, et d'après l'intensité de la coloration, on peut comparer leur teneur en soufre. Pour la doser, il suffit de se composer un jeu de feuilles teintées correspondant à 1, 2, 3... centièmes de milligramme de soufre, et de voir à quel ton de cette gamme correspond la nuance obtenue dans l'essai.

Ce jeu de feuilles teintées s'obtient facilement en dosant très-exactement par la baryte le soufre contenu dans une fonte très-impure; si cette fonte contient 5 millièmes de soufre, 1 centigramme de cette fonte traité par l'acide sulfurique dégagera 5 centièmes de milligramme de soufre; 2 centigrammes donneront la nuance correspondant à $1/10^e$ de milligramme, et ainsi de suite. Une fois cette gamme de nuances obtenue, il suffira d'opérer toujours dans les mêmes conditions comme quantité de liquide, dimensions du verre dans lequel se fait l'attaque et durée d'opération, pour avoir un dosage très-rigoureux.

On doit employer peu d'eau acidulée, une grande masse de liquide restant longtemps avant d'abandonner tout l'hydrogène sulfuré qui s'y dissout d'abord. La durée d'exposition du papier à l'acétate de plomb sur le verre doit être d'au moins quarante-huit heures, et toujours la même à chaque opération. — Il doit être humide et recouvert d'une feuille de verre qui l'empêche de se sécher et le préserve des émanations du laboratoire, auxquelles il faut aussi dérober l'album où sont conservées les feuilles étalons.

<h2 style="text-align:center">DOSAGE DU CARBONE DANS LES FONTES,
LES ACIERS ET LES FERS.</h2>

Il se compose de deux opérations :

1° Dosage du carbone libre ou graphite ;

2° Dosage du carbone total.

Les méthodes recommandées dans les traités de chimie contiennent toutes des causes nombreuses d'inexactitude, ainsi que le démontre M. Rivot dans son *Traité de Docimasie* (t. III, p. 520 et suiv.). Je crois pouvoir éviter toutes ces causes d'erreur par l'emploi des procédés suivants.

1° *Dosage du carbone libre.* — La fonte grise essayée doit être en copeaux, écailles ou fragments détachés au burin, et non à la lime qui produit une poussière sans homogénéité,

et peut contenir plus ou moins de graphite s'attachant au
papier et à la lime, et facilement entraîné par le vent. Ces
fragments doivent être pris en différents points du bloc de
fonte à essayer; sa teneur en graphite est, en effet, très-variable, suivant la distance de la surface et augmente constamment jusqu'au centre qui s'est le plus lentement refroidi. S'il
s'agit de fonte blanche ou truitée, on peut la broyer sous le
marteau, car le graphite ne s'en détache pas. Dans le fer et
l'acier, on peut opérer sur de la limaille.

La prise d'essai est attaquée par l'acide chlorhydrique jusqu'à ce que tout le fer soit dissous. On filtre, non sur du
papier, mais sur un tampon d'amiante tassée dans la douille
d'un entonnoir; on lave à plusieurs reprises, ce qui exige un
ou deux jours, car l'amiante filtre moins vite que le papier,
puis on sèche à l'étuve.

Le résidu, composé de graphite et de silice hydratée, est
détaché de l'entonnoir, qu'on essuie avec de l'amiante; on
broie dans un mortier de porcelaine le résidu et les tampons
d'amiante avec de l'oxyde de cuivre, et le tout est introduit
dans un tube à analyses organiques. Dans ce tube, fermé à une
de ses extrémités et entouré de clinquant, on dispose les matières dans l'ordre suivant : au fond, une colonne de 10 centimètres environ de chlorate de potasse mêlé de bioxyde de
manganèse; puis un tampon d'amiante; puis le mélange
d'oxyde de cuivre, de graphite et d'amiante recouvert par l'oxyde
de cuivre grossier qui a servi à *laver* le mortier; enfin, un dernier tampon d'amiante.

L'extrémité ouverte du tube communique avec un tube en U
plein de pierre ponce imbibée d'acide sulfurique. Puis vient
un tube à boules de Liebig, contenant une solution de potasse
caustique; puis un tube en U plein de fragments de potasse
caustique, et enfin un tube vertical plongeant dans le mercure
destiné à empêcher les rentrées d'air.

L'appareil représenté fig. 52 étant monté, on chauffe le

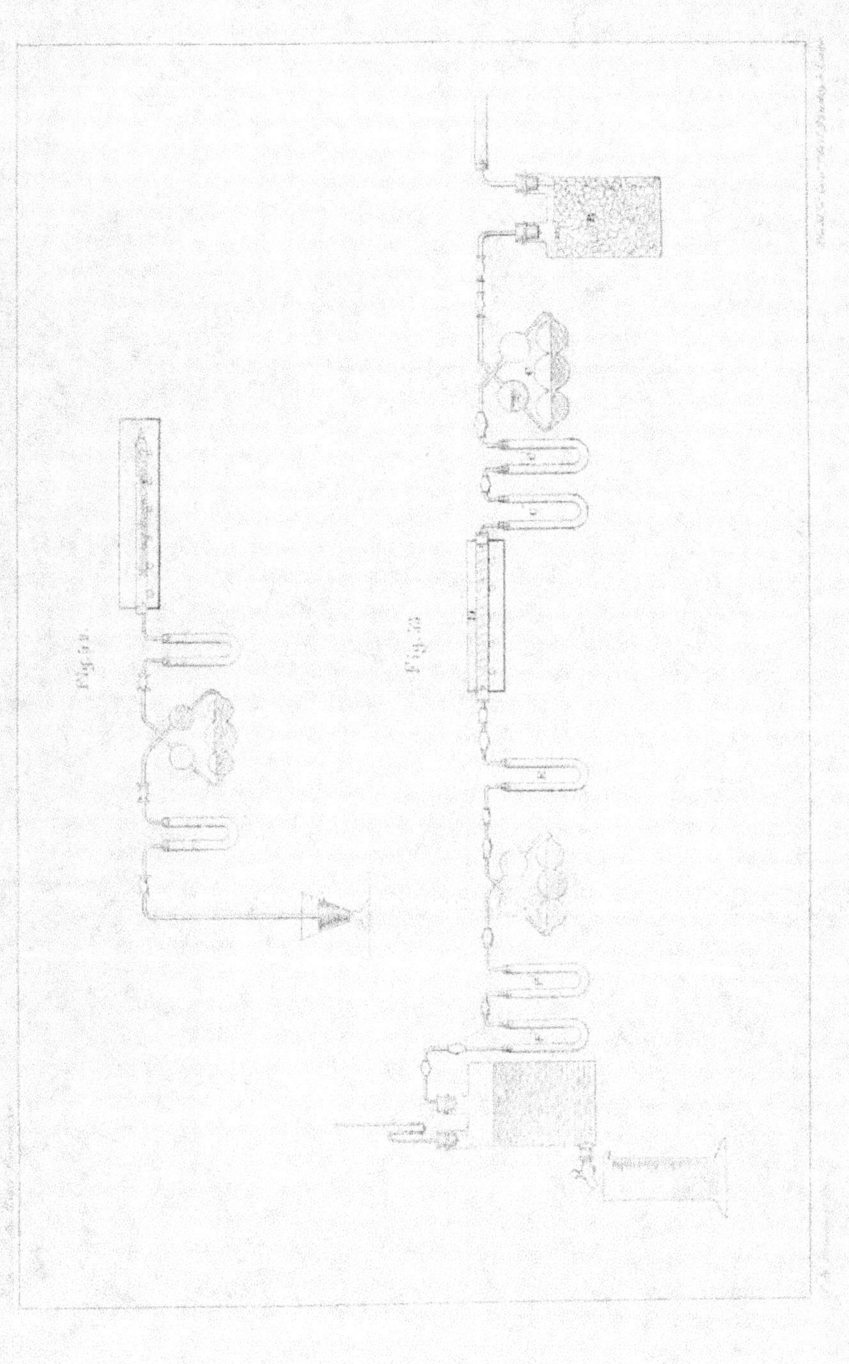

tube à combustion, en conduisant le feu de gauche à droite, et quand le tube est au rouge sur toute sa longueur, on chauffe doucement le chlorate de potasse, pour terminer l'opération par courant d'oxygène qui complète la combustion et balaye l'acide carbonique. Il se condense de l'eau dans le tube à ponce sulfurique, et l'acide carbonique est complétement retenu par les deux tubes à potasse, qui tarés à l'avance, donnent par la pesée le poids d'acide carbonique produit, d'où on déduit le carbone libre.

2° *Dosage du carbone total*. — L'opération ne diffère de la précédente que par l'emploi du brome substitué à l'acide chlorhydrique. Quel que soit le métal, fonte blanche ou grise, acier ou fer, il doit être en fragments de plusieurs centigrammes, sans quoi l'attaque serait trop vive et il y aurait dégagement de gaz et perte de carbone. La fonte en fragments est mise dans un verre à pied ; on ajoute de l'eau distillée, puis du brome qui doit recouvrir complétement la fonte. L'attaque est lente ; il faut souvent plusieurs semaines, quand les morceaux sont volumineux. On accélère la dissolution en grattant avec une baguette de verre la surface des morceaux où les pellicules de graphite et les cristaux de bromure de fer empêchent le contact du brome. En opérant ainsi, on empêche presque tout dégagement de gaz, dont on voit à peine quelques bulles, et tout le carbone est isolé avec la silice qui se forme par l'oxydation du silicium décomposant l'eau en solution dans le brome.

Lorsque la dissolution du fer est complète, on verse le tout dans un entonnoir dont la douille est fermée par un tampon d'amiante ; on lave le résidu à plusieurs reprises sur ce filtre, et, pour avoir le carbone total, on opère comme précédemment dans le tube à combustion.

Nous avons le carbone libre et le carbone total contenus dans la fonte : le carbone combiné s'en déduit par soustraction.

ANALYSE DES GAZ DU GUEULARD.

Une analyse complète et rigoureusement exacte des gaz du haut fourneau présente de grandes difficultés. Les prises d'essai ne peuvent se faire que par des trous percés dans la paroi ou des tubes de fer que l'on fait plonger dans les charges, et l'on n'est jamais sûr que la prise ainsi faite représente la composition moyenne des gaz qui traversent la section horizontale sur laquelle on opère. Au contraire, s'il s'agit seulement des gaz du gueulard, on peut, en les recueillant dans les conduites qui les portent aux appareils ou aux chaudières, obtenir une prise d'essai représentant exactement le mélange gazeux.

Les gaz des hauts fourneaux marchant aux combustibles crus sont extrêmement complexes, car ils contiennent, outre les gaz de la combustion, tous les produits pyrogénés de la distillation du bois et de la houille. La méthode d'analyse qui va être décrite ne s'applique qu'aux gaz du gueulard des fourneaux marchant au coke ou au charbon de bois. Le mélange à analyser ne se compose alors que des gaz suivants :

Acide carbonique ;

Oxyde de carbone ;

Hydrogène ;

Hydrogène protocarboné ;

Azote ;

Cyanogène ;

Acide sulfureux.

L'appareil représenté fig. 53 est installé près des conduites de gaz qui vont du gueulard aux appareils ; il comprend :

1° Un tube A, rempli de coton peu tassé ; il plonge à une de ses extrémités dans la conduite de gaz et a pour but de filtrer le gaz et de le dépouiller des poussières qu'il entraîne ;

2° Le flacon B, plein de chlorure de calcium en morceaux spongieux, obtenu par évaporation sans fusion ignée ; l'eau est retenue par le chlorure de calcium, et l'on peut, en tarant le flacon à l'avance, avoir le poids de l'eau contenue dans les gaz ;

3° Le gaz desséché traverse un appareil à boules de Liebig, C, contenant une solution concentrée de potasse pure, et un tube en U (C'), contenant de la potasse en morceaux et destiné à retenir les dernières traces d'acide carbonique et l'humidité enlevée par les gaz à la solution du tube à boules : on peut encore, par surcroît de précaution, achever la dessiccation par un tube à ponce sulfurique C" ;

4° Un tube en verre peu fusible D, contenant de l'oxyde de cuivre grossier et posé sur une grille, a pour but de brûler l'hydrogène, l'oxyde de carbone et le gaz des marais ;

5° L'eau résultant de cette combustion est recueillie dans un tube en U à ponce sulfurique E ;

6° L'acide carbonique produit dans le tube à combustion est retenu par un appareil à potasse F, F', suivi d'un tube à ponce sulfurique F", analogue au système C, C' C" ;

7° Enfin, l'appareil se termine par un flacon à trois tubulures. Ce flacon, rempli d'huile, fait aspirateur quand on ouvre le robinet placé à la tubulure inférieure, et l'huile reçue dans une éprouvette graduée donne le volume d'azote qui remplit le flacon. La troisième tubulure porte un tube deux fois recourbé, contenant du mercure et faisant office de manomètre.

L'appareil étant monté et le feu allumé sur la grille, on fait passer environ un litre de gaz. L'air étant ainsi complétement chassé et les diverses parties de l'appareil remplies du même gaz que lorsqu'on fera les pesées, on pince tous les caoutchoucs qui réunissent les diverses séries d'appareils. Des ressorts en fil de fer suffisent ainsi à intercepter toute communication entre le contenu des tubes et l'air atmosphérique. On démonte alors l'appareil et on fait la tare des divers groupes avec les tubes de caoutchouc et les pinces qui les serrent.

Quand l'appareil est remonté et les communications rétablies, on fait passer le gaz bulle à bulle. Un quart d'heure suffit pour expérimenter sur deux litres de gaz. On pince alors les tubes de caoutchouc et on note la dénivellation des deux branches du manomètre à mercure, la pression atmosphérique, sur un baromètre placé à proximité, et la température ambiante. Connaissant le volume de l'azote qui est celui de l'huile écoulée, on en déduit son poids. On pèse ensuite les divers appareils, et l'on a l'acide carbonique par l'augmentation de poids de l'appareil à potasse $C\,C'\,C''$, qui a retenu, en outre, les acides sulfureux et sulfhydrique et le cyanogène. Tous ces corps peuvent être recherchés et dosés par précipitation dans la lessive de potasse de l'appareil à boules ; mais ils sont en si faible proportion, que le poids de l'acide carbonique en est peu influencé, et que pour les doser il est bon de faire une recherche spéciale en opérant sur une grande masse de gaz : on pourra alors, s'il y a lieu, déduire leur poids de celui trouvé pour l'acide carbonique.

Si le gaz ne contient pas d'hydrogène protocarboné, on a par l'augmentation de poids des appareils E et F l'eau et l'acide carbonique provenant de la combustion de l'hydrogène et de l'oxyde de carbone ; la pesée du tube à combustion donne le poids d'oxygène enlevé à l'oxyde de cuivre. Cette perte de poids doit correspondre exactement à la quantité d'oxygène nécessaire à la combustion de l'hydrogène et de l'oxyde de carbone trouvés. Si la perte de poids du tube à combustion est supérieure à la quantité d'oxygène calculée, il en résulte qu'une partie du carbone était à l'état d'hydrogène protocarboné, et un calcul facile permet d'établir la quantité de carbone et d'hydrogène qui se trouvaient à l'état de gaz des marais.

Supposons, en effet, que les pesées nous aient donné :

Dans le tube dessiccateur. . . . . $3^{gr},16$ HO
Dans l'appareil à boules. . . . . 2 ,44 CO^2
Perte de poids du tube à oxyde de cuivre. 3 ,90   O

Appelons $q + q' + q'' + q'''$, la quantité d'oxygène $3^{gr},9$ employée à la combustion, savoir :

$$
\begin{array}{llll}
q & \text{quantité d'oxygène employé à la combustion de.} & . & CO \\
q' & - & - & C^2 \\
q'' & - & - & H^4 \\
q''' & - & - & H
\end{array} \left.\right\} C^2H^4
$$

Les équivalents nous donnent les relations suivantes :

$$\frac{q}{CO} = \frac{100}{175} \quad \text{d'où } q = 0{,}571\ CO$$

$$\frac{q'}{C^2} = \frac{400}{150} \quad \text{d'où } q' = 2{,}67\ C^2$$

$$\frac{q''}{H^4} = \frac{400}{50} \quad \text{d'où } q'' = 8\ H^4$$

$$\frac{q'''}{H} = \frac{100}{12{,}5} \quad \text{d'où } q''' = 8\ H$$

$$\text{Additionnant..} \quad \overline{3{,}9} = 0{,}571\ CO + 2{,}67\,C^2 + 8H^4 + 8H.$$

Nous avons, d'autre part, les relations atomiques :

$$\frac{C^2}{H^4} = \frac{150}{250} \quad \text{d'où } C^2 = 3H^4$$

$$CO = 2{,}44 = CO + q + C^2 + q'$$

$$HO = 3{,}16 = H^4 + q'' + H + q'''.$$

Remplaçant par leurs valeurs les inconnues auxiliaires q, q', q'', q''', nous avons finalement le groupe d'équations :

$$
\begin{array}{ll}
(1) & 3{,}9 = 0{,}571\ CO + 2{,}67 C^2 + 8H^4 + 8H, \\
(2) & C^2 = 3H^4, \\
(3) & 2{,}44 = CO + C^2 + 2{,}67 C^2 + 0{,}571\ CO, \\
(4) & 3{,}16 = 9H^4 + 9H,
\end{array}
$$

d'où on extrait facilement les quatre inconnues :

$$
\begin{array}{l}
CO = 1{,}20 \\
H^4 = 0{,}05 \\
C^2 = 0{,}15 \\
H = 0{,}30
\end{array} \left.\right\} C^2H^4 = 0{,}20
$$

Cette évaluation par le calcul du poids d'hydrogène proto-

carboné peut sembler un procédé d'analyse imparfait, en ce
que toute inexactitude dans le dosage d'un corps fausse le
dosage des autres corps; mais il est bon d'observer, d'une part,
que l'appareil est très-sensible et que deux analyses consécu-
tives offrent généralement une remarquable concordance, ce
qui est une présomption d'exactitude; et, d'autre part, que la
présence d'une faible quantité d'hydrogène protocarboné
influe considérablement sur le poids du tube à oxyde de cuivre,
puisque l'hydrogène protocarboné emploie pour sa combustion quatre fois son poids d'oxygène.

TABLE ALPHABÉTIQUE.

A

R

S

T

V

Z

Paris. — Typographie HENNUYER ET FILS, rue du Boulevard, 7.